高等学校"十二五"规划教材
市政与环境工程系列丛书

环境法学

主　编　黄　志　李永峰　丁　睿
副主编　张　坤
主　审　应　杉

哈尔滨工业大学出版社

内容简介

本书以环境法为中心,介绍了环境法的相关概念及其主要内容,包括环境法律基本制度,环境行政法和环境法的具体内容,以及环境污染防治法等相关法律介绍及发展现状,为我国环境法的发展提供借鉴。

本书可作为高等学校环境工程、环境科学、市政工程、法律以及其他相关专业本科生的教学用书,也可作为研究生的研究参考资料,还可供其他从事环境事业的科技、生产和管理人员参考。

图书在版编目(CIP)数据

环境法学/黄志,李永峰,丁睿主编. —哈尔滨:哈尔滨工业大学出版社,2015.10
ISBN 978 – 7 – 5603 – 5652 – 5

Ⅰ.①环… Ⅱ.①黄…②李…③丁… Ⅲ.①环境法学 – 中国
Ⅳ.①D922.68

中国版本图书馆 CIP 数据核字(2015)第 241627 号

策划编辑	贾学斌
责任编辑	苗金英
出版发行	哈尔滨工业大学出版社
社　　址	哈尔滨市南岗区复华四道街10号　邮编150006
传　　真	0451 – 86414749
网　　址	http://hitpress.hit.edu.cn
印　　刷	黑龙江省地质测绘印制中心印刷厂
开　　本	787mm×1092mm　1/16　印张11　字数265千字
版　　次	2015年10月第1版　2015年10月第1次印刷
书　　号	ISBN 978 – 7 – 5603 – 5652 – 5
定　　价	26.00元

(如因印装质量问题影响阅读,我社负责调换)

前　言

　　环境污染、粮食危机以及自然灾害的不断发生引起全球的关注，可持续发展已成为世界很多国家发展的战略，可持续发展需要各个国家的共同努力，需要法律的保护与约束。环境与资源法律的构建是环境保护工作的重要组成部分，各个国家正在从不同的角度制定环境保护的相关法律及政策，唤醒人们的环保意识，规范人们的行为。环境保护工作的开展需要每一个人的参与，更需要环境保护意识的提高，唤醒人们的可持续发展意识。希望本书的出版能够唤起更多的读者参与到环境保护的行动中来，为地球的可持续发展尽自己的一份力量。

　　本书主要介绍了环境方面的法律内容及发展状况。本书共11章：第1章绪论，概要介绍环境法学的发展及相关内容；第2~4章主要介绍环境法律基本制度、环境行政法与环境法的相关内容；第5~11章主要介绍环境污染防治法，区域环境法，生态保护法，环境信息公开法、清洁生产法与循环经济法，环境税法与环境监测法，环境诉讼与环境教育法和国际环境法等相关内容及发展状况。

　　本书由黑龙江省城镇建设研究所、东北林业大学、哈尔滨工程大学及中核集团的专家和老师编写，由黄志、李永峰、丁睿担任主编，张坤担任副主编，应杉担任主审。参加编写人员及分工如下：第1章至第6章由黄志编写，第7章由丁睿编写，第8章及第9章由张坤编写，第10章及第11章由张楠、李永峰编写。张宝艺、张杼义、潘宁源、郭莹、黄昱参与了本书的文字整理与图表制作工作。

　　由于时间紧迫，编者的水平有限，书中难免存在不妥之处，真诚地希望专家学者、广大师生和读者批评指正。

　　谨以此书献给李兆孟先生（1929.7.11—1982.5.2）。

编　者
2015年8月

目　录

第1章　绪论 ··· 1
　1.1　环境法学概述 ·· 1
　1.2　环境法概述 ··· 1
　1.3　环境法的历史发展 ··· 4
　1.4　环境法的价值理念和目的 ··· 7
　1.5　环境法的体系 ·· 8
　1.6　环境权 ·· 15
第2章　环境法律基本制度 ··· 19
　2.1　环境影响评价制度 ·· 19
　2.2　"三同时"制度 ··· 22
　2.3　排污收费制度 ·· 22
　2.4　排污申报登记制度 ·· 25
　2.5　环境保护许可证制度 ··· 26
　2.6　限期治理制度 ·· 28
　2.7　环境标准制度 ·· 29
　2.8　环境监测制度 ·· 31
　2.9　污染事故报告制度及其他 ··· 32
第3章　环境行政法 ·· 37
　3.1　环境行政管理体制 ·· 37
　3.2　环境行政立法 ·· 41
　3.3　环境行政执法 ·· 45
　3.4　环境行政诉讼 ·· 48
第4章　环境法 ·· 56
　4.1　环境法实施概述 ··· 56
　4.2　环境立法 ··· 61
　4.3　环境行政执法 ·· 65
　4.4　环境监督 ··· 68
第5章　环境污染防治法 ·· 71
　5.1　环境污染防治法概述 ··· 71
　5.2　大气污染防治法 ··· 72
　5.3　水污染防治法 ·· 77

· 1 ·

  5.4 海洋污染防治法 ·· 83
第 6 章 区域环境法 ·· 86
  6.1 区域环境法的基本内涵 ·· 86
  6.2 我国区域环境法律制度的具体内容 ························ 86
  6.3 农村环境保护法 ·· 90
第 7 章 生态保护法 ·· 96
  7.1 生物多样性政策及立法 ·· 96
  7.2 中国实施生物多样性国际法的政策与立法措施 ······ 98
第 8 章 环境信息公开法、清洁生产法与循环经济法 ················ 103
  8.1 环境信息 ·· 103
  8.2 《环境信息法》与环境信息公开 ···························· 103
  8.3 《环境信息公开法》及其历史发展 ························ 105
  8.4 环境影响评价与环境影响评价法 ·························· 107
  8.5 环境影响评价的范围和程序 ································ 108
  8.6 环境影响评价公众参与的主体与内容 ·················· 109
  8.7 清洁生产法 ·· 111
  8.8 循环经济法 ·· 114
第 9 章 环境税法与环境监测法 ·· 118
  9.1 环境税 ·· 118
  9.2 环境税的理论基础和基本功能 ······························ 120
  9.3 环境税制实践 ·· 122
  9.4 环境监测与环境监测法 ·· 127
  9.5 环境监测主体与环境监测管理体制 ······················ 129
  9.6 环境监测法的主要制度 ·· 132
第 10 章 环境诉讼与环境教育法 ·· 135
  10.1 环境民事诉讼 ·· 135
  10.2 环境行政诉讼 ·· 137
  10.3 环境刑事诉讼 ·· 140
  10.4 环境公益诉讼 ·· 143
  10.5 环境教育 ·· 146
  10.6 环境教育法 ·· 150
第 11 章 国际环境法 ·· 154
  11.1 国际环境问题及国际环境保护 ···························· 154
  11.2 国际环境法的概念和特征 ···································· 156
  11.3 国际环境法的基本原则 ·· 157
  11.4 国际环境法的渊源与主要国际组织 ···················· 160
参考文献 ·· 168

第1章 绪 论

1.1 环境法学概述

环境法学的基本理念是指合乎自然生态规律、社会经济规律和环境规律的基本观念。它是环境法律法规中基本理念的概括、提炼和科学抽象,是环境法学科长期发展的产物,是环境法的目的、价值、研究范式和研究方法的反映。环境法学主张通过对传统法学基本理念的扩大、深入和重新解释,将当代环境法学的一些重要观念纳入传统法学基本理念之中。环境法学基本理念的形成和成熟是一个历史的发展过程,它是人类对人与自然关系的性质、特点和发展规律认识的结晶。如下因素对环境法学基本理念的形成具有重要影响:各国环境法所确立的重要观点,特别是环境法律法规中所确立的指导思想、立法目的、法律原则、基本政策和思想观点;国际环境法所确立的指导思想、立法目的、法律原则、基本政策和思想观点;著名环境思想家、理论家和活动家所阐明的有关人与自然关系的重要观念,特别是著名环境法学说所论证和概括的环境法学的基本观念。

任何部门法学都有其基本理念。例如,罗马法时代以来,市民法吸纳了人类文化的优秀思想成果,形成了私权神圣、身份平等等基本理念。尽管对于市民法的理念,在表述上有着诸多差异,但其含义基本相同。同样,尽管目前学术界对于何谓环境法学的基本理念、有无环境法学的基本理念、环境法学有哪些基本理念、环境法学的基本理念有什么意义等问题还存在不同的看法,但是,许多环境法学家认为,基本理念是环境法学的灵魂,是构建环境法学理论体系和环境法律体系的出发点。从上述角度看,探讨环境法学基本理念的概念及含义、研究其来源、明确其内容,对于构建环境法学理论体系、促进环境法制建设具有重要意义。环境法学发展的历史和实践说明,缺乏正确、科学、持之以恒的环境法学基本理念,是环境法和环境法学发展缓慢或无重大突破的重要原因,而有关尊重自然、保护环境、可持续发展和人与自然和谐等基本观点或理念的确立,往往成为推动环境保护和环境法发展的强大动力和精神力量。

我国环境法的创新与完善首先是理论的革命,没有理论基础的环境法不可能是理性的环境法。环境法学的价值追求正是整个环境立法的基石,它直接影响着环境立法的取向、基本制度及其实施效果。研究环境法的价值取向是探寻环境法创新与完善的思想源泉。

1.2 环境法概述

1.2.1 环境法的概念及含义

环境法,是指由国家制定或认可,并由国家强制力保证实施的,调整有关环境的开发、利用、保护、改善的社会关系的法律规范的总称;是关于环境的开发、利用、保护、改善的各种法规和法律渊源的综合。

（1）环境法是法的一种。同其他法律一样，环境法是由国家制定或者认可的、用特定形式颁布并以国家强制力保障其实施的行为规范或者法律规定。

（2）环境法是某类法律规范、法律规定和法律渊源的总称或综合体。环境法不是指某一个法律规范、某项法律规定或某个环境法规，而是具有共同宗旨、性质相似、相互关联的一系列法律规范、法律规定和法律渊源的集合。

（3）环境法调整的是因环境问题而产生的社会关系。可以把这种社会关系简称为环境社会关系。这种社会关系始终离不开环境或者对环境有影响的人为活动，始终以环境为媒介。

（4）环境法调整的主要社会关系是因开发、利用、保护、改善环境所发生的社会关系。这里的开发、利用，是指对环境没有或者少有污染破坏的、有利于保护和改善环境的、合理的开发和利用。这里的保护、治理，是指有利于环境可持续开发、利用的保护和治理。

1.2.2 环境法学基本理念的含义

所谓理念，是指具有理性的观念，不是指一般的观念。对于何谓理性也有诸多解释。罗马法学家西塞罗根据斯多葛学派的观点，首先系统地提出了自然法学说。他倾向于把理性等同于自然，认为真正的法律乃是一种与自然相符的正当理性；它具有普遍的适用性，并且是永恒不变的；自然法体现了自然理性，是衡量是非正义的标准，而正义是自然和人性所固有的。西塞罗认为：事实上存在一种真正的法即正当理性，它与自然相一致，适用于一切人，并且它是恒久而不变的。这种法律，通过命令要求人们履行各自的义务；通过禁条制止人们的违法行为。这种关于理性根源于宇宙秩序本身的观念，被视为所有的制定法或实在法的基础。理性是指合乎自然规律和社会规律或者合乎人的本性（人的本性是人的自然性和社会性的统一）。具有理性的观念也就是指合乎自然规律和社会规律或者合乎人的本性的观念。环境法学的基本理念是指合乎自然生态规律、社会经济规律和环境规律（即人与环境相互作用规律）的基本观念。它是环境法学的灵魂，是构建环境法学理论体系和环境法律体系的出发点。它来源于法学的基本理念和现代环境学、生态学、生态伦理学的科学理论，是法学基本理念和环境学、生态学、生态伦理学基本理论的综合。

首先，应该弄清环境法学的基本理念与环境法的基本理念的关系。无论是从理论上讲还是从现实上讲，环境法的基本理念都是指环境法律法规规定、强调、宣示或体现的基本观点，即环境法律法规所确认的基本观点；它是环境法立法目的的思想基础，是环境法基本原则的出发点，是环境立法动机的根源，是环境法的必然性、实然性、应然性和价值性的集中反映。不同的环境法律或不同国家的环境法律可能有不同的基本理念，特别是不同社会制度的国家有不同的环境法基本理念。环境法学的基本理念是指环境法学这门学科的基本观点，即环境法学研究和教学中经常强调、宣讲、阐述的基本观点；它是各种环境法律所规定的基本理念的综合和概括；不同的环境法学者或不同的环境法学派可能有不同的环境法学基本理念。环境法学的基本理念应该在环境法中得到体现和确认，良好的环境法律法规应该接受环境法学基本理念的指导，应该反映或体现环境法学的基本理念。

环境法学涉及广泛的研究领域和众多的问题，它有许多基本的、普遍性的观点，如果将所有这些观点都作为环境法学的基本理念，即将环境法学的各种观点等同于环境法学的基本理念,不仅会使环境法学的基本理念过多过滥,而且会失去基本理念的特定理论意义。因此,环境法学的基本理念应该是环境法学的核心观点、重要观点。但是,不同的专家学者或学派对何谓环境法学的核心观点、重要观点显然有不同的看法,这在环境法学发展的初期特别明显。这就提出了如何确立、判断或评价某个环境法学观点是否称得上环境法学基本理念的标准问题,甚至引起有几个标准、何谓标准等问题的争论。从理论上讲,应该有衡量标准,如果没有标准就会出现环境法学有许多基本理念、不同的学者有不同的环境法学基本理念的现象。从实践上讲,很少有人提出或研究基本理念的标准问题,某学科的基本理念大多是该学科长期发展的产物,即衡量和检验基本理念的标准主要是实践和事实。从事该学科的专家学者在发展该学科的过程中所形成的具有关键性、普遍性的共同观点,正是这些共同的基本观点把这些学者联系在一起。一个学科基本理念的形成,实质上就是该学科成熟和定型的一个标志,所谓某学科的基本理念也就是从事该学科的学者共同体最基本的共同观点,即环境法学的基本理念应该是已经成为现实的环境法学的学者共同体的共同的、基本的观点。从这个意义上讲,环境法学基本理念应该与环境法学的目的、价值、研究范式和研究方法有关,应该是环境法学目的、价值、研究范式和研究方法的反映。

环境法学既是法学的一个分支,又是环境学(生态学)的一个分支,因此其必然具有法学和环境学(生态学)的共同基本理念。如果将环境法学的基本理念等同于或照搬法学或环境学(生态学)的共同基本理念,那么研究或谈论环境法学的基本理念就没有什么特殊意义。因此,环境法学的基本理念应该是指能够反映环境法学这一独立法律分科和新兴交叉学科性质和特点的基本理念。从这个意义上讲,环境法学的基本理念应该能够充分体现和反映环境法学的性质和特点。

环境法学本身有一个从无到有、从小到大、从不成熟到成熟的发展过程,并不是一开始就存在或很完备。环境法学的基本理念也是如此,也有一个逐步确立的过程。确认环境法学基本理念的过程是对各种环境法学理论观点进行取舍、筛选、提炼的过程,也是从理论上、从基本观点的高度上整合环境法学工作者共同体的过程。从这个意义上讲,研究和探讨环境法学基本理念的问题,对于促进环境法学的进一步发展和成熟具有特别重要的意义。在我国环境法和环境法学发展的初期,学术界很少讨论环境法的基本理念问题。随着环境法和环境法学的深入发展,特别是环境法和环境法学在发展进程中所遇到的各种问题,人们越来越认识到环境法基本理念的重要性。环境法和环境法学发展的历史和实践说明,缺乏正确、科学、持之以恒的环境法学基本理念,是环境法和环境法学发展缓慢或无重大突破的重要原因;而有关尊重自然、保护环境、可持续发展和人与自然和谐等基本观点或理念的确立,往往成为推动环境保护和环境法发展的强大动力和精神力量。

目前,法学界对环境法学基本理念的归纳和分类,主要有两种态度和方式:抛开现有的传统法学基本理念,另起炉灶,从环境法制建设和环境法学理论自身的性质和特点出发,总结、归纳并最终形成环境法学的基本理念。以日本环境基本法(1993年)为例:该法强调和规定的基本理念,主要有环境保护(包括全球环境保护),防止公害或环境污染,构筑对环境负荷影响少的可持续发展社会、国家、企业和国民防止环境污染和保护环境的责任,保持人与自然的密切接触等,基本没有涉及传统法学中的正义、公平、秩序、民主、效率等理念。美国国家环境政策法、世界自然宪章等环境法律和国际环境条约,也是采用这种方式。这种方式的优点是与当前新兴的环境学、生态学和环境保护工作密切联系,采用新的名词概念表达有关与自然关系的思想观念，没有条条框框，不受传统法学基本理念的名词概念的束缚，表面上也不与传统法学基本理念相冲突，从而具有较大的创新性和灵活性。这种方式的缺点是，没有充分利用传统法学理念的现有知识和资源，使人产生环境法学基本理念与传统法学基本理念互不相关的感觉，从而导致主流法学界不将这些环境法学理念认可为法学的基本理念的范畴。从传统法学基本理念出发，通过对传统法学基本理念的扩大解释、深入解释和重新解释，将当代环境法学的一些重要观念纳入传统法学基本理念之中，在不改变传统法学基本理念名词概念的基础上来论述环境法学的基本理念。这就是当代一些环境法学家所采取的态度和方法，即将环境法学的基本观念分别纳入正义、公平、安全、秩序、民主、效率等传统法学基本理念（一级概念）之中，并分别以环境正义、环境安全、环境公平、环境秩序、环境民主和环境效率等二级概念对环境法学的基本思想观念进行解释和概括。这种方法的优点是能充分利用传统法学基本理念的现有知识资源，使环境法学基本理念与传统法学基本理念紧密相连，从而易于被法学界所采纳和认可。这种方法的不足之处是，它容易继承传统法学理论的某些保守性、刻板性和局限性，不易突出保护环境、尊重自然、维护生态平衡、人与自然和谐相处、环境与经济和社会协调发展、一体化发展和可持续发展等为环境保护领域所熟悉并实用的重要思想和观念，容易与环境工作实践和环境生态科学理论相脱节。本书在对环境法学基本理念进行分类和归纳时，主要采用第二种方法，但也考虑与第一种方法的结合，即注意将保护环境，尊重自然，维护生态平衡，人与自然和谐相处，环境与经济、社会协调发展、一体化发展和可持续发展等观念，纳入环境正义、环境安全、环境公平、环境秩序、环境民主和环境效率等基本理念之中，并突出和强调人与自然和谐相处观的特征和重要地位。

1.3　环境法的历史发展

环境法作为一种新兴的法学门类和法律部门正以极快的速度发展着。其主要表征有：从业者越来越多，渗透的领域越来越广，涉及的学科越来越杂。这种现象的合理性和必然性自不待言，且是一件值得庆幸的好事。然而，既然是一种新兴的法律和法学门类，就难免出现学科建构不充分和公众认知、认同不足的状况。这两个问题不解决，环境法终将一事无成。

1.3.1　自然资源的社会属性和环境法

生命的存在乃是多样性的存在，是多样生命之间的互助、平等和共生。当然，人类生存与发展的前提乃是资源的持续与安全。而且，环境法律中关注的是自然资源的安全。自然资源，无论是阳光、水、大气、土壤，还是植物和动物，都具有自然属性。但是，由于自然资源已成为人类的生产对象，即生产资料的范畴，所以，它已被纳入人类社会，成为人类利用和改造的对象，从而具有了社会性。在资源的层次，所有的自然资源都已纳入了社会发展的范围，直接受到市场规律的配置。即自然资源因成为人的经济资源而具有经济价值，受到市场的支配，受到社会规律的支配，依赖于社会关系的变化。凡是社会的资源一方面受到市场的配置，而另一方面受到法律的配置，因而，自然资源可以法律化为个体生活资源和社会公共资源，进而转化为个体利益和社会利益，成为个体权利和社会权利。任何对它们的污染和破坏都是对个体或社会利益的侵权行为,都会受到法律的制裁。这就是目前环境法的运行机制。自然资源的安全和持续是环境法的目的,也是社会正义的基本内容。国家通过行政权力依法对环境进行管理,个体通过环境保护和行使个体环境权的主张,共同追求法律的目的——自然资源关系的平等与安全。

1.3.2 生物多样性和自然契约法

社会层次上的环境法的目的在社会的范围内并不能最终实现。根据生态学家林德曼的"十分之一定律",即:绿色植物从固定太阳能起,能量在食物链传递过程中,每经过一个营养级,大约90%的能量被消耗用于自身的生存和发展,而只有10%的能量传到下一个营养级。这说明处于食物链顶端的人类社会的物质财富的增长即自然资源的增长依赖于他类生命的多样性存在和发展。后者是前者的前提。这就要求人类文明的阳光关照他类生命的繁荣,这是人类发展的一种方式。因此,法律的调整范围必须向第二个层次提升,向人与自然关系的层次跨越。

人与自然的关系就是生物圈、大气圈、水圈和岩石圈的安全与人类的关系。人曾能动地设计人-自然关系,而且对现实的生命体关系加以改造,对他类生命体的征服和消灭,企图将所有的生命体甚至包括人作为某一阶层人类的营养资源。消极的生命体之间的关系不利于人的生存,但是能动改造的盲目性和短期性使人类的生存景况愈加尴尬了——生产力越发展,生存越脆弱。人-自然关系已到了非调整不可的地步!综合起来,人类社会的调整机制有三种:①科学技术;②道德因素;③法律因素。当我们运用这三种机制来调整人和自然之间的关系的时候,遇到的最大困难乃是社会和自然之间的差别——自然的非意志性和语言的不可沟通性。这一难题不解决,一切努力都只会在原地兜圈子。就环境法律而言,最主要的问题乃是主体问题。其实,人的主体资格乃是利益斗争的结果,而非天赋。主体总是与利益相联系,而利益就意味着权利。主体之间通过对利益的承认与尊重而获得主体资格安全,此即彼此的义务。法律就是通过权利-义务机制实现主体的权利。权利与义务的产生有如下三种法律形式:

(1)主体之间通过合意来设定双方的权利与义务,此即契约自由。

(2)通过法律的直接设定,如刑法和消费者权益保护法。

(3)通过行政手段来设定权利和义务。

后两种形式的实质在于主体的权利直接源于社会公共利益的正义性,以及义务主体对国家权力和社会利益的理解、尊重和服从。其实,人类的特殊性并不等于主体的本质,即人与主体并不能绝对同一,人只不过是一种特殊主体。之所以将主体局限于人是因为这曾经有利于人的生存,对人有利。可是,现在将主体仍然局限于人已不利于人类的生存了。而主体首先是法律上的一种资格,即权利能力,而不是人类的行为能力。这是从生命存在的角度进行考察的,核心是有能享有权利或承担义务的资格。凡是资格都是通过不断的斗争而争取的。主体源于生命相互依存的需要,需要产生利益和权利。人与人之间的需要产生社会关系,生命之间的需要产生自然关系,人与非人生命之间的需要产生人与自然的关系。主体乃是对生命体的承认和尊重。要维持人与自然关系的平衡,就必须承认他类生命体在生态系统中的多样性存在,承认生命之间的相互依存关系即共生关系。这就要求人类放弃对非人类生命的殖民主义行径,反对人类对非人类生命的灭绝行为。这个目的的实现只有通过人类规范自身的行为即通过道德和法律的途径而无他法。也就是说,给予非人类生命体持续存在的资格即生存权,否则,通过灭绝他类生命体和毁灭生命所依存的非生命条件来维持人类绝对的唯一的永恒的主体资格,是唯心主义的一厢情愿。这样,正义观念就获得了一种崭新的内涵,即所有生命体之间的平等存在和营养供给的持续、合理与公平。因此,正义包含自然正义和社会正义。

非人类生命体以个体的牺牲来维持人类的发展,这是他类生命体的自然义务,这要求人类在获得自然资源的同时尊重他类的存在并保护他类的存在,以防止市场经济对非人类生命体的毁灭性冲击。这样,就建立了超越人类社会和自然资源范畴的人类与自然之间的法律关系即权利与义务关系,这是一种人际同构法,它需要我们去发现和认同,而不是主观创制。法律在人际同构过程中的最好的既定表现形式就是契约法。具体来说,人与自然之间的关系乃是一种契约关系。

根据梅因的考察,契约起初是和财产的让予仪式相联系的,称为耐克逊;后来财产让予和契约分离,"耐克逊"专指契约的仪式,并使其庄严化。随着罗马法的发展,契约的两个新要件——合意和债,取代了耐克逊,从而使契约有了更广泛的价值。自然契约是基于生命多样性的持续存在原则、生命共生原则建立起来的人类与非人类生命体之间的权利义务关系。生命存在不仅仅只有人类,人类的生存发展依赖于生命多样性的繁荣,生命多样存在却要求人类以对待自己的人道主义方式对待他类生命。这不仅是道德问题,也是法律关注的问题。人类借助科学去认识、发现、理解自然的规律,通过对自然规律的认同、遵从进而了解了自己的权利范围,规范调整自己的行为方式,这是一种它知又自知的过程。人类改变自己的生存观念,用科学的宇宙观来看待生命的发展,大力推进自然科学研究以及与此相结合的社会学研究,科学地界定自然资源和自然之间的区别,科学地估价在具体的时空背景下人类所拥有的自然资源量和人类的可利用量,从而制定人类社会的发展规划。将人类的发展与人类对自然研究、管理和维护相协调,形成人与自然关系的动态平衡,从而为生产力的发展开辟了崭新的途径。这样,契约的内涵就发生了革命性的变革。

但是,以"类"为主体单元的自然契约只有通过社会个体的法律实践才能对人类有约束力。所以,自然契约与环境法必须结合,二者不是矛盾的,而是相辅相成的。自然契约是环境法的基础,为其提供理论背景和动力。同时,环境法是自然契约的具体实现途径。例如,对濒危物种的保护,对臭氧层和森林的保护,以及为此而建立的自然保护区,不仅是在保护人类的资源,而且是在保护人类与非人类之间的关系。从人类的层次,我们可以用契约表达人与自然的关系,不过,人类自古以来形成了以民族和国家为基本单元的社会集团,国家基于主权原则而拥有领土所有权,并将领土范围内生命的存在条件——大气、水、土壤等和生存于其内的所有生命体都纳入了主权范围。国家在其主权范围内,在维护人与自然关系方面代表着人类的共同利益,遵循脆弱的自然契约关系,这就要求各集团之间基于自然利益的整体性而达成共识和国际合作。由于以民族和国家为单元的人类,基于国家主权而占有了整个自然并纳入自然资源的范畴,这就要求国家遵循自然规律和人与自然之间的平衡关系,科学地界定自然多样性的存在与自然资源之间的界限,社会对自然资源的利用不至于危及人与自然之间的平衡,同时对社会个体的破坏行为进行规制。但是,由于国家的发展战略和发展计划受到市场经济的影响,这种近利性往往使国家为了追求短期利益而破坏自然契约关系。这就要求对国家权力进行监督和制约,其目的是使生命多样性的存在不至于受到国家利益的伤害。这种监督和制约的力量正代表了自然的利益,即非人类生命的环境权,但是这种力量只能来源于人民之中,首先体现在宪法当中,并向其他法律渗透。这样,在环境法领域就会出现法律主体多样化的现象。人们不仅为自己的环境权而寻求法律救济,而且大量的民间社团的建立为其所代表的权力而诉讼。因为非人类主体的利益不可能在社会正义中直接实现,而必须通过其代言人——各种代表其利益的民间组织来实现。

科学"不是要描述孤立分离的事实,而是需要新的秩序原则,新的理智解释形式","科学在现象中所寻找的远不是相似性,而是秩序"。所以,依靠科学进步,突破观念束缚,科学地认识人与自然的关系,才能建立新的符合正义的秩序规则。

1.4 环境法的价值理念和目的

1.4.1 环境法的价值理念

环境法的价值理念就是环境法关于理想中的价值追求的系统理论和表述,这一理想中的价值追求需要通过具体的环境法律制度予以释放、体现和实现。价值理念是统领整个环境法的根本观念,体现了环境法的终极关怀。环境法的价值理念,不仅显示了人类对于自身、自然和人与自然关系的理解,也代表着人类对至善至美的体验程度和能力。不同的价值理念会直接导致对环境法目的的不同定位,也会对具体制度的设计和执行产生根本性影响。因此,价值理念是环境法的根本出发点,也是环境法追求的终极目的。当然,它是理想中的,属于应然价值而非实然价值。价值理念是环境法学的核心理论问题。

1.4.2 环境法的目的

环境法的目的是指国家在制定或认可环境法时希望达到的目的或实现的结果,即环境法的立法目的。环境法的立法目的决定着整个环境法的指导思想、法律的调整对象,也决定着环境法的适用效能。它是立法者对环境法所要追求的价值的最直接、最明确的表达,当然它也反映了环境法的发展程度和人类对于自然的态度。各国的环境立法都对此予以了较高的重视,并多数在立法中用法规的形式予以表示。这不仅在基本法中表达,在单项的立法中也有所体现。

分析不同国家的环境法,可以发现立法目的是有区别的。美国《国家环境政策法》(*National Environmental Policy Act of* 1969)的立法目的是:"宣布一项鼓励人同他的环境之间建设愉快和谐关系的国家环境政策;推动为预防或消除对环境和生物圈的损害所做的努力并促进人类健康和福利;深化对国家至关重要的生态系统和自然资源的认识和设立国家环境质量委员会",并宣布了六项国家环境目标:①履行作为后代的环境受托管理人的责任;②为全体美国人确保安全的、有益于健康的、多产的环境;③实现对环境的最大限度的有益利用并避免退化、健康和安全的威胁,或其他不受欢迎的或并非所求的后果;④保存国家的历史、文化和自然遗产,并在一切可能的情况下保持一个支持个人选择的差异和多样化的环境;⑤实现允许高生活标准和广泛共享生活舒适的人口和资源利用之间的平衡;⑥提高可更新资源的质量并尽可能做到最大限度地循环利用可枯竭资源。《清洁空气法》

(Clean Air Act)的立法宗旨是:"一、为促进公众健康、福利和人口的生产力,保护和发展国家空气资源的质量;二、为实现预防和控制空气污染而发起和加速国家的研究和开发计划;三、对州政府的空气污染预防和控制计划的发展和实施提供技术和财政的援助;四、鼓励并帮助区域空气污染控制计划的发展和运转。"在这四条宗旨中,第一个宗旨是核心,其他的均围绕第一个宗旨而展开。《联邦水污染控制法》(Federal Water Pollution Control Act),又称《清洁水法》(Clean Water Act),将立法目的规定为:"恢复并保持国家水体的化学的、物理学的和生物学的完善性质。"

日本环境法对其立法目的的表述则有一个变化的过程。1967年制定的《公害对策基本法》第一条第一款规定:"本法是为了明确企业、国家和地方公共团体对防治公害的职责,确定基本的防治措施,以全面推行防治公害的对策,达到保护国民健康和维护其生活环境的目的。"同时,该条第二款又规定:"关于前款所规定的保护国民健康和维护生活环境,是与经济健全发展相协调的。"换言之,该法规定的"保护国民的健康和维护生活环境的目的"是以"经济健全发展相协调"为条件的,表明了立法者经济发展优先的价值选择。所以在该法颁布后,日本法学界人士和环境保护专家纷纷提出了尖锐的批评,强烈要求删除反映经济优先的条款;认为以牺牲国民生存环境来炫耀经济发展和国民生产总值并引以为荣,是一种本末倒置的做法,建立在置国民安危于不顾基础上的繁荣是虚假的繁荣。有鉴于此,1970年,日本国会在修改《公害对策基本法》时,删除了第二款,将"保护国民健康和维护其生活环境"作为该法的唯一目的,明确了环境优先的立法目的。可持续发展战略在1992年得到联合国环境与发展大会确认以后,日本于1993年颁布的《环境基本法》对此予以了认可,并在该法第四条将立法目的规定为:"必须以在健全经济发展的同时实现可持续发展的社会构筑为宗旨,实现将社会经济活动以及其他活动造成对环境的负荷降到最低限度,其他有关环境保护的行动由每个人在公平的分配负担下自主且积极地实行,既维持健全丰惠的环境,又减少对环境的负荷。"显然,该法的目的是实现环境的可持续性。可见,美、日两国对环境法立法目的的理解是存在差异的。美国的追求显然是多样化的,而日本则从多目的转变为单一的目的。我国现行的《环境保护法》第一条规定:"为保护和改善生活环境与生态环境,防治污染和其他公害,保障人体健康,促进社会主义现代化建设的发展,制定本法。"显然,环境法立法目的可以分为以下四项:

(1)保护和改善生活环境和生态环境。
(2)防治污染和其他公害。
(3)保护人体健康。
(4)促进社会主义现代化建设的发展。

1.5 环境法的体系

按马克思法哲学的观点,法是上层建筑的一部分,其总是由经济基础决定的,经济基础(更确切、通俗地说是社会物质生活条件)变化必然要导致法的变化。法的发展的进程大部分只在于首先设法消除那些由于将经济关系直接翻译为法律原则而产生的矛盾,建立和谐法体系,然后是经济进一步发展的影响和强制力又经常摧毁这个体系,并使它陷入新的矛盾。这说明和谐法体系建立后,一旦出现新的法律关系,必然要求建立新的法律部门。环境法是从经济法分离出来的一个新的法律部门法。

环境法所涵盖的内容的变化亦源自社会环境与资源问题的不断变化。例如日本环境法的发展历史,由最初基于二战后严重的公害事件而于1967年制定《公害对策基本法》和1972年《自然环境保全法》来保护自然环境,到1977年考虑由于发展经济而继续大规模地开发土地,环境破坏加剧的事实而颁布了《环境影响评价法》,再到1990年不仅是防止工厂公害和保护珍贵的自然问题,而且扩大到从汽车公害、城市乱排水问题、废弃物处理,到地球温暖化、沙漠化、热带雨林破坏等影响到地球环境问题,并且公害的性质也发生了变化,因此制定了《环境基本法》,以完善其环境法律体系;而到1997年因焚烧废弃物设备释放毒气引起强烈的社会不安,遂于短期内制定了如《有机氯化合物剧毒气类对策特别措施法》等相关环境标准,并于2000年1月施行。可见环境法内容、体系的变化跟经济发展、社会环境问题及人们的认识是休戚相关的。有关环境与资源法的体系,我国环境与资源法的专家学者进行了许多探讨,有"环境法规体系"的七个层次;"环境法体系的横向结构说"的七个法体系;"环境法的效力体系说"的八个体系等。这些学说对我国环境体系的构建具有重要的价值和意义。本节吸收、借鉴国内外环境法学的最新研究成果和认识,初步确立我国环境法的体系主要应由环境基本法、环境污染及公害防治法、自然资源法、生态环境保护法和涉外环境法五大部分构成。

1.5.1 环境基本法

我国尚未建立环境基本法。随着社会经济的发展,对于日趋多样和复杂的环境生态问题,其处理方式和解决手段也需要是多方位、多层次的对策措施,在需要建立一系列相关的法律时,实践中各国认识到必须先确定一个统一的综合性政策目标,这种综合性的政策目标在整体上转变为国家意志时就是现在的所谓基本法。20世纪60年代末和70年代初,苏联、日本、美国、瑞士、罗马尼亚、匈牙利等国都制定了综合性的环境与资源保护法。

我国还没有完全意义上的环境基本法,法学界多将与此类似的内容称为综合性环境基本法,相关表述有:我国1979年试行并于1989年修订重新颁布的《中华人民共和国环境保护法》是我国目前环境保护的一部综合性的基本法,该法对环境保护的所有新问题做出了全面的规定。

综合性环境保护基本法中的环境保护规范,环境保护法律体系中这一层次的法律规范,是适应环境要素的相关性、环境问题的复杂性和环境保护对策的综合性而出现的,是国家对环境保护的方针、政策、原则、制度和措施所做的基本规定,其特点是原则性和综合性的法律规范。因此在我国一般将《环境保护法》视为基本法范畴,但实际上,作为基本法,其一般只对该部门法的基本和重大问题做些原则性的规定,不是也不应该是具体的实施法。综观我国的《环境保护法》,不难发现,由于历史的原因,《环境保护法》在规定综合性目标的同时,还规定了相当多的具体法律措施,远远超出了作为基本法的内容界限,实际上,基于此法制定的背景更突显了污染防治法的浓厚色彩。

为此,作为一部完整的环境基本法,应将其中具体的操作性规范删去,保留原有的原则性规定,并相应地增加立法宗旨,相关概念界定,环境法主体相应的权利和义务;政府及有关机关对环境的管理体制;有关环境保护的基本政策,等等。我国现有《环境保护法》所做的全面的原则性规定应包括如下内容:环境法的基本任务(第一条):保护和改善生活环境与生态环境,防治污染和其他公害,保障人体健康,促进社会主义现代化建设的发展;环境法的客体(第二条):影响人类生存和发展的各种天然的和经过人工改造的自然因素的总体;环境法的基本原则和制度:纳入经济和社会发展计划,同经济建设和社会发展相协调(第四条)、环境影响评价制度(第十三条)、"三同时"制度(第二十六条)、排污收费制度(第二十八条)等;规定了自然环境、防治环境污染的基本要求和相应的法律义务(第三章);最后对环境管理机关的环境监管权限、任务及单位和个人保护环境的义务和法律责任做出了规定。根据我国《环境保护法》及国际上有关国家的环境基本法的内容,我国《环境基本法》的体系应包括以下几部分:

(1)立法宗旨。可持续发展战略,保护和改善生活环境与生态环境,防治污染和其他公害,保护自然资源,保障人体健康,促进社会主义现代化建设的发展。

(2)环境与资源法的保护范围。包括环境要素、资源要素、生态要素、地区要素中的大气、水、海洋、土地、矿藏、森林、草原野生动、植物、自然和人文遗迹、自然保护区、风景名胜区、城市和农村的环境和自然生态的保护。

(3)环境保护的基本原则。包括可持续发展原则;经济发展与环境保护相协调原则;资源开发和环境综合治理相结合原则;开发者保护、污染者治理、获利者付费原则;群众参与原则等。

(4)环境保护的基本制度。包括环境影响评价制度、"三同时"制度、限期治理制度、环境保护许可制度、环境标准制度、排污收费制度、举报、监督制度、环境保护奖励与处罚制度等。

(5)自然资源开发者开发自然资源和保护环境的权利和义务,环境污染者治理污染的义务。

(6)环境保护的管理体制。包括中央和地方环境管理机构的设置,环境管理的权限划分,环境管理机构的权责,环境管理的监督。

(7)生态保护的特别规定。

(8)环境主体对环境保护的权利和义务。

(9)涉外环境保护的特别规定。包括参加国际环境保护的公约和条约、与国际上环境保护国家和组织的合作,组织和参与国际环境保护活动的交流。

(10)违反环境法的法律责任。包括行政责任、民事责任、经济责任和刑事责任等。

1.5.2 环境污染及公害防治法

环境污染是指人类在生产和生活中,向环境排放了超过环境自净能力的物质或能量,使得环境化学、物理、生物等性质发生变异,从而导致环境质量下降,破坏了生态平衡或者危害了人类正常生存和发展的条件。公害主要指由于环境污染,而造成的对人类生活环境的一种社会性危害。可以说环境法的产生主要归因于污染现象的出现,早在20世纪30年代到60年代,工厂与城市的公害事件就不断涌现,而突出的"八大公害事件"更是震惊了世界。1962年,美国科学家卡逊女士发表的《寂静的春天》则深深地提醒世人警惕过度使用农药的恶果。环境污染问题已成为世人关注的焦点,而环境法的研究也因此而愈发繁荣。

我国的环境污染状况更为严峻,考察我国1997～1999年公布的《环境状况公报》,同样可以发现我国环境污染的状况愈发严重。据1999年《中国环境状况公报》显示,我国环境形势仍然相当严峻,多项污染物排放总量很大,污染程度仍处于相当高的水平,一些地区的环境质量仍在恶化,相当多的城市水、气、声、土壤环境污染仍较严重;我国主要河流有机污染普遍,水源污染日益突出,辽河、海河污染严重,淮河水质较差,黄河水质不容乐观。1999年,全国工业和城市生活废水排放总量为401亿吨,比上年增加6亿吨,其中工业废水排放量197亿吨,比上年减少4亿吨;生活污水排放量204亿吨,比上年增加10亿吨,生活污水排放量首次超过工业废水排放量;1999年,我国近岸海域海水污染严重,近海环境状况总体较差,海洋环境污染恶化的趋势仍未得到有效控制,而大气环境污染仍然以煤烟型为主,主要污染物为总悬浮颗粒物和二氧化硫,少数特大城市属煤烟与汽车尾气污染并重类型;酸雨污染范围大体未变,污染程度居高不下,工业固体废物的堆存占用大量土地,并对空气、地表水和地下水产生二次污染。因此,对于环境污染及其他公害的防治将是我国环境治理的首要任务,而与此相关的环境污染及其他公害防治法将是环境法的重要内容。

环境污染及公害防治法是指调整在预防、治理环境污染及其他公害过程中发生的社会关系的法律规范的总称,是传统环境法的基本内容。当前,根据我国污染物存在的形态,我国环境污染可分为如下四种类型:

(1)以液态形式存在的污染,包括湖泊、河流等淡水污染和海洋污染。

(2)以固体形式存在的污染,包括固体废物污染、放射性物质污染、农药污染及有毒化学物品污染。

(3)以气态形式或以气体为媒介的污染,包括大气污染、环境噪声污染和光污染。

(4)其他公害污染。

相应的,调整这些污染及公害防治法的体系可以分为:液态污染防治法、固体污染防治法、气态污染防治法及公害防治法四个部分。

1. 液态污染防治法

液态污染防治法包括水污染防治法和海洋污染防治法。水污染防治法包括基本的水污染防治法,江、河流域及湖泊的水污染防治法,生产过程的水污染防治法以及水污染及防治的标准规定等。我国液态污染防治主要涉及的法律、法规有:《水污染防治法》《水污染防治法实施细则》《海洋环境保护法》《防止船舶污染海域管理条例》《海洋倾废管理条例》《防止拆船污染环境管理条例》《海洋石油勘探开发环境保护管理条例》《淮河流域水污染防治暂行条例》《地面水环境质量标准》《农田灌溉水质标准》《制订地方水污染物排放标准的技术原则和方法》等。

2. 固体污染防治法

固体污染防治法包括固体污染防治管理体制,固体污染物监督管理,固体污染综合利用制度,工业固体污染物的防治法;城市生活垃圾污染的防治法;危险污染物防治法;固体物的污染控制标准法;禁止境外固体废物入境管理法等。我国制定的有关固体污染防治法的法律、法规有:《固体废物污染环境防治法》《污染源治理专项基金有偿使用暂行办法》《粉煤灰综合利用管理办法》《关于处理城市垃圾改善环境卫生面貌的报告的通知》《生产市容和环境卫生管理条例》《农用污泥中污染物控制标准》《城镇垃圾农用控制标准》《工业固体废物十一种污染成分污染控制标准》《有色金属固体废物污染控制标准》《含氰污染物控制标准》《关于废物进口环境保护管理办法》等。

3. 气态污染防治法

气态污染防治法包括大气污染防治法和环境噪声污染防治法。大气污染防治法涉及对大气污染法的管理体制和监督管理,生产过程中大气污染的防治,废气、粉尘和恶臭污染的防治及废气排放标准等。环境噪声污染防治法包括:噪声防治的管理体制,防止噪声污染的监督管理,环境噪声的标准、工业噪声污染防治、建筑施工噪声污染防治、交通运输噪声污染防治以及社会生活噪声污染防治等。我国有关气态污染防治的法律、法规主要有:《大气污染防治法》《大气污染防治法实施细则》《工业"三废"排放试行标准》《噪声污染防治法》《工业企业噪声卫生标准(试行)》《机动车辆允许噪声标准(试行)》《城市区域环境噪声标准》等。

4. 公害防治法

公害污染是指对有毒、有害物质造成的环境污染。有毒、有害物质主要有:化学物质、农药、放射性物质等。许多国家都对这三类物质的控制和防治进行立法。公害防治法包括:有毒有害化学物品管理法、农药管理法、放射性物质管理法、电磁辐射管理法等。我国有关公害防治法的法律、法规有:《化学危险品安全管理条例》《监控化学品管理条例》《防止含多氯联苯电力装置加强废物污染环境的规定》《化学品首次进口及有毒化学品进出口管理规定》《农药安全使用规定》《农药登记规定》《农药登记审批办法》《农药安全使用标准(试行)》《放射性污染防治法》《城市放射性废物管理办法》《放射环境管理办法》《放射性同位素及射线事故管理规定》《核电站放射卫生防护标准》《放射卫生防护基本标准》《电磁辐射防护规定》等。

1.5.3 自然资源法

自然资源是指在一定的技术经济条件下,自然界中对人类有用的一切自然要素,如土壤、水、矿物、森林、草原、野生动植物、阳光、空气等。也有学者认为:"自然资源,从法律上来说,是指能够供人们生产或生活并作为所有权、使用权客体的自然物质,目前一般包括土地资源、水资源、矿产资源、森林资源和其他生物资源(野生动植物)、海洋资源、草原资源、风景名胜资源等。"这些观点都突出了自然资源的价值所在,但从定义中我们可以窥探出人们更多地是从经济利益角度来认识自然资源。我国是一个自然资源大国,资源总量居世界前列,但我国又是一个人口泱泱大国,自然资源的人均占有量远远低于世界人均水平。我国自然资源的开发利用也正基于前期人们从经济利益考虑而造成自然资源状况恶化,主要表现为土地资源水土流失,沙漠化威胁严重,耕地锐减,农业分摊水量降低,城市严重缺水,森林覆盖率萎缩,草地退化,物种濒危面扩大,矿产、能源资源供需矛盾突出。如何保护、合理利用自然资源已成了刻不容缓的大事。目前已有学者就自然资源(基本)法立法的可行性进行了系统的研究,从自然资源角度、法律角度提出了自然资源(基本)法立法的必要性,认为制定自然资源(基本)法势在必行,并提出了自然资源(基本)法立法的现实条件、立法方案及框架方案等,自然资源(基本)法制定的迫切性也正反映了自然资源法在环境法中的重要位置。

自然资源法是调整人们在自然资源的开发、利用、保护和管理过程中所发生的各种社会关系的法律规范的总称,它是一个综合性的概念,由各种资源法组成,主要包括土地资源、水资源、矿产资源、森林资源、草原资源、渔业资源、野生动植物资源等方面的法律、行政法规、规章和地方性法规。自然资源法的保护对象即自然资源,其调整的是公民、法人、自然资源管理部门在自然资源开发、利用、保护、管理和改善过程中发生的社会关系,针对的是现有的资源环境,贯穿于开发、利用、保护、管理、改善的全过程之中。这些社会关系,则包括资源权属关系、资源流转关系、资源管理关系和其他经济关系。

值得一提的是,所有的自然资源均为自然环境的组成部分,它们之间的相互依存、内在有机联系使其构成统一的整体。首先,它们在存在形态上是相连的,森林、草原、矿藏、水都依附于土地之上或蕴藏于土地之下;其次,它们之间的相互联系有着连锁性、结构性的变化效应,并形成各种资源的多种功能。自然资源的整体性,要求人们利用自然资源的活动,不仅从个别资源的效益出发,还必须把自然资源作为一个整体来看待。这种自然资源的整体性,要求必须有一部自然资源母法来规范,协调相关的子法,使立法、执行、守法和司法各个环节达成一致,实现整体自然资源系统的高效运作,该母法正是目前学界探讨得轰轰烈烈的自然资源基本法。自然资源法的体系包括自然资源基本法和自然资源部门法两部分。

自然资源基本法应将宪法的基本原则贯穿其中,将自然资源法中共性的规定进行规范。其中包括:①自然资源法的立法宗旨:确保自然资源的合理开发和可持续利用,保护自然资源及珍贵的动物和植物,加强对自然资源的管理,禁止任何组织或者个人用任何手段侵占或者破坏自然资源;②自然资源法的原则:对自然资源合理、适度开发的原则;③自然资源综合勘探、开发和利用原则,自然资源利用与营造相结合原则,自然资源保护原则;④自然资源的保护范围;⑤自然资源利用和开发主体在开发、利用自然资源中的权利和义务;⑥自然资源的管理体制;⑦自然资源管理机构的职责;⑧自然资源的公众保护;⑨自然资源的国际保护和合作开发;⑩违反自然资源法的法律责任等。我国自然资源部门法的体系应包括:《土地管理法》《水法》《水土保护法》《湿地保护法》《矿产资源法》《煤炭法》《森林法》《草原法》《渔业法》《野生动物保护法》《野生植物保护法》及相应的实施细则、实施条例和规章等。

1.5.4 生态环境保护法

生态环境是人类生存和发展的基本条件,是经济、社会发展的基础。保护和建设好生态环境,实现可持续发展,是我国现代化建设中必须始终坚持的一项基本方针。我国目前生态环境状况恶化的趋势远没有遏制住,主要表现为:水土流失严重,荒漠化土地面积不断扩大,大面积的森林被砍伐,天然植被遭到破坏,大大降低其防风固沙、蓄水保土、涵养水源、净化空气、保护生物多样性等生态功能,毁林开垦、陡坡种植、围湖造田等加重了自然灾害造成的损失,草地退化、沙化和碱化面积逐年增加,而生物多样性也受到了严重破坏。这些日益恶化的生态环境,给我国经济和社会带来了极大危害,严重影响了可持续发展,生态环境的保护迫在眉睫,而生态环境保护法的体系完善已成为时代的任务。

生态环境法是环境法体系的重要内容,目的在于强调对整个生态环境的全面保护,保持生态(包括物种)的多样性,维持生态系统的平衡,促进人与自然的协调发展。

生态环境保护法的发展和兴起源自人们对生态学认识的发展,生态学是"研究生物生存条件、生物及其群体与环境相互作用的过程及其规律的科学,其目的是指导人与生物圈(即自然、资源与环境)的协调发展"。随着第二次世界大战后国际生态科学蓬勃发展,至20世纪60年代,生态系统生态学成为生态学研究的前沿(生态系统生态学是研究生态系统结构、功能、动态与演替,以及人为影响与调控机理的生态学科),它的出现使生态学在人类社会经济发展中的作用发生了改观,生态系统生态学所强调的"整体性"是人类认识自然生态系统的具有革命性的进步,对该学科的深入了解和学习,满足了社会在资源持续利用和环境保护的客观要求下,保持生态系统平衡、改善生态环境的迫切要求。该学科与法学的结合,在时代的孕育下,使得生态环境保护法应运而生。生态环境保护法的出现充实了现代环境法的内容,"现代环境法是在环境科学不断发展的基础上,大量吸收了生态学的原理和方法,注重对生态系统全过程的整体保护,强调对生态系统的保护和建设并重。这些都是传统的生态学和环境科学所不能企及的"。

生态环境保护法之所以得以提出和构建,是因为从20世纪以来,在人类生活的地球上,生态破坏达到了令人发指的程度,尽管科学和技术在过去的100多年里获得了突飞猛进的发展,却正是20世纪新技术的发展成为导致生态衰败的祸首。技术只重视处理分离部分的方法,即分解论方法,生态系统恰恰与技术不同,生态系统是不能也不应该被划分成可随意处置的几个部分的,生态系统的特性就在于它是一个整体,在于其各个部分之间都是有机联系在一起的。这种处理方式的不同使得人们忽略了生态环境的正确处理方法,使生态环境破坏愈演愈烈,而生态环境保护法更加受到人们的关注。

关于生态环境保护法的概念及内容,有的学者认为:"我国生态环境法是国家制定或认可的,为实现经济和社会可持续发展目的,调整有关保护和改善生态环境,合理利用自然资源,防治污染和其他公害的法律规范的总称。在称谓上,生态环境法与环境法并不对立,所谓生态环境法就是现代意义上的环境法,因而生态环境法亦可简称为环境法。"这是对生态环境保护法最大化的解释,即实际上为环境法,这个概念与俄罗斯法学界对"生态法"的界定类似。

1.5.5 涉外环境法

环境法的体系还应包括涉外环境法。因为目前环境问题已经超越国界,发展成为区域性的、全球的环境污染和生态问题,即国际环境问题。所谓国际环境问题,又称全球环境问题、地球环境问题或人类环境问题,是指超越一国国界的区域性的和全球性的环境污染和生态破坏问题,是生态环境问题国际化的产物。

当前国际环境问题主要表现为:气候变化、臭氧层破坏(耗损)、酸雨污染、生物多样性锐减、淡水短缺、森林破坏、荒漠化、海洋污染和破坏、有毒化学品和危险废物越境转移等。国际环境问题的日趋严重,引起了国际社会的高度重视,1972年6月5日,在瑞典首都斯德哥尔摩召开了联合国人类环境会议,通过了《联合国人类环境宣言》,并导致联合国环境规划署的设立,大大推动了国际环境保护的发展。在1992年6月里约热内卢召开的联合国环境与发展大会上,通过了《关于环境与发展的里约宣言》《21世纪议程》《生物多样性公约》《联合国气候变化框架公约》和《关于森林问题的原则声明》等重要文件,发出了建立起一种"新的全球伙伴关系"的口号,提出了"可持续发展"的战略原则,成为国际环境保护的新开端。

我国作为国际社会中重要的一员,必然是参与解决国际环境问题的主要力量,我国在与他国共同处理国际环境问题、遵守国际条约、履行国际环境义务过程中发生的社会关系,即属于我国涉外环境法调整的内容。因此,涉外环境资源法是指调整我国与他国因开发、利用、保护和改善环境,遵守国际环境条约,履行国际环境义务的国际交往中形成的涉外关系的法律规范的总称。我国涉外环境法的体系主要由三部分组成:一是我国制定的有关涉外环境的法律、法规;二是我国与其他国家签订的保护环境的双边协定;三是我国参与的国际条约、国际公约及有关国际性会议的协定等。

(1) 我国制定的有关涉外环境的法律、法规。这方面我国目前较薄弱,需要进一步加强。在制定涉外环境法中,须贯彻我国对解决全球环境问题的原则、立场,包括经济全球化必须与环境保护相协调的原则,尊重国家对自然资源拥有永久主权的原则;保护环境和经济发展离不开世界和平与稳定的原则,处理环境问题应兼顾各国现实的实际利益和世界的长远利益相结合的原则;加强国际间合作保护全球环境的原则等。

(2) 我国与其他国家签订的保护环境的双边协定。例如我国与美国、日本、朝鲜及各周边国家签订了保护环境的双边协定。

(3) 我国参与的国际条约、国际公约及有关国际性会议的协定。我国已经参加了一系列有关国际环境保护的条约、公约、议定书等。例如《联合国人类环境宣言》《关于环境与发展的里约宣言》《保护臭氧层维也纳公约》《关于消耗臭氧物质的蒙特利尔议定书》《濒危物种国际贸易公约》《控制危险废物越境转移及其处置的巴塞尔公约》等。这些我国参加的国际条约和公约,构成了我国涉外环境法体系的主要内容。

我国已经加入世贸组织,入世后给我国涉外环境法带来许多新的内容,我国涉外环境法将有新的发展。许多国际环境条约、公约都把贸易措施作为保护环境的一个重要手段,规定了相关贸易条款,控制跨国界的污染转移,例如乌拉圭回合《贸易技术壁垒协议》规定:"任何国家在其认为适当的范围内采取必要的措施保护环境,只要这些措施不致成为在具有同等条件的国家之间造成不合理的歧视,或成为对国际贸易产生隐蔽限制的一种手段。"但实际上这种规定往往为发达国家的"绿色壁垒"提供了依据,由于发达国家和地区的环保标准已相当严格,促使在这些国家和地区被限制或淘汰的重污染产业向发展中国家转移,这种转嫁污染又将使发展中国家的环境状况更趋恶化。我国作为发展中国家,如何在涉外环境法中处理、解决好防止重污染工业向我国迁移的"生态殖民"现象将是一个须妥善解决的问题。

涉外环境法要充实的内容是制定和实施与ISO 14000环境体系相配套的国内法律法规,以及适应我国国情的绿色关税制度、绿色技术标准制度、生态标志认证制度、绿色包装制度、绿色检疫制度等环保市场准入制度。此外还须对我国一些陈旧的环保制度和措施进行改革,代之以国际先进的环境保护措施,如污染权交易制度、总量排污收费制度。这些都成为涉外环境法制建设的"重头戏"。再者,入世后,随着我国经济、贸易的进一步发展,一方面会导致更多的资源消耗和污染物排放,另一方面又会面临发达国家要求我们多承担保护全球环境职责的更大压力,从而使我国履行国际环境公约的难度不断增加,加大了我国涉外环境法的执行难度。这些都需要涉外环境法加以研究解决。

1.6 环境权

环境权是环境法的核心问题,也是近年来环境法学界讨论的热点问题,其讨论的焦点是环境权的概念与主体问题。

1.6.1 环境权的概念问题

环境权的概念一直是环境法中讨论的关键问题,焦点是人与自然的关系,环境权的性质、内容。其观点主要有:生态主义者主张人类社会发展经历了农业社会、工业社会、生态化社会三个阶段,生态化社会以生态经济理论为主导,生态经济有四个原则:人与自然和谐共存的原则;生态基础制约经济发展的原则;生态安全性与经济有效性兼容的原则;生态、经济、社会效益统一的原则。环境权的产生是生态化社会的必然,环境权的内容应体现生态经济四个原则的精神。折中主义主张环境权概念、主体、属性等问题的关键涉及生态环境主义和人本环境主义,他们认为环境权理论的发展,不是否定哪个主义的问题,而是两个主义的融合问题。综合权利者认为关于环境权的人权说、人格权说、财产权说等学说都没有科学客观地阐述环境权的属性,他们认为环境权具有非法律权利属性和习惯权利属性,环境权属于法律权利以外的自然权利、道德权利和习惯权利。生态主义观点过分强调人是环境系统的一个要素,没有体现人在生态系统中是一个最活跃的因素。综合权利主义的观点将环境权泛化、模糊化,环境权在法律中不可体现也不能体现。

笔者认为环境权是环境法主体利用自己周围的一切环境因素以求得生存和持续发展,并不因此影响环境,进而使环境影响主体的生存发展和享受生活的权利。环境权是一种综合性的权利,它包括占有资源的权利、利用资源的权利、享受环境的权利、有限制地影响环境的权利等。环境权具有自然权利的属性,社会发展到生态经济社会时,社会规范体系中的环境权的产生是自然生态系统要素之间关系复杂性发展的必然结果。环境权具有两重性,环境权的内容中包含了环境义务的内容,在环境权中强调主体利用环境不能因此影响环境,使环境影响主体的生存发展和享受生活,这说明主体利用环境是有限制的,其限制就是主体环境权的义务性。

1.6.2 环境权的主体问题

关于环境权的主体,争论的核心是后代人、自然体是不是环境权主体的问题,一种观点认为后代人、自然体是环境权主体。环境权的主体是全体人民,包括公民、法人、其他组织、国家、全人类,也包括未出生的后代人。另一种观点认为后代人、自然体不是环境权主体,环境权的主体应仅是公民、法人和其他组织。法律与伦理学应该有所区别,后代人的权利、其他生物的权利是伦理学上讨论的问题。刘国涛认为,从"纯利益权利能力附停止条件说"来看,未出生者既不是权利主体,也不处于毫无主体权利的地位,而是"权利主体地位待定者",待"活体出生"这一条件成就时权利能力则生效。

(1)环境权是一种不同内容、不同层次权利的集合,因此,针对不同的层次和不同的内容就有不同的主体,如国家主权中就有环境权的内容,国家自然就是环境权的主体。

(2)环境权作为环境法的一部分,自然属于法律的范畴,而法律是一种文化现象,文化就是人的群体的生产、生活方式,我们研究环境权必须从人的群体生产生活方式出发。因此,研究后代人、自然体的环境权都背离了这个出发点。

(3)环境权的主体与环境权的内涵是密切联系的,而环境权的内涵本身就有时间的概念,认为后代人具有环境权的理论,其初衷是克服当代人不顾后代人生存的思想,就是要矫正代内不公平和代际不公平,这是没有理解环境权时间概念的表现,公民的环境权就是公民在从生到死的时间内,享有与自然相和谐的方式过健康而富有生产成果的生活的权利。单位的环境权是在单位的存续期间内,享有利用环境和依法向环境排放废弃物的权利。公众生死的连续性和单位存续的不确定性就使环境权不涉及后代人环境权的问题,有一部分学者所担心的问题是由于人们认识上的局限性所致,而这个问题是没有穷尽的,从另一方面讲,环境权本身就是一种具有长远性的权利。

(4)自然体的环境权是不存在的,因为自然界的生物有没有存在的必要,完全取决于他对人的环境权的影响,在这方面,争论的一个典型例子就是人与鱼、人与老虎,当一个人与世界上唯一存在的一只老虎相遇时,其他人应该选择保护哪一个?实际上答案很简单,人类的选择取决于哪一个的存活对实现人类更好地生存发展的目标更有利。当人们选择让鱼、老虎存活时,不是因为它们有环境权,而是因为它们对人类环境权的实现更有意义,总之,不论生态主义还是人本主义,都是为了让人类更好地生存和发展,故自然体是没有环境权的,它们也不可能是环境权的主体。

1.6.3 环境侵权责任问题

环境侵权是一种特殊的侵权,它的构成条件、归责原则和免责事由完全不同于一般侵权,研究环境侵权责任对环境法律体系的建立具有重要意义。高利红认为,一般侵权的同质赔偿原则对环境侵权赔偿救济存在不足,具有很大的局限性,首先,环境侵权中的加害人与受害人的主体地位不同于同质赔偿原则基础的市民社会,主体的地位存在不平等的情况。其次,依同质赔偿原则使受害人受到的赔偿与环境侵权所造成的损失差距太大,不能有效保护受害人。第三,同质赔偿在环境法中,难以实现侵权行为法阻止人们侵害他人的目的,认为环境侵权应使用惩罚性赔偿原则。刘文燕认为,生态侵权具有以下法律特征:

(1)生态侵权主体的多元性和侵权能力的递进性。
(2)生态侵权客体的自然性和局限性。
(3)生态侵权主体主观方面认识上的层次性。
(4)生态侵权客观方面的复杂性。

承担生态侵权责任的规则有:

(1)生态利益大于一般财产利益的规则。
(2)以生态自然规律为指导的规则。
(3)生态责任有条件溯及既往的规则。
(4)生态责任分担的规则。
(5)生态责任区别对待的规则。
(6)生态责任协调的规则。

确定生态责任的规则、原则应考虑生态侵权的主体、受损害客体、主观方面的认识程度和客观方面表现形式不同的情况,基于此,相关学者认为生态侵权的规则、原则应有故意责任原则、过失责任原则、无过错责任原则、客观责任原则和绝对责任原则。

环境侵权的特征还有一个而且是最重要的问题,就是环境侵权行为与环境侵权损害的时差性,以及环境侵权损害的广泛性。环境侵权是一种特殊的侵权,当侵权行为停止时,行为的损害有可能还在继续,而且,这种影响的范围非常广泛。因此,在环境侵权责任原则中必须有能体现这一特点的内容,建议在环境法中设立环境侵权行为继续损害评价制度,以完善传统民法侵权责任中停止侵害制度的不足。

思考与练习

  1. 环境法的基本理念是什么？
  2. 环境法的价值理念是什么？目的是什么？
  3. 我国环境法由哪几部分组成？
  4. 什么是环境权？什么是环境侵权？

第2章 环境法律基本制度

2.1 环境影响评价制度

2.1.1 环境影响评价制度的概念

根据《环境影响评价法》的规定,环境影响评价是对规划和建设项目实施后可能造成的环境影响进行分析、预测和评估,提出预防或者减轻不良环境影响的对策和措施,进行跟踪监测的方法与制度。根据这一定义,环境影响评价主要包括以下5个方面:

(1)评价的对象是拟定中的政府有关的经济发展规划和建设单位兴建的建设项目。

(2)评价单位要分析、预测和评估所评价对象在其实施后可能造成的环境影响。

(3)评价单位通过分析、预测和评估,提出具体而明确的预防或者减轻不良环境影响的对策和措施。

(4)环保部门对规划和建设项目实施后的实际环境影响,要进行跟踪监测和评价。

(5)环境影响评价制度则是有关环境影响评价的范围、内容、程序、法律后果等事项的法律规则系统。

实行环境影响评价制度,在决策经济发展规划和建设项目时,不仅注重其对经济发展的意义,还要考虑规划、建设项目本身对环境的影响,以及这种影响的反馈作用,并且采取必要的防范措施,尽可能地防止不利环境影响的发生;因此,它是"协调发展""预防为主"原则的具体体现,是对传统发展模式和决策模式的改变,是实施可持续发展战略,促进经济、社会和环境协调发展的重要手段,是防止和控制新的环境问题的基本法律制度。

环境影响评价制度首创于美国。1969年,美国的《国家环境政策法》把环境影响评价作为联邦政府在环境管理中必须遵循的一项制度。此后,许多国家相继采用了这一制度,有些国家甚至制定颁布了专门的环境影响评价法。我国的环境影响评价始于20世纪70年代末,是世界上最早实施建设项目环境影响评价制度的国家之一。1979年颁布的《环境保护法(试行)》首次规定了这一制度,此后又在各主要环境法律法规中得以确认。1986年颁布了《建设项目环境保护管理办法》,1998年对《办法》做了修改,重新颁布了《建设项目环境保护管理条例》,对评价范围、内容、程序、法律责任等做了具体的规定,从而在我国确立了完整的环境影响评价制度。为了更好地实施环境影响评价制度,力求从源头上防止环境问题的产生,体现"预防为主"的环境政策,2002年10月28日,第九届全国人大常委会第30次会议通过了《中华人民共和国环境影响评价法》,自2003年9月1日起施行。

2.1.2 规划的环境影响评价

1. 环境影响评价的范围

《环境影响评价法》第三条规定:"编制本法第九条所规定的范围内的规划应当按照本

法进行环境影响评价。"同时第九条规定:"依照本法第七条、第八规定进行环境影响评价规划的具体范围,由国务院环境保护行政主管部门规定,报国务院批准。"根据《环境影响评价法》的规定,所指规划特征:①指政府拟定的规划;②指政府的经济发展方面的规划;③指实施后对环境有影响的规划。国际经验证明,并不需要对所有的规划都进行环境影响评价,一般在评价之前,有关部门首先要启动"识别程序",通过识别,把对环境有影响的规划挑出来,再对可能对环境有影响的规划启动正式的评价程序。

2. 环境影响评价的内容

根据《环境影响评价法》第十条的规定,专项规划的环境影响报告书应当包括以下3方面内容:

(1)实施该规划对环境可能造成影响的分析、预测和评估。
(2)预防或者减轻不良环境影响的对策和措施。
(3)环境影响评价的结论。

3. 环境影响评价的程序

(1)专项规划的编制机关对可能造成不良环境影响并直接涉及公众环境权益的规划,应当在该规划草案报送审批前,举行论证会、听证会等形式,征求有关单位、专家和公众对环境影响报告书草案的意见。

(2)专项规划的编制机关在报批规划草案时,应当将环境影响报告书一并报审批机关审查;未附送环境影响报告书的,审批机关不予审批。

(3)设区的市级以上人民政府在审批专项规划草案、做出决策前,应当先由专家组成的审查小组对环境影响报告书进行审查,并提出书面审查意见。由省级以上人民政府有关部门负责审批的专项规划,其环境影响报告书的审查办法,国务院环保部门会同有关部门制定。

(4)对环境有重大影响的规划实施后,编制机关应当及时组织环境影响评价,并将评价结果报告审批机关。

2.1.3 建设项目的环境影响评价

1. 环境影响评价的范围

根据《环境影响评价法》第三条的规定:"在中华人民共和国领域和中华人民共和国管辖的其他海域内建设对环境有影响的项目,应当依照本法进行环境影响评价。"我国按建设项目对环境的影响程度,实行分类管理。

(1)建设项目对环境可能造成重大影响的,应当编制环境影响报告书,对建设项目产生的污染及对环境的影响进行全面、详细的评价。

(2)建设项目对环境可能造成轻度影响的,应当编制环境影响报告表,对建设项目产生的污染和对环境的影响进行分析或者专项评价。

(3)建设项目对环境影响很小,不需要进行环境影响评价的,应当填报环境影响登记表。分类管理的名录由国务院环境保护行政主管部门制订并公布。

2. 环境影响评价的内容

根据《环境影响评价法》第十七条的规定,建设项目的环境影响评价书应当包括下列内容:

(1)建设项目概况。
(2)建设项目周围环境现状。

(3) 建设项目对环境可能造成影响的分析、预测和评估。
(4) 建设项目环境保护措施及其技术与经济论证。
(5) 建设项目对环境影响的经济损益分析。
(6) 对建设项目实施环境监测的建议。
(7) 环境影响评价的结论。

涉及水土保持的建设项目,还必须有经水行政主管部门审查同意的水土保持方案。

3. 环境影响评价的程序

(1) 接受委托为建设项目环境影响评价提供技术服务的机构,应当经国务院环境保护行政主管部门考核审查合格后,颁发资质证书,按照资质证书规定的等级和评价范围,从事环境影响评价服务,并对评价结论负责。

(2) 对环境可能造成重大影响、应当编制环境影响报告书的建设项目,除国家规定需要保密的情形外,建设单位应当在报批建设项目环境影响报告书前,举行论证会、听证会,或者采取其他形式,征求有关单位、专家和公众的意见,并在报批的环境影响报告书中附上对有关单位、专家和公众的意见采纳或者不采纳的说明。

(3) 建设项目的环境影响评价文件,由建设单位按照国务院的规定报有审批权的环境保护行政主管部门审批;建设项目有行业主管部门的,应经行业主管部门审批后,再报有审批权的环境保护行政主管部门审批。核设施、绝密工程、跨省行政区域的建设项目和国务院审批的或者由国务院授权有关部门审批的建设项目,由国务院环境保护行政主管部门负责审批,其他建设项目的环境影响评价的审批权限,由省级人民政府规定。建设项目可能造成跨行政区域的不良环境影响,有关环境保护行政主管部门对该项目的环境影响评价结论有争议的,其环境影响评价文件由共同的上一级环境保护行政主管部门审批。

(4) 审批部门收到环境影响报告书、报告表、登记表后,应当分别在60日内、30日内、15日内做出审批决定,并书面通知建设单位。

(5) 建设项目的环境影响评价文件经批准后,建设项目的性质、规模、地点、采用的生产工艺或者防治污染、防止生态破坏的措施发生重大变动的,建设单位需重新报批建设项目的环境影响评价文件。建设项目的环境影响评价文件自审批日起超过五年,方决定该项目开工建设的,其环境影响评价文件应当报原审批部门重新审核。

4. 违反环境影响评价制度的法律责任

为了严格执行环境影响评价制度,对未依法报批建设项目环境影响评价,包括建设项目的性质、规模、地点、采用的生产工艺或者防治污染、防止生态破坏的发生重大变动而未重新报批或重新审核环境影响评价文件,擅自开工建设的,有权审批该项目环境影响评价文件的环境保护行政主管部门可以责令停止建设,限期补办手续;逾期不补办手续的,可以处5万元以上20万元以下的罚款,对建设单位负责的主管人员和其直接责任人员,依法给予行政处分。对建设项目环境影响评价文件未经批准或者未经原审批部门重新审核同意,建设单位擅自开工的,由有权审批该项目环境影响评价文件的环境保护行政主管部门责令停止建设,可以处5万元以上20万元以下的罚款,对建设单位直接负责的主管人员和其直接责任人员,依法给予行政处分。对接受委托为建设项目环境影响评价提供服务的机构,在环境影响评价工作中不负责任或者弄虚作假,致使环境影响评价失实的,由授予环境影响评价资质的环境保护行政主管部门降低其资质,或者吊销其资质证书,并处所收费用1倍以上3倍以下的罚款。

2.2 "三同时"制度

2.2.1 "三同时"制度的概念

"三同时"制度，是指一切新建、改建和扩建的基本建设项目、技术改造项目、自然开发项目，以及可能对环境造成污染和破坏的其他工程建设项目，其中防治污染和其他公害的设施和其他环境保护设施，必须与主体工程同时设计、同时施工、同时投产使用的制度。

"三同时"制度是我国环境保护工作的一个创举，是在总结我国环境管理实践经验基础上，被我国法律所确认的一项重要的环境保护法律制度。这项制度最早规定于1973年的《关于保护和改善环境的若干规定》，在1979年的《环境保护法(试行)》中做了进一步规定。此后的一系列环境法律法规也都重申了"三同时"制度。1986年颁布的《建设项目环境保护管理办法》对"三同时"制度做了具体规定，1998年对《办法》做了修改并新颁布了《建设项目环境保护管理条例》，它对"三同时"制度做了进一步的具体规定。

2.2.2 "三同时"制度的主要内容

在建设项目正式施工前，建设单位必须向环境保护行政主管部门提交初步设计中的环境保护篇章。在环境保护篇章中必须落实防治环境污染和生态破坏的措施以及环境保护设施投资概算。环境保护篇章经审查批准后，才能纳入建设计划，并投入施工。

建设项目的主体工程完工后，需要进行试生产的，其配套建设的环境保护设施必须与主体工程同时投入试运行。

建设项目竣工后，建设单位应当向审批该建设项目环境影响报告书(表)的环境保护行政主管部门，申请该建设项目需要配套建设的环境保护设施竣工验收。环境保护设施竣工验收应当与主体工程竣工验收同时进行。需要进行试生产的建设项目，建设单位应当自建设项目投入试生产之日起3个月内，向审批该建设项目环境影响报告书(表)的环境保护行政主管部门申请验收该建设项目配套建设的环境保护设施。分期建设、分期投入生产或者使用的建设项目，其相应的环境保护设施应当分期验收。环境保护行政主管部门应当自收到环境保护设施竣工验收申请之日起30日内出具竣工验收手续；逾期未办理的，责令停止试生产，可以处5万元以下的罚款。对建设项目需要配套建设的环境保护设施未建成、未经验收或者经验收不合格，主体工程正式投入生产或者使用的，由审批该建设项目环境影响报告书(表)的环境保护行政主管部门责令停止生产或者使用，可以处10万元以下的罚款。

2.3 排污收费制度

2.3.1 排污收费制度的概念

排污收费制度又称征收排污费制度，是指国家环境保护行政主管部门对向环境排放污染物或者超过国家或地方排放标准排放污染物的排污者，按照所排放的污染物的种类、数量和浓度,征收一定费用的一套管理制度。它是运用经济手段有效地促进污染治理和新技术的发展,使污染者承担一定污染防治费用的法律制度,是"污染者负担"原则的具体体现。其目的是促进排污者加强环境管理,节约和综合利用环境,治理污染,改善环境。

排污收费制度是在国外先实行的。20世纪70年代,一些国家为了防治环境污染和生态破坏,根据"污染者负担"原则实行了这一制度。例如,联邦德国在1976年制定了世界上第一部《污水收费法》。我国在1978年的《环境保护工作汇报要点》中,首次提出排放污染物的收费制度。1979年颁布的《环境保护法(试行)》以法律形式确定了这一制度。1982年,国务院在总结22个省、市征收排污费试点经验的基础上,颁布了《征收排污费暂行办法》,对征收排污费的目的、范围、标准、费用的管理与使用等方面做了具体规定,这标志着我国排污收费制度的正式建立。1984年颁布的《水污染防治法》规定,凡向水体排放污染物,超标或不超标都要收费。此后,在《国营企业成本管理条例》《污染源治理专项基金有偿使用办法》和《征收超标准排污费财务管理和会计核算办法》等法规和规章中,对排污费摊入成本问题、排污费的有偿使用和管理问题做了补充规定。1996年,国务院发布的《关于环境保护若干问题的决定》中提出,需按照"排污费高于污染治理成本"的原则,提高现行排污收费标准,促进排污单位积极治理污染;要加强排污费征收、使用和管理;对征收的排污费要严格实行"收支两条线的管理制度"等。2002年1月30日,国务院第54次常务会议通过了《排污费征收使用管理条例》,自2003年7月1日起执行。该《条例》共六章26条,对排污费征收、使用等做了全面的规定,从而使我国的排污收费制度得到进一步的完善和发展。

2.3.2 排污收费制度的主要法律规定

1. 征收排污费的对象

按照《排污费征收使用管理条例》的规定,直接向环境排放污染物的单位和个体工商户(以下简称排污者),应当依照本条例的规定缴纳排污费。排污者向城市污水集中处理设施排放污水、缴纳污水处理费用的,不再缴纳排污费。排污者建成工业固体废物贮存或者处置设施、场所并符合环境保护标准,或者其原有工业固体废物贮存或者处置设施、场所经改造符合环境保护标准的,自建成或者改造完成之日起,不再缴纳排污费。

2. 污染物排放种类、数量的规定

根据《排污费征收使用管理条例》的规定,排污者应当按照国务院环境保护行政主管部门的规定,向县级以上地方人民政府环境保护行政主管部门申报排放污染物的种类、数量,并提供有关资料。县级以上地方人民政府环保行政主管部门应当按照国务院环境保护行政主管部门规定的核定权限对排污者排放污染物的种类、数量进行核定。污染物排放种类、数量经核定后,由负责污染物排放核定工作的环境保护行政主管部门书面通知排污者。

排污者对核定的污染物排放种类、数量有异议的,自接到通知之日起7日内可以向发出通知的环境保护行政主管部门申请复核;环境保护行政主管部门应当自接到复核申请之日起10日内做出复核决定。

3. 排污费的征收

(1) 排污费征收标准的核定。国务院价格、财政、环保和经济贸易主管部门,根据污染治理产业化发展的需要,污染防治的要求和经济、技术条件以及排污者的承受能力,制定国家排污费征收标准。国家排污费征收标准中未做规定的,省级人民政府可以制定地方排污费征收标准,并报国务院价格、财政、环保和经济贸易主管部门备案。

(2)排污费征收的依据。根据《排污费征收使用管理条例》的规定,排污者应当按照下列规定缴纳排污费。

①依照大气污染防治法、海洋环境保护法的规定,向大气、海洋排放污染物的,按照排放污染物的种类、数量缴纳排污费。

②依照水污染防治法的规定,向水体排放污染物的,按照排放污染物的种类、数量缴纳排污费;向水体排放污染物超过国家或者地方规定的排放标准的,按照排放污染物的种类、数量加倍缴纳排污费。

③依照固体废物污染环境防治法的规定,没有建设工业固体废物贮存或者处置的设施、场所,或者工业固体废物贮存或者处置的设施、场所不符合环境保护标准的,按照排放污染物的种类、数量缴纳排污费;以填埋方式处置危险废物不符合国家有关规定的,按照排放污染物的种类、数量缴纳危险废物排污费。

④依照环境噪声污染防治法的规定,产生环境噪声污染超过国家环境噪声标准的,按照排放噪声的超标声级缴纳排污费。

(3)排污费征收的程序。由负责污染物排放核定工作的环境保护行政主管部门根据排污费征收标准和排污者排放的污染物的种类、数量,确定排污者应当缴纳的排污费数额,予以公告,并向排污者送达排污费缴纳通知单。排污者应当自接到排污费缴纳通知单之日起7日内,到指定的商业银行缴纳排污费。排污者因有特殊困难不能按期缴纳排污费的,自接到排污费缴纳通知单之日起7日内,可以向发出缴费通知单的环境保护行政主管部门申请缓缴排污费;环境保护行政主管部门应当自接到申请之日起7日内,做出书面决定;期满未做出决定的,视为同意。排污费的缓缴期限最长不超过3个月。

(4)排污费的减缴和免缴。排污者因不可抗力遭受重大经济损失的,可以申请减半缴纳排污费或者免缴排污费。但是,排污者未及时采取有效措施造成环境污染的,不得申请减半缴纳排污费或者免缴排污费。排污费减缴、免缴的具体办法由国务院财政部门、国务院价格主管部门会同国务院环境保护行政主管部门制定。

4. 排污费的使用

排污费的征收、使用严格实行"收支两条线"。排污费必须纳入财政预算,列入环境保护专项资金进行管理,任何单位和个人不得截留、挤占或者挪作它用,具体用于下列项目的拨款补助或者贷款贴息。

(1)重点污染源防治。

(2)区域性污染防治。

(3)污染防治新技术、新工艺的开发、示范和应用。

(4)国务院规定的其他污染防治项目。

县级以上人民政府财政部门、环保行政主管部门应加强对环境保护专项资金使用的管理和监督。审计机关应加强对环境保护专项资金使用和管理的审计监督。

5. 违反排污收费制度的法律责任

排污者未按照规定缴纳排污费的,由县级以上地方人民政府环境保护行政主管部门依据职权责令限期缴纳;逾期拒不缴纳的,处以应缴纳排污费数额1倍以上3倍以下的罚款,并报经有批准权的人民政府批准,责令停产停业整顿。排污者以欺骗手段骗取批准减缴、免缴或者缓缴排污费的,由县级以上地方人民政府环境保护行政主管部门依据职权责令限期补缴应当缴纳的排污费,并处所骗取批准减缴、免缴或者缓缴排污费数额1倍以上3倍以下的罚款。环境保护专项资金使用者未按照批准的用途使用环境保护专项资金的,由县级以上人民政府环境保护行政主管部门或者财政部门依据职权责令限期改正;逾期不改正的,10年内不得申请使用环境保护专项资金,并处挪用资金数额1倍以上3倍以下的罚款。

2.4 排污申报登记制度

2.4.1 排污申报登记制度的概念

排污申报登记制度,是指向环境排放污染物的单位,按照国务院环境保护行政主管部门的规定,向所在地环境保护行政主管部门申报其污染物的排放和防治情况,并接受登记和监督管理的一系列法律规范构成的规则系统。实行这一制度,有利于环境保护部门掌握本辖区排污单位的污染物排放情况及变化情况,以便为环境监督管理提供基本依据;有利于促使排污单位认真履行保护环境的职责和义务,做好污染防治工作。

排污申报登记制度是在1982年国务院颁布的《征收排污费暂行办法》中首先确立的。以后在《水污染防治法》及其实施细则和大气污染防治法及其实施细则以及《环境保护法》等法律、法规中都规定了这一制度。根据法律、法规授权,国家环境保护局于1992年发布了专门的《排放污染物申报登记管理规定》,对排污申报登记的适用对象、内容和程序等做了明确的规定。

2.4.2 排污申报登记制度的法律规定

1. 排污申报登记的适用对象

排污申报登记适用于在中华人民共和国领域内及中华人民共和国管辖的其他海域内直接或者间接向环境排放污染物、产生工业固体废物或危险废物,使用固定的设备造成环境噪声污染、建筑施工过程中使用机械设备,可能产生环境噪声污染的单位。这里的污染物主要包括大气污染物、水污染物、固体废弃物、噪声源等。大气污染物以颗粒物、二氧化硫和工艺过程中排放的有毒有害气体等为重点;水污染物以污水综合排放标准中规定的水污染物以及对当地环境影响较大的污染物为重点;固体废弃物以有毒有害的废弃物为重点;噪声以排放噪声强度高的设施为重点。但是,排放生活污水、废气和生活垃圾以及生活噪声的,不需要申报登记。

2. 排污申报登记的内容

排污申报登记的内容,因排放污染物的不同而异,但通常包括排污单位拥有的污染物排放设施、处理设施和在正常作业条件下排放污染物的种类、数量、浓度等。

3. 排污申报登记的程序

向环境排放污染物的单位,必须按照所在地的环境保护行政主管部门指定的时间,填报排污申报登记表,并提供必要的资料;新建、改建、扩建项目的排污申报登记,应当在项目的污染防治设施竣工并经验收合格后一个月内办理。

排污单位填写排污申报登记表后,有行业主管部门的,应先送行业主管部门审核,然后向所在地环境保护行政主管部门登记造册,领取排污申报登记注册证。申报登记后,排污单位排放的种类、数量、浓度等有重大改变的,应当及时申报。需要拆除或闲置污染物处理设施的,必须事先报经所在地县级以上环境保护行政主管部门批准。

4. 违反排污申报登记制度的法律责任

排污单位拒报或谎报排污申报登记事项的,由县级以上环境保护行政主管部门做出行政处罚。行政处罚种类因排放污染物的不同而异,一般包括限期改正、警告或者罚款。《固体废物污染环境防治法》《水污染防治法实施细则》规定可以处以 1 万元以下的罚款,《大气污染防治法》规定可以处以 5 万元以下的罚款。

2.5 环境保护许可证制度

2.5.1 许可证制度的概念

许可证制度,是指凡从事开发利用环境的活动之前,必须向有关环境行政主管部门提出申请,经主管部门审查批准,颁发许可证后才能从事该项活动的一整套管理措施。

许可证制度是国家为加强环境保护而采用的一项卓有成效的管理制度,在国外应用得较为广泛,有些国家将该制度视为环境法的"支柱"。采用许可证制度,可以把各种环境开发利用的活动纳入国家统一管理的轨道,并将其严格控制在国家规定的范围内。通过对开发利用环境的各种活动进行事先审查,有利于环境行政主管部门对各种开发利用活动进行有效的监督和管理。

许可证,也称执照、批准书、特许证等。在环境管理中使用的许可证种类很多,从其作用来看,可分为以下三大类:

(1) 整体环境保护许可证,如建设规划许可证等。

(2) 排污许可证,如危险、有毒物品或严重危害环境的产品的生产、经营许可证以及适用于各种倾废、排污活动的许可证等。

(3) 防止环境破坏的许可证,如林木采伐许可证、捕捞许可证、采矿许可证、取水许可证等。

2.5.2 许可证制度的法律规定

我国在下列环境保护法律、法规中规定了许可证制度。

(1)《城市规划法》中规定,在城市规划区域内,进行各项建设征用国家或集体所有的土地,需要向城市规划主管部门提出建设用地申请,经审查批准,发给建设用地许可证后,方可使用土地;在城市规划区域内,需要新建、改建、扩建任何建筑物、构筑物、敷设道路和管线者,也须申请建设许可证。

(2)《大气污染防治法》中规定,大气污染物总量控制区内有关人民政府依照国务院规定的条件和程序,按照公开、公平、公正的原则,核定企业事业单位的主要大气污染物排放总量,核发主要大气污染物排放许可证。

(3)《水污染防治法实施细则》中规定,环境保护部门根据总量控制实施方案,审核本行政区域内向该水体排污的单位的重点污染物排放量,对不超过排放总量控制指标的,发给排污许可证;对超过排放总量控制指标的限期治理,在限期治理期间,发给临时排污许可证。

(4)《固体废物污染环境防治法》中规定,从事危险废物的收集、贮存、处置等经营活动的单位,要经批准领取许可证,方能经营;省级间转移废物、用作原料需要进口的废物也要经审查许可。

(5)《环境噪声污染防治法》中规定,新建营业性文化娱乐场所的边界噪声不符合国家规定的环境噪声排放标准的,不得核发文化经营许可证和营业执照。在海洋环境保护法律、法规中规定,向海洋倾倒废弃物,必须向主管部门提出申请,经批准发给许可证后,方可按许可证规定的期限、条件和指定的区域进行倾倒。

此外,在《森林法》中规定了林木采伐许可证、木材运输许可证;《矿产资源法》中规定了勘探、开采许可证;《渔业法》中规定了养殖使用证、捕捞许可证;《水法》中规定了取水许可证;《野生动物保护法》中规定了特许猎捕证、狩猎证、驯养繁殖许可证和允许进出口证明书等。

2.5.3 许可证的管理程序

许可证制度是一项复杂系统的行政管理活动。许可证的管理程序大致可分为以下几个步骤:

1. 申请

凡是要取得环境许可证的单位和个人,都必须向环境保护行政主管部门提出书面申请,并附有审查所必需的各种材料,如图表、说明或其他材料。

2. 审查

有权颁发许可证的环境保护行政主管部门收到申请后,依法对申请进行全面审查。审查包括:申请人是否具备取得许可证的资格和条件;申请书是否符合规定的格式,提供的申请材料是否齐全;申请书的内容是否真实、合法。此外,一般应在报刊上公布该项申请,在规定的时间征求公众和各方面的意见,综合考虑该项目的环境影响。

3. 决定

经过审查,对符合法定条件和要求的申请人,环境保护行政主管部门应及时颁发许可证;对符合法定条件但不符合有关要求的申请人,环境保护行政主管部门应通知其限期补正;对不符合法定条件和要求的,环境保护行政主管部门不发许可证,并说明理由。

4. 监督与处理

许可证颁发后,环境保护行政主管部门要对持证人执行许可证的情况随时进行监督检查,包括索取有关资料、实地监测等。如发现有问题,应及时纠正或做出处理。在情况发生变化或持证人的活动影响周围公众利益时,可以修改许可证中原来规定的条件。如果许可证使用的条件和要求发生变化,或者许可证有效期满,颁发许可证的环境保护行政主管部门可以中止或终止其颁发的许可证;如果许可证持有人违反法律或者不按照许可证的限制条件使用许可证,由颁发许可证的环境保护行政主管部门责令限期改正,可以处以罚款,并可以依法吊销许可证。

2.6 限期治理制度

2.6.1 限期治理制度的概念

限期治理制度,是指对长期超标排放污染物、造成环境严重污染的排污单位和在特殊保护区域内超标排污的已有设施,由人民政府决定,环境保护行政主管部门监督其在一定期限内治理并达到规定要求的一整套措施。它是减轻或消除现有污染源的污染和污染严重的区域污染,改善环境质量状况的一项环境法律制度,也是根据我国国情,在实践经验的基础上总结出来的具有中国特色的一项环境管理制度。

限期治理的概念,早在1973年第一次全国环境保护会议上已经提出。1978年,中共中央批转的《环境保护工作要点》指出:"对现有布点不合理,污染环境,危害职工和居民健康的工厂,要限期治理。"1979年颁布的《环境保护法(试行)》将其作为一项环境管理制度加以明确规定。各主要环境法律法规基本规定了这一制度,现行《环境保护法》对限期治理制度规定在第十八、二十九、三十八条之中。

2.6.2 限期治理制度的法律规定

1. 限期治理的对象

根据《环境保护法》的规定,限期治理的对象主要有以下两大类:

(1)位于特别保护区域内的超标排污的污染源。《环境保护法》第十八条规定:"在国务院、国务院有关主管部门和省、自治区、直辖市人民政府规定的风景名胜区、自然保护区和其他需要特别保护的区域内,不得建设污染环境的工业生产设施,建设其他设施时,其污染物排放不得超过规定的排放标准。已经建成的设施,其污染物排放超过规定的排放标准的,限期治理。"所谓特别保护区域,是指国家为了某种特别需要,而对特定的环境要素依其特性划定的、采取特别措施加以保护的区域,它是环境保护的重点对象,其环境质量条件要高于一般地区。

(2)造成严重环境污染的污染源。《环境保护法》第二十九条规定:"对造成环境严重污染的企业事业单位,限期治理。"这一规定说明,对这一类污染源的限期治理,并不是超标排放就限期治理,而是造成了严重污染才限期治理。至于怎样才算"严重污染",我国现行环境法律法规中未做具体的规定,根据环境执法的实践,一般是依据污染物排放是否严重超标、排污后是否对人体健康有严重危害、排污是否严重扰民、是否属于有条件治理而不治理等情况,来考虑是否属于严重污染。

对违反《大气污染防治法》的规定,向大气排放污染物超过国家和地方规定的排放标准的,应当限期治理。另外,按照《淮河流域水污染防治暂行条例》的规定,向淮河流域水体排污的单位超过排污总量控制指标排污的,由县级以上人民政府责令限期治理;淮河流域重点排污单位超标排放水污染物的,也要由有关人民政府责令限期治理。1996年8月3日发布的《国务院关于环境保护若干问题的决定》中规定:"自本决定发布之日起,现有排污单位超标排放污染物的,由县级以上人民政府或其委托的环境保护行政主管部门依法责令限期治理。"

2. 限期治理的内容

限期治理的内容主要包括限期治理的项目、目标和期限。

(1) 限期治理的项目。根据污染源、区域环境和环境污染严重程度及性质等来确定限期治理的项目,一般分为点源性治理项目、区域污染治理项目和行业污染治理项目三大类。

(2) 限期治理的目标。限期治理的目标即限期治理所要达到的结果。对于具体的污染源的限期治理,其目标是达标排放;对于行业污染的限期治理,可以要求分期分批逐步做到所有的污染源都达标排放;至于区域环境污染的限期治理,则要求达到适用于该地区的环境质量标准。但是,对于实行总量控制的地区,除浓度目标外,还有总量目标,即要求排放的污染物总量不超过其总量指标。

(3) 限期治理的期限。限期治理的期限主要取决于限期治理项目的规模、污染严重的程度、治理的难度等因素,但不宜过长,一般定为 1~3 年。

3. 限期治理的决定机关

根据《环境保护法》的规定,限期治理的决定机关不是环境保护行政主管部门,而是有关的人民政府。对于中央或省、自治区、直辖市人民政府直接管辖的企事业单位的限期治理,由省、自治区、直辖市人民政府决定;市、县或市、县以下人民政府管辖的企事业单位的限期治理,由市、县人民政府决定。

根据《环境噪声污染防治法》的规定,限期治理由县级以上人民政府按照国务院规定的权限决定。对小型企业事业单位的限期治理,可以由县以上人民政府在国务院规定的权限内授权其环境保护行政主管部门决定。

对于淮河流域重点排污单位的限期治理,除了按上述一般的权限决定外,限期治理的重点排污单位名单,要由国务院环境保护行政主管部门与流域内的四省人民政府拟订,经淮河流域水资源保护领导小组审核同意后公布。

4. 违反限期治理制度的法律责任

对经限期治理逾期未完成治理任务的,除依照国家规定加收超标排污费外,还可以根据所造成的危害后果处以罚款,或者责令停业、关闭。处以罚款由各级环境保护行政主管部门决定;责令停业、关闭由做出限期治理的人民政府决定;责令中央直辖的企事业单位停业、关闭,必须报国务院批准。对向淮河流域水体排污的单位,经限期治理逾期未完成治理任务的,由县级以上地方人民政府环境保护行政主管部门责令限量排污,可以处 10 万元以下的罚款;情节严重的,由有关县级以上人民政府责令停业或者关闭。

2.7 环境标准制度

2.7.1 环境标准的概念及其分类

环境标准是国家为了维护环境质量、控制污染,保护人体健康、社会物质财富和维持生态平衡,按照法定程序制定和批准发布的各种标准的总称。它是制订环境规划和计划的重要依据,是一定时期内环境保护目标的具体体现,是环境保护法制定与实施的重要基础与依据,是国家环境管理的技术基础。它在加强环境管理、控制环境污染和破坏、改善环境质量和维护生态平衡等方面具有重要的意义。环境标准制度是法律对环境标准的制定、实施以及对实施环境标准的监督所做的规定。

我国的环境标准分为五大类,即环境质量标准、污染物排放标准、环境基础标准、环境方法标准和环境样品标准。

1. 环境质量标准

环境质量标准,是为了保护人体健康、社会物质财富和维护生态平衡,对环境中有害物质(或因素)在一定时间和空间内的允许含量所做的规定,如《环境空气质量标准》《地面水环境质量标准》等。它是国家环境政策目标的具体体现,是评价环境是否被污染和制定污染物排放标准的依据。

2. 污染物排放标准

污染物排放标准,是为了实现环境质量目标,结合技术经济条件和环境特点,对排入环境的污染物或有害因素所做的控制规定。如《大气污染物综合排放标准》《污水综合排放标准》等。它是实现环境质量标准的主要保证,是控制污染源的重要手段。排放标准具有法律的约束力,超过排放标准要承担相应的法律责任。

3. 环境基础标准

环境基础标准,是在环境保护工作范围内,对有指导意义的符号、指南、导则等所做的规定。它是制定其他环境标准的基础。其目的是为制定和执行各类环境标准提供一个统一遵循的准则,避免各标准之间相互矛盾。

4. 环境方法标准

环境方法标准,是在环境保护工作范围内,以抽样、分析、试验、监测等方法为对象而制定的标准。它是制定、执行环境质量标准、污染物排放标准的主要技术依据。其目的是使各种环境监测和统计数据准确、可靠并具有可比性。

5. 环境样品标准

环境样品标准,是为了在环境保护工作和环境标准实施过程中标定仪器、检验测试方法、进行量值传递而由国家法定机关制定的能够确定一个特性值的物质和材料。它对保证监测数据的准确性、可比性具有重要的意义。

2.7.2 环境标准的制定和实施

根据《环境保护法》和《环境保护标准管理办法》的规定,国务院环境保护行政主管部门制定国家环境质量标准、污染物排放标准和其他国家级环境标准。省、自治区、直辖市人民政府,对国家环境质量标准中未做规定的项目,可以制定地方环境质量标准,报国务院环境保护行政主管部门备案;对国家污染物排放标准中未做规定的项目,可以制定地方污染物排放标准,对其已经做出规定的项目,可以制定严于国家标准的地方污染物排放标准,报国务院环境保护行政主管部门备案。向已有地方标准的区域排放污染物的,应当执行地方污染物排放标准。环境基础标准、环境方法标准和环境样品标准,则只有国家级标准,全国统一执行。

制定环境标准要遵循一定的原则,这些原则主要包括:确保人体不受污染危害的原则;体现国家环境保护的方针、政策和法规的原则;以环境基准为依据的原则;考虑地区差异性的原则;经济合理和技术可行的原则;积极采用国际环境标准和国外先进环境标准的原则。

环境标准一经制定、颁布,即具有法律效力,必须严格执行,任何单位和个人不得擅自更改,否则需承担相应的法律责任。国家权力机关和行政机关依法对环境标准的制定和实施进行监督检查,以保证环境标准得以贯彻实施。

2.8 环境监测制度

2.8.1 环境监测制度的概念

环境监测,是指根据保护环境的需要,由法定机构进行的间断或连续地测定代表环境质量的各种标志数据和测量、统计、分析各种环境状况等各种活动的总称。它是进行环境保护工作、环境科学研究以及制定环境规划的基础,对环境保护、管理、立法和司法都有着重要的作用和意义。

环境监测制度则是法律对环境监测的机构、对象、范围、内容、程序和监测结果的效力所做的规定,是环境监测的法制化。我国《环境保护法》和各污染防治法律对环境监测制度做了规定。

2.8.2 环境监测制度的主要内容

《环境保护法》第十一条规定:"国务院环境保护行政主管部门建立监测制度,制定监测规范,会同有关部门,组织监测网络,加强对环境监测的管理。"各污染防治法也做了类似的规定。具体规定环境监测制度的是1983年7月经原城乡建设环境保护部颁布的《全国环境监测管理条例》。此后,国家环保总局陆续发布了加强环境监测的一系列规定。

环境监测的任务是:对环境中各项要素进行经常性监测,掌握和评价环境质量状况及发展趋势;对各有关单位排放污染物的情况进行监视性监测;为政府部门执行各项环境法规、标准,全面开展环境管理工作提供准确、可靠的监测数据和资料;开展环境测试技术研究,促进环境监测技术的发展。

根据环境监测的目的,可将其分为研究性监测、监视性监测和特定监测。

(1)研究性监测,主要是研究确定从污染源排出的污染物的迁移变化趋势和发展规律,以及对人体和其他生物体的影响和危害程度等。

(2)监视性监测,主要是为了掌握污染源的排污变化规律、评价治理效果和判断环境质量的好坏而对特定污染源进行的定点、定期监测。

(3)特定监测,主要是指对污染事故的监测和污染纠纷的仲裁监测,为污染事故的判断和处理及解决污染纠纷提供技术依据。

环境监测按其对象,可以分为环境质量监测和污染监督监测两大类。通过环境质量监测,系统掌握和提供环境质量状况及发展趋势;通过污染监督监测,为执行各种环境法规、标准,开展环境管理工作提供准确、可靠的监测数据和资料,为追究污染者的法律责任,正确处理环境事故和污染纠纷提供技术依据。

根据《环境保护法》及《全国环境监测管理条例》的规定,我国环境保护系统设置了监测站,形成了监测网,并纳入了环境保护行政主管部门的工作轨道。环境监测站分为四级:一级站是中国环境监测站,二级站是各省、自治区、直辖市环境监测中心站,三级站是省辖市环境监测总站,四级站是县(市)、大城市的区设置的环境监测站。各级环境监测站是科学技术事业单位,受同级环境保护行政主管部门的领导,业务上受上一级环境监测站的指导。环境监测网是由各地区、各行业的各级监测站按照一定的组织形式组织起来,分工负责、互相配合的环境监测网络系统。全国环境监测网分为国家网、省级网和市级网三级。建立环境监测网的目的就是系统全面地掌握全国和各地区以及某一方面的环境质量状况及其发展趋势,及时评价和报告整体环境质量。

环境监测实行月报、年报与定期编报环境质量报告的制度。建立自动连续监测站的地区,则应逐步建立监测日报制度。报告中的各项基础数据和资料,由各级监测站按要求提供。各级监测站在提供有关数据的同时,应一年一度地编写监测年鉴,监测年鉴及有关数据在报主管部门的同时抄送上一级监测站。

2.9 污染事故报告制度及其他

2.9.1 污染事故报告及处理制度

1. 污染事故报告及处理制度的概念

污染事故报告及处理制度,是指因发生事故或者其他突发性事件,排放污染物造成或者可能造成污染事故的单位,必须立即采取应急措施,通报可能受到污染危害和损害的单位和居民,并向当地环境保护行政主管部门报告,接受调查处理的法律制度。实行这一制度,有利于环境保护部门及时掌握污染与破坏事故情况,便于采取有效措施,防止事故的蔓延和扩大;也有利于可能受到危害的单位和居民提前采取防范措施,以避免或减少对人体健康和安全的危害及经济损失。

所谓污染事故,是指由于违反环境保护法律法规的经济、社会活动与行为,以及意外因素的影响或不可抗拒的自然灾害等原因,致使环境受到污染,人体健康受到危害,社会经济与人民财产受到损失,造成不良社会影响的突发性事件。根据类型可以分为水污染、大气污染、固体废物污染、噪声与振动污染、农药与有毒化学品污染、放射性污染事故等。根据污染事故的危害程度,可以分为一般、较大、重大和特大环境污染事故。

污染事故报告及处理制度最早在法律上规定的是1982年颁布的《海洋环境保护法》,主要适用于海上石油勘探开发中的井喷、漏油事故和船舶发生的污染和海损事故。1984年颁布的《水污染防治法》和以后颁布的环境法律、法规都对这一制度做出了规定。对这一制度做出具体规定的是1987年国家环保总局发布的《报告环境污染与破坏事故的暂行办法》。1991年颁布的《大气污染防治法实施细则》和2000年3月颁布的《水污染防治法实施细则》对该制度的实施内容、程序、时间等做出了较具体的规定。

2. 污染事故报告及处理制度的法律规定

(1)污染事故的报告。

造成污染事故的单位,必须在事故发生后48小时内,向当地环境保护部门做出事故发生的时间、地点、类型和排放污染物的种类、数量、经济损失、人员受害及应急措施等情况的初步报告;事故查清后,应当向当地环境保护部门做出事故发生的原因、过程、危害、采取的措施、处理结果以及事故潜在危害或者间接危害、社会影响、遗留问题和防范措施等情况的书面报告,并附有证明文件。在发生事故时,还必须立即采取措施,并及时通报可能受到污染的单位和居民。

污染事故发生以后,当地环境保护部门应立即赴现场对事故进行监测和做出认定。凡属重大污染事故,环境保护部门除应立即向当地人民政府报告外,还应同时报告省级环境保护部门;对特大污染事故,应报国家环境保护总局。对于重大或特大污染事故的报告,分为速报、确报和处理结果报告三类。速报在发现事故后48小时以内上报;确报在查清有关基本情况后立即上报;处理结果报告在事故处理完后立即上报。

(2) 污染事故的处理。

环境保护部门在接到污染事故的报告以后,应对事故做出初步判断,并立即采取措施,帮助排污单位消除或减轻污染危害;及时进行事故监测,并开展事故调查、取证工作;及时、准确地将有关情况向上级环境保护部门报告;根据事实依法做出行政处理并将处理结果向上级环境保护部门报告。

县级以上人民政府接到环境保护部门关于环境受到严重污染、居民的生命财产安全受到威胁的报告以后,应当及时向当地居民公告,组织有关部门对事故发生的原因进行调查,并采取有效措施,包括:①责令有关排污单位减少或者停止排放污染物;②责令有关单位立即停产;③发布紧急命令,组织抢险救灾等。

2.9.2 现场检查制度

1. 现场检查制度的概念

现场检查制度,是指环境保护行政主管部门或者其他依法行使环境监督管理权的部门,依法对其管辖范围内的排污单位和个人遵守环境法律、法规,执行其环境行政处理决定情况以及其他与环境保护有关的情况,直接进入现场检查的一种环境行政监督制度。它是环境管理部门行使监督职能的一种主要手段,也是其他环境管理制度的保障。现场检查的目的在于检查、督促排污单位和个人执行各项管理制度,严格遵守法律制度,及时发现和防止排污单位和个人的环境违法行为,加强环境监督管理,保障环境的正确实施。现场检查制度是在1984年颁布的《水污染防治法》中首次规定的。我国目前各主要的环境法律、法规基本都规定了这一制度。

2. 现场检查制度的法律规定

(1) 现场检查的机关。

现场检查的机关是享有现场检查权的环境行政监督管理部门。根据《环境保护法》的规定,只有县级以上人民政府环境保护行政主管部门或者其他依照法律规定行使环境监督管理权的部门才具有现场检查的职权;检查机关在现场检查时应当出示行政执法证件或者佩戴行政执法标志,为被检查单位保守技术秘密和业务秘密。

目前,我国实施的现场检查制度主要是各级环境保护行政主管部门设立的环境监督机构负责进行。按照《环境监督工作暂行办法》的规定,环境监督工作的范围包括工业的污染源、海洋和自然生态实行的监督管理,其主要任务是在各级人民政府环境保护主管部门领导下,依法对辖区内污染源排放污染物情况和对海洋及生态破坏事件实施现场监督、检查,并参与处理。

(2) 现场检查的对象和内容。

现场检查的对象是检查机关管辖范围内的排污单位和个人。现场检查的内容主要是检查对象遵守环境法律、法规,执行环境保护行政主管部门有关行政处理决定的情况,以及与环境保护有关的情况。我国环境法未对现场检查的内容做统一规定,但在有关环境法律、法规中已有所反映,如《水污染防治法实施细则》第十八条规定,环境保护部门和海事、渔政管理机构进行现场检查时,根据需要,可以要求被检查单位提供下列情况和资料:

①污染物排放情况。
②污染物治理设施及其运行、操作和管理情况。
③监测仪器、仪表、设备的型号和规格以及检定、校验情况。
④采用的监测分析方法和监测记录。
⑤限期治理进展情况。
⑥事故情况及有关记录。
⑦与污染有关的生产工艺、原材料使用的资料。
⑧与水污染有关的其他情况和资料。

检查机关可以根据需要,针对不同的检查对象和环境影响因素,结合有关情况确定现场检查的内容。

(3)违反现场检查制度的法律责任。

被检查单位和个人对合法进行的现场检查有服从和配合的义务,并应当如实反映情况,提供必要的资料,不得弄虚作假和拒绝检查,否则环境保护行政主管部门可以根据不同情节,责令停止违法行为,限期改正,给予警告或者处以罚款。

对检查机关来说,因故意或过失泄露被检查单位的技术秘密和业务秘密的,应依照有关保密法规,追究责任人员的行政责任直到刑事责任;如果因此给被检查单位造成了经济损失,检查机关则要依法承担相应的行政赔偿责任。检查人员在现场检查中滥用职权,玩忽职守,徇私舞弊的,由检查人员所在单位或者上级主管机关给予行政处分;构成犯罪的,依法追究刑事责任。

2.9.3 清洁生产制度

1. 清洁生产的概念

清洁生产是指不断采取改进设计、使用清洁的能源和原料、采用先进的工艺技术和设备、改善管理、综合利用等措施,从源头削减污染,提高资源利用效率,减少或者避免生产、服务和产品使用过程中污染物的产生和排放,以减轻或者消除对人类健康和环境的危害。清洁生产制度则是有关推行和实施清洁生产的法律规则系统。

清洁生产,是国际社会在总结了工业污染治理的经验教训后提出的一种新型污染预防和控制战略。其实质是贯彻"预防为主"原则,从生产设计、能源与原材料选用、工艺技术与设备维护管理等社会生产和服务的各个环节实行全过程控制,从生产和服务的源头减少资源的浪费,促进资源的循环利用,控制污染的产生,减轻或者消除对人类健康和环境的危害。

我国从20世纪90年代初开始推行清洁生产。1992年8月,经党中央和国务院批准的《中国环境与发展十大对策》明确提出,新建、改建、扩建项目的技术起点要高,尽量采用能耗物耗小、污染物排放量少的清洁工艺。1993年国家环保总局与经贸委联合召开的第二次全国工业污染防治工作会议,明确提出了工业污染防治必须从单纯的末端治理向对生产全过程控制转变,实行清洁生产的要求。1995年10月全国人大常委会通过的《中华人民共和国固体废物污染环境防治法》对清洁生产做了比较明确、全面的规定。1996年国务院做出的《关于环境保护若干问题的决定》再次强调要推行清洁生产。1997年国家环保总局《关于推行清洁生产的若干意见》明确提出了"九五"期间推行清洁生产的总体目标以及实现该目标的9个方面措施的意见。1999年国家经济贸易委员会发布《关于实施清洁生产示范试点计划的通知》，确立在全国10个城市和5个行业开展清洁生产试点、示范工作。到2002年，全国24个省、自治区、直辖市开展了清洁生产试点工作，在化工、轻工、冶金、石化等十几个行业设立清洁生产示范试点项目500多个，通过实施清洁生产审核和生产工艺技术改造，普遍取得了良好的经济效益和环境效益，主要污染物平均削减20%以上。2002年6月27日，九届全国人大常委会第28次会议通过了《中华人民共和国清洁生产促进法》，于2003年1月1日正式实施。这是一部旨在动员各级政府、有关部门、生产和服务行业推行和实施清洁生产的专项法律，它的制定标志着我国可持续发展事业有了历史性的进步，将对促进我国的经济、社会的进一步健康发展产生积极的影响。

2. 清洁生产的主要法律规定

(1) 清洁生产的范围。

《清洁生产促进法》第三条规定："在中华人民共和国领域内，从事生产和服务活动的单位以及从事相关管理活动的部门依照本法规定，组织、实施清洁生产。"据此规定，清洁生产的适用范围包含了全部生产和服务领域，因为目前国内外对清洁生产的认识已经突破了传统的工业生产领域，农业、服务业等领域也已开始推行清洁生产，政府的职责是以支持、鼓励措施为主，而且清洁生产的推行是一个渐进的过程，适用范围宜宽不宜窄。

(2) 清洁生产的推行。

《清洁生产促进法》第二章对各级政府及有关部门明确规定了支持、促进清洁生产的具体要求，突出了政府的引导和服务功能，主要有：①国务院应当制定有利于实施清洁生产的财政税收政策。国务院及其有关行政主管部门和省级人民政府，应当制定有利于实施清洁生产的产业政策、技术开发和推广政策。②县级以上人民政府经贸行政主管部门，会同环境保护、计划、科技、农业、建设、水利等有关行政主管部门制定清洁生产的推行规划。③国务院和省级人民政府的经贸、环保、计划、科技、农业等有关行政主管部门组织和支持建立清洁生产信息系统和技术咨询服务体系，向社会提供有关清洁生产方法和技术等方面的信息和服务。④国务院经贸行政主管部门会同国务院有关行政主管部门定期发布清洁生产技术、工艺、设备和产品导向目录，组织编制有关行业或者地区的清洁生产指南和技术手册，指导实施清洁生产。⑤国家对浪费资源和严重污染环境的落后生产技术、工艺、设备和产品实行限期淘汰制度。国务院经贸行政主管部门会同国务院有关行政主管部门制定并发布限期淘汰的生产技术、工艺、设备以及产品的名录。⑥省级人民政府环保行政主管部门应加强对清洁生产实施的监督，可以根据促进清洁生产的需要、企业的排污情况，定期公布超标、超量排污的污染严重企业的名单，为公众监督企业实施清洁生产提供依据。

(3) 清洁生产的实施。

《清洁生产促进法》第三章主要规定了对生产经营者清洁生产的三类要求，即指导性要求、强制性要求和自愿性要求，其中指导性要求所占比例最大，并不附带法律责任。指导性的要求主要包括：①有关建设和设计活动优先考虑采用清洁生产方式。②按照清洁生产要求进行技术改造。③普通企业的清洁生产审核等。强制性的要求规定了生产经营者必须履行的义务,其中包括对部分产品和包装物要进行标识和强制回收,部分企业要进行强制性的清洁生产审核,对污染严重的企业要求定期公布主要污染物排放情况等。自愿性的要求主要是鼓励企业自愿实施清洁生产,改善企业及其产品的形象,申请环境管理体系认证等。

(4) 鼓励措施。

《清洁生产促进法》对"鼓励措施"设专章加以规定,对实施清洁生产的单位和个人规定了表彰、奖励、资金补助、优惠贷款、减免增值税等措施,使实施清洁生产者可以从多方面获益。如《清洁生产促进法》第三十二条规定:"国家建立清洁生产表彰奖励制度。对在清洁生产工作中做出显著成绩的单位和个人,由人民政府给予表彰和奖励。"

思考与练习

1. 什么是环境影响制度?
2. 什么是"三同时"制度?
3. 排污收费制度的主要法律规定是什么?
4. 限期治理制度的概念是什么?

第 3 章 环境行政法

3.1 环境行政管理体制

3.1.1 我国环境管理体制概述

环境管理体制是指有关环境与资源行政管理的组织结构、责权结构及运行方式,其内容主要包括各种环境行政管理机构的设置及相互关系、各种环境行政管理机构的职责及权限划分、各种职责和权限的相互关系及运行方式。

关于我国环境管理体制,《环境保护法》第七条做了具体的规定,确立了统一集中监督与分级、分部门监督管理相结合的体制。具体权限划分如下:

(1) 国务院环境保护行政主管部门对全国环境保护工作实施统一监督管理。

(2) 县级以上地方人民政府环境保护行政主管部门对本辖区的环境保护工作实施统一监督管理。

(3) 国家海洋行政主管部门、港务监督、渔政渔港监督、军队环境保护部门和各级公安、交通、铁道、民航管理部门,依照有关法律的规定对环境污染防治实施监督管理。

(4) 县级以上人民政府的土地、矿产、林业、农业、水利行政主管部门,依照有关法律的规定对资源的保护实施监督管理。

环境与资源管理体制具有以下基本特点:

(1) 环境管理的主体是具有环境与资源保护职责的行政部门。不具有环境保护职责的行政部门不能成为环境管理的主体。

(2) 环境与管理的对象是与环境和资源保护相关的事务,其监督、管理的具体对象是对环境污染或破坏负有直接责任的单位或个人,这些单位和个人被称为环境管理相对人。

(3) 环境与管理的性质是一种具体行政执法行为,它使环境法律规范所确定的目标得以实现,是负有环境保护与管理职责的行政主体把环境法律规范适用于具体的管理相对人的过程。因此,公民、法人或其他组织对环境与资源管理行为不服或有异议的,可以申请行政复议或提起行政诉讼。

(4) 环境管理部门内部分属为两个相对独立的职能系统,即"统管部门"与"分管部门"。"统管部门"是指国务院和县级以上地方人民政府的环境保护主管部门,负责环境保护的综合管理,它们之间存在行政上的隶属关系、业务上的指导关系与执法活动中的监督关系。"分管部门"是指依法分管某一类自然资源保护或某一类污染源防治工作的部门,其内部存在着相应的上下级隶属关系与执法上的监督关系。

(5) 中央级监督管理与地方级监督管理相结合。中央级的监督管理指国务院及其环境行政主管部门的直接宏观管理以及其他各部门的间接宏观管理。地方级监督管理包括省(自治区、直辖市)级、市级、县级、乡级的监督管理,从它们所担负的职责和拥有的权限看,可以将其分为三个层次,即宏观管理层、微观管理层和连接两者之间的中间管理层。其中,省级环境行政机关从事宏观的环境管理,县与乡级环境行政机关从事微观的环境管理,而市级环境行政机关则介于两者之间,既可进行宏观环境管理,又可从事微观环境管理。环境是一个不可分割的整体,这决定了需要加强中央政府对环境监督管理的统一领导和宏观监督管理。各地区的环境特点不同,决定了各级政府应该从本地实际出发,实行地方各级监督管理。二者的结合,既能发挥中央统一领导和宏观调控的作用,又有利于调动地方各级政府的积极性,实行有效的微观监督管理。

3.1.2 国外的环境管理体制

为履行国家环境与资源管理的职能,必须建立环境与资源管理的专门机构。各国的环境与资源管理机构大多随着环境与资源管理的发展经历了从薄弱到强化、从分散到集中、由单纯治理到综合管理的发展过程。到目前为止,各国的环境与资源管理体制十分复杂,多种多样,较具代表性的有以下几种类型。

1. 现有的行政部委兼负环境保护职责

这种体制在中央政府内没有环境保护的统管机构和协调机构,而是把环境与资源管理工作分割成若干部分由有关部门兼管。在环境问题比较突出的国家,这种形式已明显不适应环境与资源管理工作的需要。例如,前苏联的环境与资源管理没有统管机构,只在国家计划委员会内设有自然保护局,国家科学技术委员会内设有自然利用与环境保护委员会,把环境保护工作分散在农业、卫生、渔业、地质各部和各工业主管部。因为机构分散,导致各部门各行其是,甚至相互扯皮,使制定的法律、标准、措施不能得到很好的实施。有人认为,缺乏一个有实权的专门机构是前苏联环保工作长期处于被动局面的重要原因之一。目前,在一些发展中国家或环境问题不是很突出的国家仍保留着这种管理体制。

2. 设立协调机构——委员会

为协调各部的活动,在中央政府内设立一个由有关部的领导组成的委员会,负责制定政策和协调各部的活动,这种形式比前一种形式前进了一步。20世纪70年代,很多国家设立了这种委员会。1970年联邦德国设立了由总理和各部长组成的"联邦内阁环境委员会";意大利设有"环境问题部际委员会";澳大利亚设有"环境委员会";日本曾设"公害对策特别委员会";智利设有"全国环境污染委员会"。

3. 成立行政部一级专门机构

由于环境问题日益突出,有些国家把分散于各部的环保工作集中起来,由新建的相当于部一级的环境专门机构来统管。这种形式在工业发达国家同建立协调机构一样,成为环境与资源管理体制发展的一个共同趋势。1970年,英国、加拿大成立了环境部;1971年,丹麦设立了环境保护部;1974年,联邦德国设立了相当于部一级的环境局。

4. 具有更大权限的独立机构

这种机构的权限超过一般的部或者由政府首脑兼任该机构的领导,例如美国在总统执行署设立环保局、日本设立由国务大臣任长官的环境厅。这两个国家的环境问题都十分突出,管理过程中遇到种种阻力,使两国政府不得不逐渐扩大环境与资源管理机构的权限。

5. 几种机构同时并设

有的国家认为,建立统一领导与分工负责相结合的综合性管理体制更适合环境与资源管理的特点。例如,英国设立环境与资源管理机构的原则是,由其工作受环境影响的部和对污染活动负有责任的部来管理环境。为了加强领导和协调,1970年,把公共建筑、交通、住房与地方行政3个部合并,成立了相当庞大的环境部,全面负责污染防治工作并协调各部的工作。中央其他有关部门仍负责本部门的污染防治工作,如农业渔业食品部负责农药、放射性污染、农田废物处理及食品污染监测,贸易工业部负责船舶污染、飞机噪声控制,能源部负责原子能设施,内政部负责地方噪声控制和危险品运输,健康及社会安全部负责人体保健。

几种机构共设的还有联邦德国、法国、意大利、比利时、瑞典等。联邦德国除设有统管环境工作的联邦环境局外,还设有协调各部工作的联邦内阁环境委员会,在中央有关各部,如外交、财政、经济、农村食品、劳工及社会服务、科技、国防等部还设有部属的环保局,负责本部门环保工作。意大利设有环境部,只负责研究环境问题,另有13个部对其职务范围内的环保工作负责,协调各部工作的是环境问题部际委员会。

即使是在建立了强有力的专门机构的国家,如日本和美国,环境工作也并不是只集中在一个部门。日本设环境厅后,仍在15个省(厅)中设有相应的环保机构,如厚生省设有环境卫生局、通产省设有土地公害局、海上保安厅设有海上公害课、运输省设有安全公害课等。美国的内务部、商业部、卫生教育福利部、运输部也都设有相应的环境与资源管理机构,在商业部内设有编制达1万多人的海洋和大气管理局。

地方管理机构的设置,多数国家都在各级行政机构中设立相应的环境与资源管理机构。有的国家(如日本、联邦德国)把地方环境与资源管理机构一直建立到基层工矿企业,特别是较大企业普遍设有环境与资源管理机构,负责本企业环境规划的制定、污染防治与监测。日本法律规定,在企业中设立"法定责任者",他们也对执行国家公害法负责。联邦德国法律也规定,在企业或公司中要指定对污染控制负责的专职人员。

鉴于环境管理具有很强的专业性和技术性,有些国家还在中央或地方设立咨询性质的机构,协助政府制定政策,提出立法建议,处理各种技术问题,沟通政府与民间的联系。美国的环境质量委员会、英国的皇家污染委员会和日本的公害对策审议会都起到了咨询和协助决策的作用。还有些国家的咨询机构,如瑞典的自然保护咨询委员会、联邦德国的环境问题专家委员会、意大利的生态问题专门委员会,其成员中各类专家、学者占很大比重。他们除协助政府制定政策外,还参与制定环境规划、环境标准和科研活动。

近几年,随着各国对"防重于治"的环境政策的重视以及对环境综合性管理的加强,在环境与资源管理体制的建设方面出现了新的趋向,即建立以"预防为主"的综合性的环境与资源管理机构。这种机构的目的和特征如下:

(1)有利于"预防为主,综合防治"原则的贯彻,并使这种职能得到最有效的发挥。

(2)尽可能使中央各部门和地方机构的环境与资源管理活动相协调,在加强中央机构监督职能的前提下,更好地发挥地方机构的作用。

(3)在环境管理上,必须协调人口、资源、发展与环境之间的关系,并且承认生态系统与资源利用以及环境保护之间有相互依赖的关系,并把这种依赖关系反映到政府的政策和行动中去。

(4)环境管理体制的设置、管理机构的职能和权限,应该有助于在环境政策与规划的制定、污染控制、自然保护、社会教育、科学研究等方面采取综合处理的办法,使环境与资源管理措施能够全面实施,并且避免国家政策和管理活动的脱节。

3.1.3 我国环境管理体制的完善

我国已经建立起了由全国人民代表大会立法监督、各级政府负责实施、环境保护行政主管部门统一监督管理、各有关部门依照法律规定实施监督管理的环境管理体制。

全国人大设有环境保护委员会,负责组织起草和审议环境与资源保护方面的法律草案并提出报告,监督环境与资源保护方面法律的执行,提出同环境与资源保护问题有关的议案,开展与各国议会之间在环境与资源保护领域的交往。一些省、市人民代表大会也相应设立了环境与资源保护机构。

国家环境保护总局是国务院的环境保护行政主管部门,对全国环境保护工作实施统一监督管理。省、市、县人民政府也相应设立了环境保护行政主管部门(即环保局),对本辖区的环境保护工作实施统一的监督管理。目前,我国县级以上环境保护行政主管部门有2 500多个,从事环境行政管理、监测、监理、统计、科学研究、宣传教育等的总人数达8.8万人。

我国各级政府的综合部门和工业部门也设立了环境保护机构,负责相应的环境与资源保护工作。多数大、中型企业也设有环境保护机构,负责本企业的污染防治以及清洁生产的推行。目前,各部门和企业的各类环境保护人员已达20多万人。

我国现行的环境管理体制,充分发挥了地方政府的积极性,使中央、地方相互协调,共同保护环境,而且环境管理各机构职责基本明确,在我国环境管理工作中发挥着各自的职能和重要作用。尽管如此,现行环境管理体制在实践中也暴露出了一些问题,影响了环境保护的力度。要完善我国的环境与资源管理体制,至少需要从以下几个方面来认识和解决问题。

1. 加强环境保护部门自身建设,摆脱地方政府的干扰

我国实行统一监督管理与分部门、分级监督管理相结合的管理体制,充分调动了地方政府的积极性,有效地保护了环境。但改革开放后,地方各级政府也成为独立的利益实体,受地方保护主义的影响,地方政府往往为了追求自身短期的经济利益而做出许多破坏环境的行为,为此应不断加快政府职能转换,使其职能转换到加强宏观调控,运用经济、法律、行政等手段对国民经济和社会发展进行规划、指导、协调、服务、监督等方面上来。这样就能杜绝地方保护主义产生的体制根源,并使政府与企业的利益脱钩后,相应地环境保护职能和作用也得以加强。此外,还应加强省、市级环境保护部门行政执法稽查机构的建设这一级机构自上而下对辖区内排污者及环境保护部门实行监控,能防止环境保护部门受利益驱动及地方政府的干扰而使破坏环境的行为得以开脱。

2. 加强统一监督管理,完善环境管理体制

由于受部门行政立法与部门利益驱动的影响,我国环境管理体制与其他国家相比显得十分零散,这不仅从一定范围内削弱了环境保护部门本身的职能,而且因为非专门性环境管理机构把环境保护当作副业而怠于管理,致使环境保护工作出现空位现象。为此,国家应尽快修订《环境保护法》等环境保护法律、法规,最大限度地统一环境管理主体,把分散于公安、林业等部门的环境管理权力集中到环境保护行政主管部门,特别是把对社会生活噪声污染防治和机动车辆尾气污染防治的监督管理权赋予环境保护行政主管部门；部分环境监督管理权必须由其他相关部门行使时，也应使环境保护行政主管部门能对其进行有效的协调与监督。现行的分散管理体制一经改变，环境保护行政主管部门的责权就能基本统一，也就能真正对本辖区的环境保护工作实施统一的监督管理。

3. 健全环境管理机构，加强管理

环境管理机构不健全，突出的问题是县级环境保护机构及执法队伍太薄弱，执法人员严重不足。在20世纪80年代初期的机构改革中，约有2/3的县区环保机构被削弱、合并或撤销，大约只有1/3的县级环保机构能够存留。①据统计，至1998年底，浙江省县级环境保护机构行政人员总共只有416人，有23个县（区）未设独立的环境保护局，大多数县未建立环境监理机构，一些地方甚至存在着一人一股（环保股）或一人一室（环保办公室）的情况。如某县环境保护与城镇建设、土地管理合并为一个局，即城建土地环保局。②有些县的环境保护机构仍挂靠在城建系统，仅属于城建系统中的一个部门。这样的设置，使环境保护机构无法独立行使执法权，必然会给环境保护工作带来困难，因而应不断加强环境管理机构的建设，使基层环境执法机关从其他国家机关中独立出来，更好地行使其管理职能。

4. 加强环境管理各部门的联系，提高管理效率

环境管理是一项综合性、社会性、技术性很强的工作，需要政府各部门齐抓共管、分工负责。而事实上各部门之间相互协调不够，出现了几个管理部门相互推诿、谁也不管或相互争权、谁都要管的局面，为此需要加强各部门之间的联系，增加相互之间的协作与配合，提高资源管理的效率。

3.2 环境行政立法

3.2.1 环境行政立法的概念

环境行政立法是指享有立法权的环境行政机关依照法律规定的权限和程序制定有关环境管理、环境保护的法律规范的活动。其表现形式包括环境行政法规、环境行政规章和环境标准。环境行政立法包括以下几层含义：

（1）环境行政立法是环境行政机关的行为。从行为的主体看，环境行政立法特指享有环境行政立法权的行政机关的立法行为。包括国务院制定环境行政法规、国务院涉及环境与资源管理的有关部委及具有行政管理职能的直属机构制定环境规章，以及省、自治区、直辖市和较大市的人民政府制定地方环境规章等的行为。

（2）环境行政立法是环境行政机关依照法定权限和程序做出的行为。环境行政立法是享有环境行政立法权的主体，在宪法、法律赋予的职权范围内按照法定程序进行的抽象行政行为。

（3）环境行政立法行为是享有立法权的环境行政机关制定环境行政法规、行政规章和环境标准的抽象行政行为。从行为结果看，环境行政立法的结果是产生具有普遍约束力的规范性文件，这些规范性文件并不是针对某个具体的人或某件具体的事，而是普遍适用的。

环境行政立法是行政立法与环境立法性质相结合的环境行政行为。它既有行政立法的普遍性质，是一种抽象行政行为，又具有环境立法的独特性质，即依具体环境现状的区域性和环境标准的创设性进行立法活动,两者不可或缺。

1. 环境行政立法的行政性质

环境行政立法的行政性质主要表现在:

(1)环境行政立法的主体是享有立法权的环境行政机关。

(2)环境行政立法调整的对象主要是环境行政管理事务以及与环境行政管理密切关联的事务。

(3)环境行政立法的根本目的是实施和执行国家权力机关制定的法律,实现环境行政管理职能。环境行政立法虽然具有行政性质,但它区别于环境行政机关的具体行政行为,主要表现在以下几个方面:

①享有环境行政立法权的环境行政机关是法律特别规定的,并非所有的环境行政机关都享有环境行政立法权,但几乎所有的环境行政机关都有实施一定的具体行政行为的权力。

②环境行政立法针对的对象是普遍性的,即所针对的是不特定的人和事,而具体环境行政行为针对的对象则是个别的,针对的是特定的人和事。

③环境行政立法所立之法的时间效力一般长于具体环境行政行为;环境行政立法能多次适用,在环境行政法规和环境行政规章未被停止或撤销之前均须遵照执行,而具体环境行政行为的效力通常是一次性的。

④环境行政立法的程序一般比较复杂和严格,而具体环境行政行为的程序显得相对简单、灵活。如环境行政立法必须以正式法律文件形式公开发布,而具体环境行政行为既可以采取公开发布的书面形式,也可以采取一般的书面形式,还可以采取口头形式。

2. 环境行政立法的资源区域性

环境行政立法按行政区划进行往往分割了自然资源的整体性,违背了其固有的生长特性,如某一水域通常流经几个行政区域,不同行政区域对其保护程度不一,在某种程度上降低了水资源的质量。又如,对不同林木需要制定不同的生态效益补偿标准,否则不能达到真正的生态效益补偿目的。从环境行政立法发展趋势看,有必要按资源的区域性和生长特性立法。

3. 环境行政立法的创设性

环境行政立法的创设性是指环境行政立法机关根据法律的特别授权制定规范性文件、环境标准,创设新的权利义务规范的活动。由于创设性立法产生新的权利义务规范,因此必须有权力机关的特别授权。创设性立法的效力范围、授权界限、效力等级必须有特别授权法的严格规定。例如《环境保护法》第九条规定:"国务院环境保护行政主管部门制定国家环境质量标准。省、自治区、直辖市人民政府对国家环境质量标准中未做规定的项目,可以制定地方环境质量标准,并报国务院环境保护行政主管部门备案。"第十条规定:"国务院环境保护行政主管部门根据国家环境质量标准和国家经济、技术条件,制定国家污染物排放标准。省、自治区、直辖市人民政府对国家污染物排放标准中未做规定的项目,可以制定地方污染物排放标准;对国家污染物排放标准中已做规定的项目,可以制定严于国家污染物排放标准的地方污染物排放标准。地方污染物排放标准须报国务院环境保护行政主管部门备案。凡是向已有地方污染物排放标准的区域排放污染物的,应当执行地方污染物排放标准。"

环境行政立法虽然具有立法的性质,但它不同于权力机关的立法。环境行政立法在环境法律体系中其效力处于权力机关制定的环境法律之下,它不得与环境法律相抵触,属于从属性立法。

3.2.2 环境行政立法的目的与任务

环境行政立法旨在通过规范环境行政管理来贯彻环境法的目的,实现其价值理念,完成保护生态系统的平衡与稳定,平衡人类世代间在既得利益与长远发展和繁衍上的相互关系,最终实现社会经济可持续发展的任务。

1. 平衡利益分配

(1) 平衡社会政治利益。

环境行政立法的一个积极目的就是要平衡环境行政主管机关(如环保局)与政府内部(如林业、水利、海洋、渔业、草原、农业、工业、土地、矿产等)各部门之间的利益分配,提高环境行政管理效率。为了保护环境和实施可持续发展,有必要在环境行政立法的控制下重新分配政府各部门间的权力,以打破原有权力控制的格局。1998年中央对国务院各行政主管部门,特别是对环境与自然资源行政主管部门进行的调整和改革,就体现了实现社会经济可持续发展的体制要求。将原国务院直属机构"国家环境保护局"(副部级)升级为"国家环境保护总局"(正部级),并扩大了其环境管理的行政权力;将原"林业部"降格为"国家林业局",其主要职能也由以伐木为主转变为以植树造林为主。另外,还成立了新的"国土资源部",以统一对国土资源的保护与管理。

(2) 平衡社会经济利益。

历史和现实告诉我们,如果不把合理使用自然资源和保持生态平衡包括在整体发展目标之内,任何局部的经济增长都不会使整体社会经济得到可持续的发展。因此,由受益者负担补偿费用,以平衡社会间的经济利益,是环境行政立法所要确立的新模式和所要解决的另一个重要问题。《森林法》第八条规定:"国家设立森林生态效益补偿基金,用于提供生态效益的防护林和特种用途林的森林资源、林木的营造、抚育、保护和管理。森林生态效益补偿基金必须专款专用,不得挪作他用。具体办法由国务院规定。"

2. 维持生态效益优先,保护生态平衡

生态平衡是保护环境的生态基础,环境行政立法要遵循生态学原理,反映生态基本规律,其立法的专业性也集中体现于此。同时,环境行政立法也为环境保护、维持生态平衡提供了理论框架和法律依据。例如国务院及其各部委、有关直属机构为我国以环境要素划分的各单项资源法律制定并颁布的实施条例、实施细则,如《土地管理法实施条例》《水污染防治法实施细则》等。

3. 保护公民环境参与权,提高环境行政效率

我国环境行政立法虽然肯定了生态效益优先的环境价值观,但在环境污染和发生其他公害的情况下却无具体可操作性的规定。因此,环境行政立法在原则与制度设计上,一方面应突出国家环境行政机关保障公民权利与社会利益的管理权力,突出环境作为一种无形财产的价值;另一方面还要注意突出公民参与环境管理的权利,特别是公民参与的程序性规定。

3.2.3 环境行政立法的基本原则

环境行政立法的基本原则是指为达到环境与自然资源保护的目的,在法律规范中充分体现环境与自然资源的各种内在和外在价值,起草、制定或修改环境与自然资源行政法律规范时必须遵循的基本准则。它是环境行政立法的基础。

1. 坚持可持续发展的原则

在进行环境行政立法时,应充分考虑实现人类社会、经济发展所必需的环境与自然资源条件,以及地球环境与自然资源满足人类世代间发展可提供的能力和基础,并以此作为指导环境行政立法以及确立环境行政法律规范的理论基础。

21世纪是生态文明的世纪,可持续发展是其基本要求。可持续发展首先需要解决的是当代社会经济发展中普遍存在的非持续性问题,应使之转变到可持续发展的健康轨道上来,将社会经济发展的生态代价和社会成本降到最低限度。可持续发展本质上反映了生态文明的发展观与实践观,它具有三个明显的特点:一是它要求在生态环境承受能力可以支撑的前提下解决当代社会经济与生态发展的协调关系;二是它要求在不危及后代人需要的前提下解决当代经济发展与后代经济发展的协调关系;三是它要求在不危及全人类整体经济发展的前提下解决当代不同国家、不同地区以及各国内部各地区和各种经济发展的协调关系,从而真正把现代经济发展建立在节约资源、增强环境支撑能力、生态良性循环的基础之上,使人类经济活动和发展行为保持在地球环境的承载能力和极限之内,确保非持续发展向可持续发展转变,最终实现可持续发展。

世界环境与发展委员会(WCED)指出,人类的法律应使人类活动与自然界的永恒普遍规律相协调,"通过旧的发展和环境保护办法来维护社会和生态稳定,将更加不稳定,安全必须通过变革才能得到";"环境法规必须超越通常的安全规范,区别法规、污染控制法等来制定,在税收、投资和技术选择的审批流程、外贸刺激措施以及发展政策的所有组成部分中必须反映环境目标"。可持续发展是人类社会在几千年的探索中找到的一条维持地球生态系统繁荣稳定的发展道路,环境行政立法应遵循这一基本原则,协调好发展与环境的关系。

2. 环境行政立法必须贯彻的行政立法原则

(1)依法立法原则。

环境行政立法必须依法进行。"依法"中的法主要指宪法和法律,也包括行政法规、地方性法规、自治条例、单行条例。依法立法有以下4层含义:

①依据《宪法》《立法法》和《中华人民共和国国务院组织法》(以下简称《国务院组织法》)规定的权限立法。只有《宪法》《立法法》和《国务院组织法》赋予了立法权的环境行政机关才能进行环境行政立法,而且享有环境行政立法权的机关只能就职权范围内的事项立法。

②环境行政法规不能与宪法、法律相抵触,环境行政规章不能与法律、法规相抵触。部门环境行政规章之间、部门环境行政规章与地方政府规章之间具有同等效力,在各自的权限范围内施行。

③依据法律、法规规定的程序立法。环境行政立法主体应根据《立法法》或其他法律、法规规定的程序进行立法活动。

(2)民主立法原则。

民主立法原则是指环境行政机关依照法律规定进行行政法时,应通过各种方式听取

各方面的意见,保证民众广泛地参与行政立法。民主立法原则包括以下几方面内容:
①环境行政立法草案应提前公布并附以立法说明,包括立法目的、立法机关、立法时间等内容,以便让公众有充分的时间发表对环境行政立法事项的意见。
②将听取意见作为环境行政立法的必要环节和法定程序。
③要向社会公布对立法意见的处理结果。
④要正式公布已通过的行政立法文件,设置环境行政立法咨询机关和咨询程序,违反民主立法原则的环境行政立法应当视为无效。

(3)便于操作和适用原则。

在环境行政立法上应注重将法规、规章具体化,使逻辑结构严密完整,以便于操作和适用。其中,环境行政主体与相对人的权利义务规定应尽可能具体、详细,并保障在我国现行法律、法规规定的权限范围内易于操作,以此作为环境行政执法的基本依据。

3.3 环境行政执法

3.3.1 环境行政执法的概念

执法是国家机关执行法律的活动。环境执法是国家执法活动的一个组成部分,它是指有关国家机关按照法定权限和程序将环境法律规范中抽象的权利义务变成环境法主体的具体的权利义务的过程,或者说是国家有关机关将环境法规范适用于具体环境法主体的过程。环境执法根据执法机关的不同可分为环境行政执法和环境司法执法(有学者认为还包括环境仲裁执法)。环境行政执法即环境行政机关的执法。一般认为,环境行政执法是指有关行政管理机关执行环境法律规范的活动,又分为环境保护行政主管部门的执法和环境保护行政相关部门的执法。

3.3.2 环境行政执法的特征

环境行政执法的特征主要表现在:
(1)环境行政执法具有单方性。即环境行政执法主体可自行决定或直接实施执法行为,而无需与环境行政相对人协商或征得相对人的同意。
(2)环境行政执法主体具有多部门性。有权从事环境行政执法的部门,除了各级人民政府、环境行政主管部门外,还有许多相关部门,如农业、林业、渔业、公安等部门。正因为环境行政执法具有多部门性的特点,所以环境行政执法特别强调各部门之间的协调性和配合性。
(3)环境行政执法手段具有多样性。其手段包括环境行政确认、环境行政许可、环境行政裁决、环境行政合同、环境行政处罚、环境行政强制措施与环境行政强制执行、环境行政征收、环境行政补偿与环境行政赔偿、环境行政指导等。一些国家环境行政执法与刑事责任相结合产生了环境行政刑法制度。另外,由于环境法的科学技术性特点,环境行政执法手段具有很高的技术性要求,因此执法人员应具有一定的环境科学技术知识。
(4)环境行政执法具有超前性。即环境行政执法在许多情况下不是在环境被污染或破坏的危害结果发生之后,而是在其发生之前进行的。这种执法的超前性经常表现为通过行政制裁及时制止危害环境后果的发生。

3.3.3 环境行政执法的原则

(1) 合法性原则。即环境行政执法主体必须是依法组成的或依授权执法的环境行政机关或特定组织,其执法必须在法定权限内进行,执法内容与执法程序都必须合法。

(2) 合理性原则。即环境行政执法主体的执法行为必须公允适当、具有合理性,只能根据违法行为的情节轻重、后果大小选择处罚的标准,合理使用自由裁量权。

(3) 效率性原则。即环境行政执法主体的执法行为应讲求效率,在行使执法权时要以尽量短的时间、尽可能少的人员,办理尽可能多的事务。

(4) 公正性原则。即环境行政执法主体必须对任何单位和个人所依法享有的环境权利给予同等的保护,同时对其环境违法行为也要平等地加以追究和制裁。

3.3.4 环境行政执法主体和相对方

1. 环境行政执法主体

环境行政执法主体是环境行政机关和法律、法规授权的组织。环境行政机关是环境行政执法的主体,但不是所有的环境行政机关都能行使环境行政执法权,也并不是除环境行政机关以外的其他部门就不能行使环境行政执法权。环境行政主管部门是环境行政执法的主要主体,但不是唯一主体。按照我国现行法律、法规的规定,环境行政执法主体有以下几种类型:

(1) 各级人民政府。各级政府主要行使对经济发展和社会生活有重大影响的环境行政执法权。例如,责令限期治理、责令企事业单位停产停业和采取强制性应急措施等。

(2) 环境行政主管部门。大量的、重要的环境行政执法职责都是由环境行政主管部门履行的,这是由其工作性质决定的,因此它也是最重要的环境行政执法主体。

(3) 环境保护法律、法规授权对某些方面的污染防治实施监督管理的有关部门,如国家海洋行政主管部门、港务监督、渔政渔港监督、军队环境保护部门和各级公安、交通、铁路、民航管理部门等。这一类机构不是专门性的环境行政执法主体,而只是依照法律、法规的特别授权,在与自身业务相关的范围内对环境污染防治行使监督管理权。

(4) 环境保护法律、法规授权对某些方面的资源保护实施监督管理的部门,如县级以上人民政府的土地、矿产、林业、农业、水利行政主管部门等。这类机关也不是专门的环境行政执法主体,而是在与自身业务相关的范围内对资源保护行使监督管理权。

(5) 除上述4类机构外,其他一些政府行政职能部门,如卫生、市政管理、市容环境卫生、园林、文物保护、核安全等部门,也负有某些环境行政执法的职责。

(6) 其他国家机关、社会团体、企事业单位,如环境保护协会、环境监测站、企业内部的环保机构等,经法律、法规的特别授权或受行政机关的委托,也可以从事环境行政执法活动,而且地方人民政府根据地方性法规的规定或地方国家权力机关的决议,可以设立一些在环境保护方面享有行政执法权的机构或临时性机构,如环境监察大队等。

2. 环境行政执法相对方

环境行政执法相对方是指在具体环境管理关系中处于被管理者地位的与环境行政执法主体相对应的一方当事人。环境行政执法相对方并不是单纯指某一个人,我国境内的一切组织和个人都可能成为环境行政执法的相对方,包括国家机关、企事业单位、社会团体及其他社会组织、中国公民、外国组织或者个人。

3.3.5 环境行政执法行为与法律效力

1. 环境行政执法行为

环境行政执法行为是指环境行政执法主体在其职权或授权范围内依法对相对方实施的具有法律效力的行为。环境行政执法行为的基本要求是:

(1)在主体方面,环境行政执法行为特指由环境行政执法主体实施的行为,由其他部门或组织实施的行为不是环境行政执法行为。

(2)在内容方面,环境行政执法主体的执法行为不得超越其职权范围或授权范围,执法主体非行使职权的行为或超越职权的行为不是环境行政执法行为。而且环境行政执法行为必须是有权的执法主体依据环境法律、法规实施的行为,违反环境法律、法规的执法行为不具有法律效力。

(3)在对象方面,环境行政执法行为是针对环境行政执法相对方实施的行为,一旦依法实施执法行为则具有法律效力,即产生直接法律效果。不产生直接法律效果的行为,如文件收发、资料保管、记录、复印等事务性行为,不是环境行政执法行为。

2. 环境行政执法的法律效力

环境行政执法具有如下法律效力:

(1)拘束力,即环境行政执法是一种法律行为,具有法律效力。

(2)公定力,指环境行政执法行为一旦做出,即使是违法的,在有权机关或人民法院予以撤销或变更之前,环境管理相对人及其他人都不能以这样或那样的借口否认该执法行为的存在,必须视该执法行为有效。

(3)执行力,即当相对方不履行环境法义务时,环境行政执法主体可依法强制其履行该义务。这种行政强制执行是由环境行政执法主体依职权所做的执法行为的一种,不需要事先得到法院的裁决。

(4)不可争力,即一旦超过对环境行政执法行为提起复议和诉讼的期限,环境行政执法相对人便不得就该执法行为提起争议。

(5)不可变更力,即环境行政执法主体一旦做出裁决,只要相对人无异议,即使事后判明该裁断是错误的,也不允许裁决人推翻自己已经做出的裁决。

3.3.6 环境行政执法手段

环境行政执法手段是环境行政执法机构贯彻执行环境法律、法规,针对环境行政执法相对人所采取的各种方法、手段和措施。环境行政执法具体采用什么样的执法方式是由环境行政执法的内容决定的,并为履行环境行政执法的内容服务。

环境行政执法手段,包括环境行政确认、环境行政许可、环境行政裁决、环境行政指导、环境行政合同、环境行政处罚、环境行政强制措施与环境行政强制执行等,这些执法方式并不是各自独立、互不关联的,相反,它们之间的联系相当紧密。

3.4 环境行政诉讼

3.4.1 环境行政诉讼的概念与特征

1. 环境行政诉讼的概念

环境行政诉讼是一种特殊的行政诉讼。作为行政诉讼的一种，其概念的确定必须以一般行政诉讼的概念为基础。行政诉讼指国家审判机关在当事人和其他诉讼参与人的参加下，依法审理行政案件的活动。根据我国《行政诉讼法》第二条的规定，人民法院受理相对人因不服具体行政行为提起的诉讼，抽象行政行为不属于人民法院的受案范围。同时根据该法第五条的规定，人民法院审理行政案件，对具体行政行为是否合法进行审查，对于合理性不做审查。由此可以认为，环境行政诉讼是指公民、法人或其他组织认为行政主体的环境具体行政行为侵犯其合法权益，向人民法院提起诉讼，由人民法院依法进行审理并做出裁判的活动。

环境行政诉讼旨在通过人民法院审查环境行政主体所做出的具体环境行政行为是否合法来保护环境行政相对人的合法权益，监督和促使环境行政主体依法行使职权。其原告只能是认为自己的合法权益受到环境具体行政行为侵害的公民、法人或其他组织，被告只能是做出该环境具体行政行为的环境行政主体，这是我国目前的法律规定。不可否认的是，我国环境行政相对人的起诉权利实际上受到了"具体""相对人"和"合法"三个概念的限制。与此不同的是，有些国家并不把行政诉讼限定为针对具体行政行为的诉讼，抽象行政行为一样可以诉讼。不仅行政相对人可以提起诉讼，行政相关人也可以提起诉讼。而且司法机关审查行政案件并不限于对合法性的审查，对合理性也可以进行审查。例如，美国行政诉讼的受案范围就相当广泛，除重大国家行为和法律另有特殊规定外，普通法院对任何行政案件都有受理、审判权。同时，其很多州的法律都规定任何人均享受提起环境诉讼的权利。受案范围固然与一国的国情直接相关，但它的扩大应是民主与法制发展的客观趋势，我国也不例外。

2. 环境行政诉讼的特征

环境行政诉讼是与环境相关的诉讼，不同于一般行政诉讼，也不同于环境民事诉讼或环境刑事诉讼，因为它有自己的特征。

（1）被诉对象的特殊性。

环境行政诉讼的诉讼对象或诉讼标的是环境具体行政行为，即环境行政主体针对具体的人和具体的事行使环境行政管理职权的行为，这是环境行政诉讼不同于其他行政诉讼的主要标志。如果不是环境具体行政行为而是其他种类的具体行政行为，对其进行诉讼所产生的只能是相应的行政诉讼，而不是环境行政诉讼。同时，环境诉讼还包括环境民事诉讼和环境刑事诉讼，如果不是对行政行为提起的环境诉讼，则只能归于环境民事诉讼或环境刑事诉讼，这又是环境行政诉讼与环境民事诉讼和环境刑事诉讼的明显区别。

（2）当事人范围的广泛性。

环境行政诉讼的原告和被告的范围都较为广泛且影响面广，因此在一次环境行政纠纷中可能有众多的公民、法人和其他组织作为受损害方提起诉讼，从而原告的范围较一般诉讼广。可以作为被告的做出环境具体行政行为的行政主体包括各级人民政府和环境保护行政主管部门以及自然资源行政主管部门，还包括法律、法规授权的组织。在纵向级别上，分为政府、职能部门以及特定的组织三个部分；在横向上，涉及环境保护行政主管部门、十几个自然资源行政主管部门以及特定的组织。只有对某项事务享有行政职权的行政主体才能作为被告。环境行政执法主体是涉及部门相对最多的行政主体，环境行政诉讼的被告也因此成为范围相对最广的被告。其他行政诉讼中的被告往往比较单一。例如，税务行政诉讼的被告是税务机关，公安行政诉讼的被告是公安机关。环境行政诉讼中被告的广泛性是由环境法调整的社会关系的复杂性、广泛性、综合性以及现代行政行为与环境难以割裂的关系所决定的。

(3) 较强的技术性、专业性。

环境污染和生态破坏的过程和致害机理比较复杂，通常具有缓慢性、潜在性和间接性，因此，环境行政诉讼所要解决的环境行政纠纷涉及污染学、环境学、生态学、管理学、社会学等各方面的知识，特别是有关环境生态科技手段的应用，体现出较强的技术性和专业性。这是其他行政诉讼所没有的特征，也相应地增加了环境行政诉讼的难度。因此，有学者提出应该单独设立一个环境法庭，以解决目前一些法官的环境科学技术知识与环境行政管理知识不足的缺陷。随着环境污染和生态破坏复杂性的加剧以及科学技术的进一步发展，环境行政诉讼的这种专业性、技术性特征将更为突出。

(4) 依据的特殊性。

环境行政诉讼不仅以《行政诉讼法》为依据，同时还需要以环境法律、法规为依据。环境行政诉讼特殊的对象——环境具体行政行为可以由众多的环境行政部门做出。不同的环境行政部门由不同的环境法律、法规来规范，所以依据众多。一般的环境法律、法规，例如《矿产资源法》第四十六条、《草原法》第二十一条、《环境保护法》第四十一条、《水土保持法》第三十八条等都对环境行政相对人的行政诉讼权利做出了规定。这种依据种类的特殊性和范围的广泛性是其他行政诉讼以及民事诉讼和刑事诉讼所不具有的。

3.4.2 环境行政诉讼的原则

1. 环境行政诉讼原则的概念

环境行政诉讼的原则是指由法律所规定的在环境行政诉讼整个过程或者其主要阶段起指导作用的准则，它体现着环境行政诉讼的精神实质和基本特点，是对环境行政诉讼活动的内在要求。作为环境行政诉讼的原则应当符合以下几个条件：①环境行政诉讼的原则必须反映和体现在本国法律之中，而非仅是学者的主张或观点；同时它必须能反映出环境行政诉讼的目的、性质和规律。②它必须具有较强的概括性和指导性。③在环境行政诉讼的各个阶段都应该遵循该原则。

2. 环境行政诉讼原则的种类

体现环境行政诉讼原则的法律主要包括宪法、行政诉讼法和环境法等。有的原则由法律规范明文规定，而有的原则是通过一部或几部法律的内容所间接体现的。按照适用范围的不同，可以把环境行政诉讼的原则分为以下几种：

(1) 诉讼的共同原则。

诉讼的共同原则是任何诉讼活动都必须遵循的原则，其适用范围最广，同时也是对诉讼活动的最基本要求。这些原则包括：
①人民法院依法独立行使审判权原则。
②以事实为依据、以法律为准绳原则。
③诉讼当事人法律地位平等原则。
④依法公开审判原则。
⑤人民法院审理案件依法实行回避的原则。
⑥人民法院审理案件，依法实行两审终审的原则。
⑦各民族公民有权使用本民族的语言、文字的原则。
⑧当事人有权进行辩论的原则。
⑨人民法院依法实行合议的原则。
⑩人民检察院对诉讼实行监督的原则。
（2）行政诉讼的特有原则。

行政诉讼活动在遵循诉讼活动共有原则的同时，还须遵循自己的特有原则。这些原则主要包括：
①合法性审查原则。
②不适用调解原则。
③被告负主要举证责任原则。
④诉讼不停止执行原则。
⑤有限变更原则。
（3）环境行政诉讼的特殊原则。

作为特殊的行政诉讼，环境行政诉讼应该有自己特有的原则，这些原则虽然并没有直接规定于相应的法律之中，但在总体的法律精神上以及法的实际适用上都有所体现。归纳起来主要有以下几种：
①有条件适用环境法律、法规的原则。
②有利于环境保护的原则。
③平衡环境行政诉讼效率与环境诉讼效益的原则。

以诉讼的时间效率与诉讼效益为例，与法院的审理、判决期限一样，诉讼时效制度也是保障诉讼效率的重要法律措施。一般而言，较短的诉讼时效可以促使当事人尽早起诉，这样，一般也就能够尽早地寻找和收集证据，这对于提高诉讼效率、保障诉讼活动的顺利进行至关重要。如果当事人不及时起诉，有些证据可能会因为时间长而变得难以收集，从而影响诉讼活动的效率，制约诉讼活动的顺利进行。我国行政诉讼法规定的诉讼时效有两种情况：一是对复议决定不服的，可以在收到复议决定书之日起15日内向人民法院提起诉讼；二是直接向人民法院起诉的，应当在知道做出具体行政行为之日起3个月内提出；法律另有规定的依法律的规定。这里规定的15天和3个月的诉讼时效期间都不算长，其立法意图主要在于提高行政诉讼的效率。但是，环境行政诉讼具有复杂性、专业技术性强的特点，在证据的收集上往往具有一定的难度，因此很难保证当事人能在以上普通诉讼时效期间内提供出应有的证据。如果按照普通诉讼时效期间进行诉讼，实际上无异于限制和剥夺当事人合法的环境诉讼权利。为了保证环境行政诉讼的效益，就必须对环境行政诉讼的特殊性予以照顾，在特殊情况下实行特殊的环境行政诉讼时效，即损失一定的诉讼效率去换取应有的诉讼效益。例如《环境保护法》第四十二条规定:因环境污染损害赔偿提起诉讼的时效期间为3年,从当事人知道受到污染损害时起计算。再如,《行政诉讼法若干问题的解释》第四十二条规定:对涉及不动产的具体行政行为从做出之日起超过20年、其他具体行政行为从做出之日起超过5年提起诉讼的,人民法院不予受理。也就是说,只要不超过20年,涉及土地、水面、森林、矿产等不动产的环境行政纠纷人民法院是可以受理的;只要不超过5年,其他的环境行政纠纷人民法院也可以依法受理,从而有助于实现应有的环境行政诉讼效益。环境行政纠纷所涉及的有可能远不止纠纷当事人的利益,有些案件可能会涉及区域性或长远性的社会公共利益、国家利益甚至是代际之间的利益。因此,在环境行政诉讼活动中,平衡环境行政诉讼效率与环境诉讼的效益显得尤为重要,这是环境行政诉讼应始终贯彻的一个原则。

3.4.3 环境行政诉讼的范围

1. 环境行政诉讼范围的概念

环境行政诉讼的范围,即法院主管或受理环境行政案件的范围,是指由法律、法规规定的法院受理、审判一定范围内的环境行政案件的权限。它既是相对人可以提起环境行政诉讼的范围,又是环境行政主体的行政行为接受司法审查的范围。同时,就行政权与司法权的关系而言,它又体现着二者的界限。

2. 环境行政诉讼范围的确定方式

当前,各国对行政诉讼范围的确定方式不尽相同。大陆法系国家多以制定法的形式规定受案范围,英、美法系国家则以判例法的形式确定受案范围。以制定法确定行政诉讼受案范围的主要有以下3种方式:

(1)列举式。即由法律、法规明确规定可以受理和不可以受理的行政案件。前者属于肯定式列举,后者属于否定式列举。这种方式具体明了,易于掌握,但缺点是过于烦琐并不可避免地会出现遗漏。

(2)概括式。即由统一的行政诉讼法典对法院的受案范围做出原则性和概括性的规定。凡属于所概括范围内的行政争议均可起诉。这种方式使行政诉讼的范围较宽,有利于充分保障相对人的合法权益,但因其过于原则而不易掌握,而且对于其他法律制度、社会条件和审判人员的素质都要求较高。

(3)结合式。即法律对法院的受案范围同时做出概括式和列举式的规定,以使两种方式结合起来,避免各自的不足,发挥各自的长处。它既简单明了,又能在必要时为扩大受案范围提供依据。

《行政诉讼法》第11条第1款第1项至第8项列举了8类因具体行政行为的合法性问题发生的争议。这一规定进一步限定和明确了我国行政诉讼的受案范围。根据该款肯定性列举的规定,人民法院受理相对人对下列环境具体行政行为不服提起的诉讼:①环境行政处罚;②环境行政强制措施;③认为环境行政主体侵犯法律规定的经营自主权的;④认为环境行政主体不依法颁发环境行政许可证或执照的;⑤申请履行保护人身权、财产权的法定职责,环境行政主体拒绝履行或不予答复的;⑥认为环境行政主体未依法发给抚恤金的;⑦认为环境行政主体违法要求履行义务的;⑧认为环境行政主体侵犯其他人身权、财产权的。

与此同时,各个单行的环境法律、法规对相对人不服环境行政处罚可以起诉的权利也做出了明确的规定。例如《水土保持法》第三十八条、《环境保护法》第四十条、《野生动物保护法》第三十九条、《水法》第四十八条、《矿产资源法》第四十六条、《草原法》第二十一条、《土地管理法》第八十三条等。但是对其他相应的环境具体行政行为是否可诉的问题并没有规定。甚至有些环境法律,如《渔业法》《森林法》等连行政处罚是否可诉也不明确,这对于相对人诉讼权利的保障是不利的。

《行政诉讼法》第十二条是行政案件司法审查的排除性条款。根据这一否定性条款,人民法院不受理公民、法人或其他组织对下列事项提起的环境诉讼:①国防、外交等国家行为;②行政法规、规章或者行政机关制定、发布的具有普遍约束力的决定、命令;③行政机关对行政机关工作人员的奖惩、任免等决定;④法律规定由行政机关最终裁决的具体行政行为。

另外,依据《行政诉讼法若干问题的解释》第一条的规定,我国环境行政诉讼的范围还须排除以下行为:①公安机关、国家安全机关等依照刑事诉讼法的明确授权实施的行为;②调解行为以及法律规定的仲裁行为;③不具有强制力的行政指导行为;④驳回当事人对行政行为提起申诉的重复处理行为;⑤对公民、法人或者其他组织权利义务不产生实际影响的行为。

3.4.4 环境行政诉讼的管辖

1. 环境行政诉讼管辖的概念及确定原则

(1)环境行政诉讼管辖的概念。

环境行政诉讼的管辖是指人民法院之间受理第一审环境行政案件的分工和权限。环境行政诉讼的受案范围解决的是哪些环境违法所涉及的具体行政行为归法院组织系统主管的问题,而管辖所解决的是属于受案范围内的环境具体行政行为应由哪一级、哪一个地区的法院受理的问题。

(2)环境行政诉讼管辖的确定原则。

确定管辖的原则是指人民法院在确定案件的管辖时,必须遵循的法律规定以及符合法律目的的其他要求。

我国环境行政诉讼管辖的确定依据以下原则进行:①便于当事人参加诉讼的原则;②便于人民法院正确、及时行使审判权的原则;③人民法院分工合理、负担适当的原则;④确定性与灵活性相结合的原则。

2. 级别管辖

(1)级别管辖的概念及依据。

级别管辖是指按照法院的组织系统从纵向来划分各级法院受理第一审案件的分工和权限,即上下级人民法院之间对于第一审案件的管辖分工。我国人民法院组织系统分为四级,即基层人民法院、中级人民法院、高级人民法院和最高人民法院。级别管辖就是根据案件的性质、影响范围以及难易程度来明确规定哪些是这四级法院各自应受理的第一审案件。

一般而言,案情简单、涉及面不广、诉讼金额不大的第一审环境行政案件由级别较低的法院受理,而案情复杂、涉及面广、诉讼金额较大的第一审环境行政案件则由级别高的法院受理。另外，被告的行政级别也是划分环境行政诉讼级别管辖的依据，这不但符合我国的国情，同时也是由环境行政诉讼的性质决定的，因为环境行政诉讼是对被告的环境具体行政行为进行审查，若由级别过低的法院审判级别过高的行政机关做被告的案件，难免审判机关的威信不高、力量不够。但在确定管辖时，若过分强调被诉行政主体的级别又是不妥的，这样易导致封建等级思想作祟，同时还有可能背离级别管辖的基本标准，也不利于法院审判工作的进行。

（2）各级人民法院的管辖范围。

根据《行政诉讼法》第十三条至第十六条的规定，我国环境行政案件的级别管辖如下：

①基层人民法院管辖第一审环境行政案件。这一规定的基本含义是：基层人民法院管辖第一审环境行政案件是原则，而其他各级人民法院管辖第一审环境行政案件是例外。

②中级人民法院管辖下列第一审环境行政案件：a.确认发明专利权的案件，海关处理的案件；b.对国务院各部门或者省、自治区、直辖市人民政府所做的具体行政行为提起诉讼的案件；c.本辖区内重大、复杂的案件。高级人民法院管辖本辖区内重大、复杂的第一审环境行政案件。高级人民法院的主要任务是对本辖区内中级人民法院和基层人民法院的审判活动进行指导与监督，审理不服中级人民法院判决、裁定的上诉案件。因此，其管辖的第一审环境行政案件数量较少，仅限于本辖区内重大、复杂的案件。

③最高人民法院管辖全国范围内重大、复杂的第一审环境行政案件。作为国家的最高审判机关，其主要任务是对地方各级人民法院和专门法院的审判工作进行指导与监督、对审判中遇到的疑难问题做出司法解释、对下级人民法院的请示做出批复以及审理不服高级人民法院一审裁决而提出上诉的案件等。因此，在四级人民法院中，由最高人民法院受理的第一审环境行政案件数量最少，仅限于全国范围内重大、复杂的案件。

3. 地域管辖

（1）地域管辖的概念与依据。

地域管辖又称"区域管辖""土地管辖"，是指同级人民法院之间受理第一审案件的分工和权限。级别管辖是从纵向划分，而地域管辖是从横向划分。目前，我国的高级人民法院有几十个，中级人民法院有数百个，基层人民法院有数千个，如何确定各级人民法院的管辖范围是十分重要的。在我国，确定地域管辖的依据是当事人或诉讼标的物与法院的地域关系，这样可以方便当事人行使诉讼权利，也有利于人民法院行使审判权。

（2）环境行政诉讼地域管辖的种类。

根据《行政诉讼法》的规定，我国环境行政诉讼的地域管辖分为一般地域管辖和特殊地域管辖两类。

①一般地域管辖。一般地域管辖又称"普通地域管辖"，是指按照被告所在地来确定第一审案件的管辖法院，也是"原告就被告"原则的具体体现。《行政诉讼法》第十七条规定："行政案件由最初做出具体行政行为的行政机关所在地人民法院管辖。经复议的案件，复议机关改变原具体行政行为的，也可以由复议机关所在地人民法院管辖。"因此，我国环境行政诉讼采取的是"做出具体行政行为地"与"改变具体行政行为地"相结合的一般地域管辖。

②特殊地域管辖。特殊地域管辖又称"特别管辖"，是指根据具体行政行为的特殊性或诉讼标的物所在地来确定的管辖。该管辖优先适用于所针对的行政案件。我国行政诉讼

中的特殊地域管辖有两种:一种是不动产专属管辖;另一种是共同管辖。我国环境行政诉讼中不动产管辖的案件主要有:a.关于不动产的所有权和使用权的行政案件,例如土地权属行政纠纷;b.因建筑物(如排污设施等)的拆除、翻修、改建、扩建而发生的行政诉讼;c.因污染不动产(如土地、水面、滩涂、矿区等)提起的行政诉讼。

法律之所以要规定不动产诉讼由不动产所在地人民法院管辖,主要是为了就地调查、勘验、测量,同时也有助于执行。

共同管辖又称选择管辖,是指同一行政案件有几个法院可以管辖,原告可以选择其中任何一个法院起诉,由该法院作为该案的管辖法院。

我国环境行政诉讼中的共同管辖主要分为两种情况:一种是《行政诉讼法》第十八条规定的"对限制人身自由的行政强制措施不服提起的诉讼,由被告所在地或者原告所在地人民法院管辖";另一种是因共同诉讼发生的共同管辖。如果同一诉讼中有几个不同法院所在地的原告或被告,这时原告的不动产所在地和被告所在地的法院都有管辖权。

我国对环境行政案件的共同管辖做这样的处理:依据《行政诉讼法》第二十条的规定,两个以上人民法院都有管辖权的案件,原告可以选择其中一个人民法院提起诉讼。原告向两个以上有管辖权的人民法院提起诉讼的,由最先收到起诉状的人民法院管辖。

4. 裁定管辖

根据我国《行政诉讼法》的规定,在某些特殊情况下,由人民法院自行确定的管辖称为裁定管辖。裁定管辖是法定管辖的补充,是通过法律赋予法院一定的"管辖机动权"而实现的。裁定管辖包括移送管辖、指定管辖及管辖权的转移几种形式。

(1)移送管辖。

移送管辖是指人民法院在受理案件后,发现自己对案件并无管辖权,依法将案件移送给有管辖权的人民法院审理。在环境行政诉讼实践中,由于情况复杂,有时会发生原告向无管辖权的法院起诉的情况。法律为方便当事人行使诉讼权而设立了移送管辖,同时移送管辖又是人民法院受理案件发现错误后及时进行纠正的一种方法。移送管辖必须符合以下三个条件:①本院已受理该案但尚未结案;②本院对该案无管辖权;③受移送的人民法院对案件有管辖权。受移送的法院不得再自行移送。移送管辖一般发生在异地同级人民法院之间,实为地域管辖的一种补充形式。它也可以发生在非同级人民法院之间,主要有两种情况,即不同地域不同级别的法院之间和同一地域不同级别的法院之间。

(2)指定管辖。

指定管辖是指上级人民法院以裁定的方式指定下级人民法院对某一案件行使管辖权。它可以使法院因地制宜地适用法律关于管辖的规定,避免特定情况下对案件审理的拖延,保证诉讼活动正确、及时地进行。指定管辖一般在发生管辖权争议和特殊情况时才适用,是上级人民法院的法定职权。而且只存在上级人民法院对下级人民法院的指定管辖权,而不存在相反的指定管辖。

(3)管辖权的转移。

管辖权的转移是指经上级人民法院同意或决定,将下级人民法院有管辖权的案件交由上级人民法院审理,或者上级人民法院将自己有管辖权的案件交由下级人民法院审理的管辖形式。根据《行政诉讼法》第二十三条的规定,管辖权的转移只发生在上下级人民法院之间,其中起决定作用的是上级人民法院。

管辖权在上下级人民法院之间的转移,实际上是对级别管辖的一种变通,这主要是根据具体情况合理配置诉讼资源的一项措施,可以较好地处理诉讼管辖的原则性与灵活性、固定性与变动性的关系。管辖权转移与移送管辖虽然都属于裁定管辖,但二者有本质上的区别:①性质不同。管辖权转移是案件的管辖权发生了转移,而移送管辖只是案件的转移而非管辖权转移。②作用不同。管辖权转移的目的是对级别管辖的微调与变通,而移送管辖的目的是纠正移送人民法院受理案件的错误。③程序不同。管辖权的转移发生在上下级人民法院之间,包括因上级人民法院单方决定而转移和因上下级人民法院双方行为而转移,而移送管辖则仅表现为单方行为,移送人民法院做出移送裁定,无需经过受移送人民法院的同意。

思考与练习

1. 环境与资源管理体制有什么特点?
2. 环境行政立法有哪几层含义?
3. 环境行政执法主要表现在哪几方面?
4. 环境行政执法的原则是什么?
5. 环境行政诉讼的特征是什么?

第4章 环境法

4.1 环境法实施概述

1978年,中国共产党召开十一届三中全会,从此我国步入了改革开放、从社会主义计划经济向市场经济转变的新时期。在改革开放的浪潮下,我国当代环境法逐步从幼稚走向成熟,至今已走过30多年的风雨历程。这期间,我国环境法及相应的环境法学与环境法学教育发生了重大而深刻的变化,环境法持续优化、环境法学研究不断进步、环境法学教育迅速发展,它们已经成为我国目前最年轻、最具活力、最富吸引力和最有发展潜力的法律部门、法律学科分支和法学教育领域。本章拟对我国环境法、环境法学与环境法学教育30多年的发展历程做简单梳理,以期反思过往,展望未来。

4.1.1 我国环境法的实施

经过新中国成立后30多年的孕育和铺垫,1978年中共十一届三中全会之后,我国开始进入改革开放的新时期。随着经济的高速发展和工业化、城市化的全面推进,我国的环境污染、生态破坏和资源紧缺问题日益严重;与此同时,环境保护思想逐渐传播,全社会对环境问题的认识不断深入,国家法制化进程逐渐加快。改革开放以来,我国环境法经过了三个阶段、掀起了三次立法高潮,从2006年起开始进入实现历史性转变的关键阶段。

1. 第一个阶段

这个阶段约有10年,主要由1979年颁布的《环境保护法(试行)》启动,在20世纪80年代中后期形成高潮,在《环境保护法》颁布的1989年达到本阶段的顶点。

1978年,我国修改后的《宪法》规定:"国家保护环境和自然资源,防治污染和其他公害。"这是我国首次将环境保护工作列入国家根本大法,把环境保护确定为国家的一项基本职责,将自然保护和污染防治确定为环境保护和环境法的两大领域,从而奠定了我国环境法体系的基本构架和主要内容,并为我国环境保护进入法制轨道开辟了道路。同年,中共中央批转的国务院环境保护领导小组的《环境保护工作汇报要点》,将加强环境法制建设、制定环境保护法律作为环境保护工作重点之一,由此拉开了我国环境法迅速发展的序幕。1979年9月,五届全国人大第十一次会议原则通过了《环境保护法(试行)》。该法依据宪法的规定,针对我国当时的环境状况,参考借鉴国外的先进经验,规定了环境保护法的对象、任务、方针和适用范围,规定了"谁污染谁治理"等原则,确定了环境影响评价、"三同时"、排污收费、限期治理、环境标准、环境监测等制度,规定了环境保护机构及其职责。该法的内容比较全面、系统,是我国环境法走向体系化、作为独立的法律部门的一个标志。

《环境保护法(试行)》颁布后,我国先后制定了《海洋环境保护法》(1982年8月)、《水污染防治法》(1984年5月)、《大气污染防治法》(1987年9月)、《草原法》(1985年6月)、《水法》(1988年1月)等污染防治和自然资源保护方面的法律及一系列行政法规、规章。

1989年七届全国人大第十一次会议通过的《环境保护法》,是对《环境保护法(试行)》的修改和总结,也是第一次环境立法高潮的顶点。经过这次立法高潮,我国初步形成了环境法体系的框架;环境法开始成为我国环境保护工作的支柱和保障,成为我国社会主义法律体系中新兴的、发展最为迅速的一个组成部分。

2. 第二个阶段

这个阶段大约从1990年至2000年,在90年代中后期形成环境立法高潮。

20世纪90年代,为了适应经济全球化和加入WTO的形势需要,我国及时调整了经济和环境保护发展战略。1992年6月,在巴西里约热内卢召开的联合国环境与发展会议(即里约会议),给我国环境保护带来了可持续发展等新的理念、战略、原则和观点;联合国环境与发展会议召开之后不久,党中央和国务院批准了外交部和国家环境保护局关于出席联合国环境与发展会议的报告,简称"中国环境与发展十大对策"。为了贯彻可持续发展战略,迫切要求环境立法将环境与资源、环境保护与经济社会发展综合起来,建立和促进符合可持续发展原则的、适应社会主义市场经济体制客观需要的综合决策机制、协调管理机制、保障支持机制和有效的法律实施机制。1993年3月,全国人民代表大会成立了环境与资源保护委员会(简称环资委,当时称环境保护委员会)这一专门委员会。从1994年起,环资委的立法工作全面展开,由此形成了第二次环境立法高潮。

在第二次立法高潮中,我国先后修改、制定了一批污染防治法律、法规和行政规章,如《固体废物污染环境防治法》(1995年10月)、《水污染防治法》(1996年5月修改)、《环境噪声污染防治法》(1996年10月)、《淮河流域水污染防治暂行条例》(1995年8月)、《海洋环境保护法》(1999年12月修改)等;先后修改、制定了一些资源能源管理、灾害防治和自然保护方面的法律、法规和规章,如《水土保持法》(1991年6月)、《自然保护区条例》(1994年10月)、《煤炭法》(1996年8月)、《矿产资源法》(1996年8月修改)、《防洪法》(1997年8月)、《节约能源法》(1997年11月)、《防震减灾法》(1997年12月)、《森林法》(1998年4月修改)、《土地法管理法》(1998年8月修改)等;还修改、制定了一大批地方环境法规和规章。从总体上看,这次立法高潮主要是对原有法律的修改和补充,重点在于加强对环境的行政管理,地方环境立法在某些方面比中央环境立法更为活跃。

3. 第三阶段

这个阶段大约从2000年初至2006年,在2002年至2004年形成了第三次环境立法高潮。

进入21世纪后,我国于2001年11月加入了WTO,为了迎接21世纪和我国加入WTO后的挑战,我国再一次加强了环境法制建设工作。2002年1月,国务院召开了第五次环境保护会议,批复了《国家环境保护"十五"计划》。国际上,可持续发展世界首脑会议召开。这为我国环境法的新一轮发展创造了良好的国内外条件。在这个阶段,我国于2000年修订了《大气污染防治法》和《渔业法》;在2001年颁布了《防沙治沙法》和《海域使用管理法》;在2002年颁布了《清洁生产促进法》《农村土地承包法》和《环境影响评价法》,修改了《水法》《草原法》和《文物保护法》;2003年颁布了《放射性污染防治法》;2004年修改了《固体废物污染环境防治法》《土地管理法》《野生动物保护法》和《渔业法》;2005年颁布了《可再生能源法》和《畜牧法》。在这个阶段,环境立法以修订原有的环境法律为主,也制定了几部新环境法律,涉及了一些环境保护的新领域,借鉴了国外环境法的不少新做法,环境法的范围不断扩展。

4. 实现历史性转变的关键阶段

经过前三个阶段和三次高潮,我国环境法的大致框架已经形成,环境与资源保护利用的多数领域有了法律依据。但是,随着环境法律法规数量的增加,我国的环境质量并未得到相应提高,环境污染和生态破坏的恶化趋势没有得到有效遏制,我国环境法的正当性、有效性严重不足,科学发展观和可持续发展战略还未得到有效贯彻落实。改革开放的深入发展,社会主义市场经济体制的建设和完善,以及和谐社会、资源节约型社会、环境友好型社会建设的启动,给环境保护既注入了新的活力和生机,又带来了严峻的挑战。人民生活水平的提高和环境意识、民主意识、法治意识的增强,对环境保护提出了新的更高的要求,新的环境保护理念和生态文明思想不断冲击着旧的法律思想和规则体系。

从2006年起,我国环境保护开始进入历史性转变的关键阶段。2006年4月17日至18日,国务院在北京召开第六次全国环境保护会议,提出做好新形势下的环保工作,关键在于加快实现"三个转变":一是从重经济增长轻环境保护转变为环境保护与经济增长并重,在保护环境中求发展;二是从环境保护滞后于经济发展转变为环境保护和经济发展同步推进,做到不欠新账,多还旧账,改变先污染后治理、边治理边破坏的状况;三是从主要用行政办法保护环境转变为综合运用法律、经济、技术和必要的行政办法解决环境问题,自觉遵循经济规律和自然规律,提高环境保护工作水平。从此,我国环境保护法制建设开始进入实现历史性转变的关键阶段。同年通过的国家"十一五规划"再次强调"节约资源、保护环境"的基本国策,大力发展循环经济,用专篇对"建设资源节约型和环境友好型社会"做了具体规定。2007年党的"十七大"报告,将"经济增长的资源环境代价过大"列为当前我国经济社会建设中的"主要困难和问题",要求深入贯彻落实科学发展观,强调"建设资源节约型、环境友好型社会""建设生态文明",把环境保护摆上了重要的战略位置。2007年制定了《物权法》《城乡规划法》和《突发事件应对法》,修改了《城市房地产管理法》。2008年3月,十一届全国人大一次会议表决通过组建环境保护部。接着,国务院审议批复了环境保护部的"三定"方案。环境保护部的成立,增强了我们加快推进环保历史性转变的力量,对加强我国环境保护工作,推动经济社会又好又快发展,具有划时代的重要意义。2008年7月24日,国务院召开了新中国成立以来首次全国农村环境保护会议,对今后全国的农村环境保护工作做了全局性、整体性部署,确立了农村环境保护的一些重要政策。同年8月国家颁布了《循环经济促进法》。根据国家环境保护部于2008年6月5日发布的《2007年中国环境状况公报》,2007年全国化学需氧量排放量比2006年下降3.14%,二氧化硫排放量比2006年下降4.66%,我国主要污染物排放量首次实现双下降,这一"拐点"的出现表明,我国环保的历史性转变正迈出坚实步伐。可以说,目前我国环境法制建设正处于实现历史性转变的关键阶段。

4.1.2 我国环境法的发展特点和趋势

1978年十一届三中全会以来的环境法即经济转型时期的环境法,称为我国当代环境法。概括起来,我国当代环境法呈现出如下特点和趋势:

(1)环境管理思想和环境保护战略更加进步,实施可持续发展战略成为环境法的指导思想。在我国,自从联合国召开环境和发展会议以来,党和国家已经决定改变不可持续的生产方式和消费方式,实施可持续发展战略。为了扭转我国沿袭传统的非持续性发展模式的被动局面,我国计划在2000年前后初步建立起与可持续发展有关的立法体系,实施可持续发展战略,转变环境保护的管理思想。通过制定"中国21世纪议程",可持续发展已经对我国的环境法制建设产生全面的、深远的影响。除可持续发展这一根本指导思想外,我国的环境保护法还不断融入各种新理念、新思想,如环境公平思想、生态安全思想、环境民主理念、综合环境管理思想、循环经济理念等。它们对我国环境法产生了深远的影响,环境法律原则、法律制度和具体的法律规则都随之改进,一些新的法律制度开始推广,如综合决策制度、综合环境影响评价制度、环境标志制度、清洁生产制度、新的环境税费制度、排污许可证制度、生态补偿制度、流域管理制度、能源安全制度、公众参与制度等。

(2)环境法学研究和环境法学理论的发展为环境法制建设提供了科学的理论指导。新中国成立以来的法学理论基本上是有关人与人的关系、特别是阶级关系的法学理论,没有或很少有人与自然或人与环境的关系的法学理论。十一届三中全会以来,随着我国环境保护事业和环境法的发展,逐步有了关于人与自然关系的法学理论;开始是在环境法这一部门法学中出现了人与自然关系的理论,后来在整个法学基础理论中出现了人与自然关系的理论。随着改革开放的深入发展,我国一些专门研究法学基本理论的学者专家开始介绍和研究中国古代和外国有关人与自然关系的理论、学说,包括新的自然哲学、新自然法学和生态法学等。从某种意义上可以认为,有关调整人与自然、人与环境的关系的法学理论,正在成为推动当代中国环境法向着更加科学、完整、综合、独立的体系发展的指南和基本理论。此外,活跃的环境法学研究不仅为环境法制建设带来先进的思想和有益的新制度,还构建了环境法自身的理论基础和价值体系,为法的运行提供了理论基础,使环境法摆脱了缺乏理论根基的诟病。

(3)环境立法的综合化进一步加强。联合国环境与发展大会之后,中国认识到实现可持续发展,特别需要加强规范环境、社会、经济可持续发展的综合性的环境法规体系的建设;中国环境法涉及的环境、资源问题及与之相关的跨领域问题越来越多,调整的社会关系和保护对象越来越广泛,调整这些问题的方式方法越来越协调,有关环境的各种法规的联系和结合日益紧密。中国环境法正在将环境与资源、环境保护与经济社会发展结合起来,正在发展成为以保护环境为主,综合调整环境、经济、社会发展问题的可持续环境法体系。中国环境法的这种综合化趋势,主要表现在如下三个方面:

第一,立法方面的综合化趋势。从环境保护法体系看,已经从单纯的防治环境污染法体系向双重的防治环境污染法和自然资源保护法体系发展;从自然资源法体系看,已经从单纯的自然资源开发利用法体系向双重的自然资源开发利用和保护法律体系发展;从能源法体系看,已经从单纯的能源开发利用法体系向双重的能源开发利用和保护节约法体系发展;从区域开发建设法体系看,已经从单纯的城乡规划建设法体系向双重的城乡规划建设和区域综合开发整治法体系发展;许多综合污染治理、生态保护、区域开发等的法律开始出现,如《环境影响评价法》《清洁生产促进法》等。目前我国正在起草更加富有综合性的环境保护基本法律。

第二,法律机制方面的综合化趋势。从立法机制方面看,全国人大于1993年成立了环境保护委员会,后来改名为环境与资源保护委员会。这说明国家立法机关已经从环境保护和资源保护、合理利用的角度统一考虑、规划我国环境法律的综合化。从执法机制方面看,在历次机构改革中,都曾提出在原有的资源保护部门的基础上建立环境部或国土资源委员会的机构改革方案;原有的国家环境保护总局的职能不断向环境双重保护的功能方向发展;新建立的环境保护部更加契合我国环境保护和自然保护合理利用的统一监管趋势,相关部门间的协调正在加大,有效性明显增强。

第三,环境法的综合化与环境法学的综合化互相呼应。环境法的综合化一直受到环境法学研究和教育方面的综合化的影响,环境法学专业研究范围的扩大从法学理论方面为环境法的综合化提供了支持。将环境法学即环境与资源保护法学作为法学中的一个二级学科,本身就是环境法综合化发展的产物。

(4)环境法治已经成为环境法制建设的目标,环境民主和公众参与正在成为中国环境法的基本原则和制度。我国改革开放和经济、社会与环境事业的深入发展,对环境法制建设提出了新的要求。1999年修改的宪法,将"依法治国,建设社会主义法治国家"正式写入了国家的根本大法。从此以后,"把环境保护工作纳入制度化、法治化的轨道"即实行环境法治,开始成为我国环境法制建设的基本目标和任务。国务院于2005年12月3日颁布的《关于落实科学发展观加强环境保护的决定》已经将"强化环境法治"作为我国环境保护工作指导思想和基本原则的一项重要内容。

目前,我国环境法的民主化正在逐步进行,环境民主、环境权正在成为我国环境法制建设的指导思想或原则,环境法中的环境监督管理制度日趋民主化,环境保护工作中的民主手段和公众参与日益法律制度化,公众参与环境保护已取得一定的成效。我国宪法、《环境保护法》(1989年)、《水污染防治法》(2008年修改)和《环境噪声污染防治法》(1996年)等法律均有关于实行环境民主和公众参与的规定。第三次立法高潮中更是出现了直接规定公众参与和相关知情权的《环境影响评价公众参与办法》《政府信息公开办法》《环境信息公开暂行条例》等环境行政法规、规章。法治的精髓是强调主权在民和政治民主即民主原则,没有民主就没有法治,民主和法制的统一才是法治。也就是说,环境民主是环境法治的内在要求和必要组成部分。环境民主化浪潮是我国环境法的发展趋势之一。

(5)根据社会主义市场经济体制的特点加强环境法制建设,环境法越来越多地采用经济手段和市场机制。为了适应中国社会主义市场经济体制的建立,必须制定适应社会主义市场经济的环境法规,对已有的环境立法进行修改和完善,这一时期的环境法较多地引入了符合市场经济规律和市场机制要求的法律调整手段。

目前,我国的环境法正越来越多地采用经济政策和经济手段。《中国21世纪议程》明确要求:"将环境成本纳入各项经济分析和决策过程,改变过去无偿使用环境并将环境成本转嫁给社会的做法,有效地利用经济手段和其他面向市场的方法来促进可持续发展。"《国务院关于落实科学发展观加强环境保护的决定》(2005年12月)已经将"推行有利于环境保护的经济政策。建立健全有利于环境保护的价格、税收、信贷、贸易、土地和政府采购等政策体系"作为"经济社会发展必须与环境保护相协调"的一项重要内容。在中国的环境法规和其他有关法规政策文件中均有由环保部门、各资源产业部门或综合管理部门实施环境经济政策和经济手段以保护环境和资源的内容;环境税费、排污权交易、经济激励等措施越来越多。

(6)环境法采用越来越多的科学技术手段和科学技术规范。中国的环境法也与其他国家的环境法一样,正在越来越多地采用环境技术手段和环境技术规范。《环境保护法》第五条规定:"国家鼓励环境保护科学技术的发展,加强环境保护科学技术的研究和开发,提高环境保护科学技术水平,普及环境保护的科学知识。"《大气污染防治法》《水污染防治法》《清洁生产促进法》和《循环经济促进法》等环境法律文件,有大量关于采用环境科学技术保护环境的规定。通过十多年的努力,我国已从法律上初步建立起结合技术改造防治工业污染、环境影响评价、环境标准、环境监测、清洁生产、环境标志、ISO 14000 环境管理系列标准等采用科学技术保护环境的法律制度。科技的进步已经被视为解决环境问题的必由之路。

(7) 以强化环境监督管理为中心,努力提高环境法的实施能力和执法效率。具备完善的环境法体系并不是我国环境法治的最终目的,将现有的环境法律规范落到实处才是具有根本重要性的问题。因此,环境法的实施,包括遵守、执行和司法环节的强化不容忽视。在可持续发展时期,我国环境法发展的一个重要特点是以强化环境监督管理为中心,加强环境执法和环境立法的有效实施,提高环境法的实施能力和执法效率。加强环境执法,既是强化环境监督管理的主要途径,也是环境法制建设的发展趋势。

(8) 我国环境法与外国环境法、国际环境法的趋同化与全球化趋势增强。随着我国逐步进入国际经济大循环和国际环境保护舞台,在环境立法和环境技术规则、环境标准的制定等环境法制建设中,中国正在加快与国际环境条约、国际惯例的接轨,学习、借鉴、吸收外国环境法制建设中的先进经验。为此,我国确定了国内环境法与国际环境法接轨的政策目标,确定了环境立法和环境法实施方面的国际合作政策。这种发展趋势主要表现在如下几个方面:我国环境法与外国环境法、区域环境法、国际环境法之间的相互联系日益增加;越来越强调国内环境法与国际环境法的协调和接轨,促进我国环境法与外国环境法之间的协调;越来越多地吸收国际环境法中的原则、措施和制度,自愿采纳国际通用的环境标准;越来越多地采用外国环境法中的先进法律措施和管理制度;我国环境法与外国环境法之间的共同点、相似性越来越多,呈现趋同化的势头;我国日益重视其在发展国际环境法中的作用,重视承担和履行在国际环境公约中的义务;我国日益重视环境法的信息交流、环境法宣传教育和培训方面的国际合作。

4.2 环境立法

我国现阶段的环境法大多是计划经济时期的产物,虽然经过多次修改,但仍带有明显的计划经济色彩,存在明显的立法缺陷,这严重影响了我国环境的保护和经济社会的可持续发展。

4.2.1 现今我国环境立法的缺陷

具体来说,我国环境立法的缺陷主要表现为以下几个方面:

1. 缺乏统领全局的环境立法指导思想

从环境法的角度来看,科学发展观是以可持续发展观为基础的发展观,目的是要建立循环经济及资源节约型、环境友好型社会。但是,在环境、能源日趋紧张甚至枯竭的今日,环境法未能从可持续发展的高度有效保护环境,导致资源的无序开发和利用;在资源的价格、分配及使用上未体现出资源的稀缺性和有限性;环境的各种权属不够明确,未能使资源按市场化运作得以最佳优化配置,造成了资源的极大浪费。污染防治方面,虽颁布了多部单行的污染防治法,以及《清洁生产促进法》《可再生能源法》等法律,但污染防治还未真正转变到以全过程控制、从源头减少资源消耗和削减污染物排放的清洁生产的思想上来。归根到底,我国的环境立法缺乏系统的理论支持和统领全局的指导思想,导致法律、法规建设滞后,各项制度、措施不能得到真正落实。

2. 环境保护基本法立法层次不高,多头立法、部门立法较多,条块分割现象较为严重

我国 1989 年颁布了《环境保护法》,该法为我国的环境保护工作发挥了重要的作用。但是,其终究是计划经济时期的产物,一些原则、制度已不完全适应市场经济发展的要求,应进行必要的修改和完善。同时,我国现行的《环境保护法》并非全国人大制定,其法律阶位与环境基本法地位相比,级别较低,因而尚不具备真正的国家环境基本法的地位。这种立法模式使得其与环境保护的综合基本法地位不相适应,应当尽快改变这种局面,制定一部全国人大颁布的环境保护基本法,否则其负面影响将难以估量,不但影响环境保护法体系的完善,也必然影响环境保护法学的发展。此外,我国现阶段的环境立法尚缺乏全局意识、大局意识,多头立法、利益部门立法较为普遍,使环境立法缺乏权威性、一致性、连贯性和操作性,甚至有些法律、法规出现冲突和矛盾。环境保护行政主管部门和其他相关主管部门在环保监管的职责方面并没有得到很好的协调,一些负有环境监管职能的行政主管部门只从本部门的利益出发进行立法,而忽视了与环境保护基本法和其他环境立法的协调。例如,有些单行环境立法没有把环境保护的生态规律和实际的行政管理现状有机地统筹起来,要么环境管理机构缺失,要么环境管理机构重叠,导致多头管理又缺乏协调机制的现象;各种自然资源法规定的资源权属纠纷的解决方法、途径及时限等不一致,且在文字表述上不够统一、规范。

3. 国家及各级人民政府在环境管理方面的责任不明确

我国《宪法》第八十九条规定的政府职权中,并未明确提到政府对环境的管理职能,更未提到政府的环境责任。虽然我国的国务院和各级人民政府在实际上履行着环境的管理职能,但宪法依据的缺位和法律缺乏操作性是环境行政执法不力的重要原因。另一方面,许多地方政府尚未形成科学的发展观和政绩观,缺乏全局意识和环保意识,固守传统的高污染、高能耗、高消费的发展模式;有些地方政府有严重的地方保护主义思想,甚至为污染企业充当保护伞,使污染企业没有承担应承担的责任,从而使企业违法成本大大降低,导致当地环境污染和资源破坏日益严重。

4. 环境管理手段落后、单一

我国传统的环境管理手段较为单一,偏重于行政手段管理,行政管理又着重于行政立法,而行政执法刚性不足,导致环境管理软弱无力。环境问题既不是单纯的技术问题,也不是单纯的生产问题,而是一个综合的社会问题,而综合防治模式没有建立在对这个社会问题的整体性反思基础上,因而,难以用整体性框架与设计来彻底解决环境问题。环境管理集生态学、环境学、地质学、天文学、经济学、行政学、法学、伦理学等多学科于一身,是一个庞大的、综合的系统工程。因此,环境管理也应当运用综合手段进行管理。近年来,尽管我国的环境立法有了较大的发展,在管理方面也增加了一些新的手段,但其深度和广度远未达到环境保护的要求,特别是缺乏运用国际上通行的经济、科教宣传、公众参与及法律法规等对环境进行有效管理的综合治理手段。

4.2.2 环境立法的完善

一个国家的发展观往往会影响其政策、法律、道德、习俗等内在制度和外在制度。发展观对经济法的产生和发展也会产生直接影响,进而影响到经济法理论,使经济法理论中必然会显现出发展观的内容。科学发展观包括环境观,这大大丰富了环境法学的内容,更加突出了环境法的使命。为了全面落实科学发展观,更好地完成科学发展观所赋予的使命,我国的环境法律体系从立法理念到具体操作、从宪法的相关规定到单行法律法规都应当进行一次全面的反思与革新。

1. 将可持续发展观等内容写入宪法

在我国环境法体系中,宪法渊源或者说宪法支持力度显然是严重不足。我国《宪法》第九条第二款规定:"国家保障自然资源的合理利用,保护珍贵的动物和植物。禁止任何组织或者个人用任何手段侵占或者破坏自然资源。"第二十六条规定:"国家保护和改善生活环境和生态环境,防治污染和其他公害。国家组织和鼓励植树造林,保护林木。"此外,第九条第一款、第十条等还有几个关于自然资源所有权的法律规定。作为一个国家的根本大法,宪法对环境的保护只有这区区几个条文,力度明显偏软,且缺乏统领全局的指导思想。我国早在 1994 年通过的《中国 21 世纪议程》中就强调,要"逐步建立国家可持续发展的政策体系、法律体系","制定可持续发展法律";"建立可持续发展法律体系,并注意与国际法的衔接",但还未真正上升到法律层面。应尽快将可持续发展战略写进我国宪法,并将其作为统领环境立法的指导思想,以确保经济社会可持续发展有强有力的法律支撑。

2. 修改《环境保护法》或者制定《环境基本法》

我国《环境保护法》的修改迫在眉睫。也有许多人提出,我国应重新制定一部环境保护基本法律,命名为《环境基本法》。总之,不管法规称谓如何,我国应当有一部由全国人大制定的、法律阶位仅次于《宪法》的较为完善的、统领环境保护工作的基本法。环境保护基本法应当在《宪法》的指引下,把可持续发展确立为我国环境立法的指导思想,从全局出发,加强法律的权威性、综合性和可操作性。新的环境保护基本法应当增加以下主要内容:

(1)对环境保护法的基本原则进行补充和完善。除现行《环境保护法》已确立的协调发展原则、预防为主原则、合理开发利用原则、生态补偿原则、公众参与原则等原则以外,至少还应当确立环境可持续性(使用)原则,其中又包括物种际正义原则、代际正义原则、生态优先原则、生态安全原则等。

(2)体现环境污染防治全过程控制原则,以预防为主,防患于未然,把各种污染控制在源头,使环境立法逐渐从注重消极的污染事后治理转到积极的事前预防上来。

(3)明确环境行政主管部门的职责及与其他相关主管部门的分工负责,以及"统管"与"分管"的协调机制。

(4)明确环境行政主管部门及其他相关主管部门违法失职的法律责任及追究责任的方法和程序。

(5)明确公民环境权和公众的环境公益诉讼权。

(6)加重环境违法者的法律责任特别是经济责任,以增加违法者的违法成本。

3. 完善现有的各单行环境法律、法规

我国现行的环境立法大多是在计划经济时期或商品经济(非真正意义的市场经济)时

期制定的,因而存在先天的不足。虽然有多个单行法规进行过较大的修订,但是,大多数现有的单行环境法律、法规还是有进一步修改、完善的必要和空间。

(1) 理顺环境产权关系。理顺环境产权关系,是解决环境问题的关键一环。目前我国关系国计民生的重要自然资源属于国家所有或者集体所有,这符合我国生产资料实行社会主义公有制的原则,也便于国家对环境的宏观管理。但是环境的开发、利用及经营、收益(受益)等各种权利尚未明确、清晰,导致各种矛盾纷争不断,国有资产流失的现象十分严重。因此,确立和完善环境的产权制度是十分必要的。环境的经营管理应允许多种形式所有制主体参与,因为私有产权的排他成本和内部动作成本要低于共有产权。由于利益的直接关联,私有产权本身就有对权力人进行财产保值增值的激励,而共有财产由于与经济人的利益的间接关联往往受到轻视,同时对财产管理者和非管理者的约束不够而导致财产的浪费和破坏,从而导致产权的低效率。因此,我国的单行环境法或其他相关法律应当明确环境的各种权属,鼓励非国有资本进入环保行业,既可解决环保资金短缺问题,又可增加环境开发、利用的透明度,保证国有财产不至于流失到私人手里。

(2) 引入市场机制,促进环境的优化组合和有序竞争。在国际上,环境法越来越多地采用经济手段和市场机制,无论是发达国家还是发展中国家的环境立法都在尝试新的环境经济手段。而我国在这方面还显得较为落后,尚未形成环境优化配置的市场机制,这与当今市场体制要求市场在资源配置中的基础作用不相符。因此,我国环境法应当进行重新整合,并与其他经济法律法规协调一致,引入市场机制,使环境得到优化组合,有序竞争,减少环境污染和资源的浪费。例如,实行资源权属(除所有权外)、排污权等进入市场流转的政策,使各种资源进行有效配置;把环境管理的目标明确纳入国民经济的总体战略目标之中,利用经济杠杆进行奖惩;运用价格规律理顺环境的价格关系,使资源性产品的价格体现出资源的有限性、稀缺性特点,避免资源性产品价格与其价值相违背;推进环境基础设施建设的社会化融资及责任风险的分担;国民经济核算方面实行"绿色 GDP"核算制,使经济社会发展与环境政策建立在成本与效益相比较的基础上。

(3) 强化环境行政主管部门的环境管理职能。市场经济条件下,人们往往将政府与市场的关系作为衡量市场经济的重要条件之一,认为政府干预越少越好,否则就不是真正的市场经济。其实,政府干预与市场经济并非必然对立,有时政府的干预反而是必要的,因为市场并不是万能的,市场也存在着失灵的现象。公共资源的开发利用和保护及公共环境的修复和保护等问题,是难以完全靠市场来解决的。我国应当在防止政府滥用权力的基础上,适当加强政府部门在环境管理方面的职责,避免在出现"公共地的悲剧"或大众"搭便车"时,由于市场失灵和政府缺位而造成环境这一公共财产的损害。在环境因遭受污染、破坏而损害公共利益时,环境行政主管部门应当督促污染单位和个人进行治理,并以国家代表的身份作为原告提起公益民事诉讼追究致害人的责任。虽然有人认为由环境行政主管部门提起"公益民事诉讼"的方式解决环境损害赔偿问题不妥,但这一做法应当是可行的,而且应当将此立法理念推广到其他环境立法,以加强政府的环境管理权限和责任。

4. 加快循环经济立法和生态安全立法

发展循环经济是我国走可持续发展道路的必然选择。德国和日本是环境法制较为完善的国家之一,德国于1996年颁布了《循环经济与废弃物管理法》,日本自1996年起先后出台了《容器包装物回收利用法》《家电回收利用法》《推进形成循环型社会基本法》以及一系列关于促进资源有效利用等方面的法律法规,在全面促进环境的循环利用方面收到了较好的效果。现阶段我国人口多、人均资源少的矛盾日益加重,严重制约了经济的可持续发展。尽快制定和实施《循环经济促进法》,无疑是解决这一问题的良方。

另一方面,大规模的生态破坏、动植物物种的减少、外来物种的入侵以及转基因生物安全、生物遗传资源保护等问题出现,我国的生态安全面临着较大的威胁,这对我国环境保护工作来说是非常危险的信号。当前,国际社会已高度重视生态安全问题,如1995年俄罗斯通过《联邦生态安全法》,1999年德国通过《环境和安全:通过合作预防危机》,2000年美国通过《环境变化和安全:项目报告》等。因此,本着对人类和生态环境高度负责的态度,我国应尽快将生态安全立法列入立法议事日程,尽早制定和实施《生态安全法》。

5. 加强地方环境立法

我国于2005年12月发布了《国务院关于落实科学发展观加强环境保护的决定》。该《决定》要求:"各地区要根据资源禀赋、环境容量、生态状况、人口数量以及国家发展规划和产业政策,明确不同区域的功能定位和发展方向,将区域经济规划和环境保护目标有机结合起来。"这说明了我国要实现可持续发展战略目标,必须有地方的密切配合。要实现这一目标的重要步骤是要通过地方立法建立一套完善的可持续发展影响评估制度。地方立法应当在不违反全国环境立法的基础上,因地制宜地制定具有地方特色的环境立法,反映当地经济社会与人口、环境的可持续发展的需求。具体包括环境立法程序、可持续发展目标、政府环境决策机制、环境影响评估指标体系、环境目标责任制、生态保护、公众参与等方面的内容。

4.3 环境行政执法

4.3.1 环境行政责任的概述

环境行政责任是指环境行政法律关系的主体在违反环境法律规范时应依法承担的法律后果。该责任与环境行政违法行为之间有一定的因果关系,环境行政责任是环境行政违法行为所引起的法律后果。

1. 环境行政责任的特征

(1) 环境行政责任是环境行政法律关系主体的责任,它包括环境行政管理主体和环境相对人的责任。

(2) 环境行政责任是一种法律责任,任何环境行政法律关系主体不履行法律义务都应依法承担法律责任。

(3) 环境行政责任是环境行政违法行为的必然法律后果。环境行政责任必须以环境违法行为为前提,没有违法行为也就无所谓法律责任。

2. 环境行政责任的分类

环境法上的行政违法行为必然引起法律上的后果,即从环境行政违法行为后果来看,法律上主要反映为两个方面:一是对环境行政违法行为进行惩罚;二是对环境违法行为进行补救。与此相适应,行政责任的形式可分为惩罚性行政责任与补救性行政责任。

惩罚性的行政责任指的是行政违法行为必然导致的在法律上对违法主体进行惩罚的

法律后果。其具体形式包括通报批评、行政处分和行政处罚。其中,通报批评既适用于环境行政主体,又适用于管理相对人。行政处分适用于环境行政主体或环境管理相对人。行政处罚只适用于环境管理相对人。

补救性的行政责任是指环境行政违法行为的主体补救履行自己法定义务或补救自己的违法行为所造成的危害结果的法律责任。这类责任既适用于环境资源行政主体,又适用于环境管理相对人。其具体的责任形式包括:承认错误、赔礼道歉、恢复名誉、消除危害、履行职务、撤销违法、纠正不当、返还权益、恢复原状、行政赔偿、支付治理费用、停业治理等。

3. 环境行政责任的构成条件

(1)行为人违反了环境法,只要违反了环境法造成环境污染与破坏的行为,才是应当承担行政责任的行为。

(2)行为须有危害结果,这是构成环境资源行政责任的客观要件,也是事实要件。作为环境行政责任构成要件的危害结果,是指违反环境法的行为在某种程度上给环境造成的污染危害和损害达到的程度,也就是对环境法所保护的社会关系造成的损害程度。

(3)违法行为和危害结果须存在因果关系,即要求违反环境法的行为人承担责任应当查明行为与危害结果之间的内在联系,即危害结果发生必须是由违法行为引起的。

(4)行为人主观方面须有过错,这是行为人承担行政责任的主观要件。过错是行为人对自己违反环境法的行为危害结果所持有的心理态度。

通常情况下构成环境行政责任须同时具备以上四个条件,缺一不可。

4.3.2 我国环境行政责任制度实体法的现状和发展

1. 责任适用范围

(1)适人范围的拓展。

环境行政责任适人范围的拓展主要表现为地方行政首长正在成为环境行政责任制度规划的对象,中国传统的环境行政责任一般适用于具体环境违法行为的直接责任人和负有直接管理责任的人,而在区域环境保护工作中起决定作用的是地方党政一把手。地方行政首长的区域环境保护义务及相应的责任一般是由环境保护目标责任书、生态保护责任书、环境污染防治责任书等形式来明确的。责任书一般既约定不利的消极的政治和行政法律后果,如年度考核扣分、承担法律和纪律责任等,有时也约定积极的有利的法律后果,如年度考核加分、晋级、奖金奖励、记功等。

(2)适事范围的拓展。

①合同义务的约定与环境行政责任。

环境行政合同可以改善环境行政管理机关与行政管理相对人的法律关系,创建环境行政部门与相对人之间的合作伙伴关系,克服法律的盲区,弥补环境立法的漏洞与其他不足,为环境行政法律关系的主体提供一个相互展现诚意与沟通的机制,有利于提高行政管理的效率,转变政府的执法方式,建立一种和谐的政企关系。在我国,环境行政合同管理的法治化已经得到一定的发展,如国有土地出让合同制度、国有企业的承包和租赁合同制度、公用工程建设与运营承包合同制度、农产品统购统销或定购合同制度等,这些法律制度涉及环境保护的问题。但把环境行政合同确认为环境行政管理合法形式的国家专门环境立法则是2002年6月颁布的《清洁生产促进法》,该法第二十九条规定:"企业在污染物排放达到国家和地方规定的排放标准的基础上,可以自愿与有管辖权的经济贸易主管部门签订进一步节约资源、削减污染物排放量的协议……"在现实生活中,行政机关支付违约补偿或赔偿金、企业丧失政策优惠请求权、企业缴纳违约金或接受行政处罚已经成为我国一些地方环境行政合同违约责任的主要形式。

②公法义务的扩大与环境行政责任环境公法义务的扩大主要表现为含磷洗涤剂在特定地区的禁止生产、销售和使用,自然资源的节约与合理利用,强行回收包装物与报废电子产品,淘汰落后的设备和工艺等方面,行政管理相对人违反这些强制性的义务,必将承担强制性的行政法律责任。

2. 责任形式的变化

(1)部分补救性的环境行政责任民事化。

海洋环境保护部门很容易被卷入行政诉讼之中。为此2000年修订的《海洋环境保护法》在巩固和发展责令限期治理、责令限期改正、责令采取补救措施、责令停止施工,或者生产、使用、责令限期拆除、责令非法运输危险废物的船舶退出中华人民共和国管辖海域等补救性行政责任的基础上,把责令支付消除污染费用、赔偿国家损失等具有财产性内容的行政责任转化为民事责任的形式,比如该法第九十条规定:"造成海洋环境污染损害的责任者,应当排除危害,并赔偿损失。"

(2)部分环境行政要求责任化。

从本质上讲,责令改正、责令限期改正、责令补办手续、责令重新安装使用、责令停止违法行为、责令采取补救措施属于行政要求,但是最近的环境立法先后将它们纳入法律责任章节之中,如《固体废物污染环境防治法》第六十条规定:"违反本法规定,生产、销售、进口或者使用淘汰的设备,或者采用淘汰的生产工艺的,由县级以上人民政府经济综合主管部门责令改正……"从而责令改正、责令重新安装使用、责令停止违法行为、责令采取补救措施等发展为独立的具有补救性质的环境行政责任。值得注意的是,限期治理的环境法的一项基本制度,本质上也属于行政要求,但2000年的《大气污染防治法》第六章第四十八条规定:"违反本法规定,向大气排放污染物超过国家和地方规定排放标准的……应当限期治理要求的行政处罚由国务院规定。"从而也使限期治理上升为大气污染防治法的一项行政责任。

(3)没收环境违禁品进入环境行政责任领域。

2000年《大气污染防治法》第五十一条规定:"违反本法第二十五条第二款或者第二十九条第一款的规定,在当地人民政府规定的期限届满后仍然继续燃用高污染燃料的,由所在地县级以上地方人民政府环境保护行政主管部门责令拆除或者没收燃用高污染燃料的设施。"该法第五十四条还对生产、进口、销售含铅汽油及违法所得规定了没收的行政处罚措施。

3. 责任内容的发展

(1)限期治理的使用由点到面。

在地方保护主义盛行和地方环境行政执法功利化的今天,在实行环境保护的地方行政首长负责制的时代,有必要把限期治理的对象由点扩大到面,强调区域的限期治理责任。一些地方已经做了比较成功的尝试,如1998年的《广东省珠江三角洲水质保护条例》第二十四条第二款规定,边界断面水质超标的市、县在接到相关地区环境保护行政主管部门的报告后,必须在一个月内采取有效的防治措施,削减污染物的排放量。逾期不采取有效防治措施的,由其共同的上级人民政府责令限期治理。

(2) 罚款处罚更加严厉。

随着经济的发展,企业的经济能力大幅度提高,为了有效地防止环境的污染,提高罚款的基数和幅度是必要的。现以向海域排放禁止排放的污染物或者其他物质为例,按照1990年《中华人民共和国防治陆源污染物损害海洋环境管理条例》第二十七条的规定,"可并处一千元以上二万元以下的罚款";而按照2000年修订的《海洋环境保护法》第七十三条的规定,"处3万元以上20万元以下的罚款"。再如,将中华人民共和国境外废弃物运进中华人民共和国管辖海域倾倒的,2000年修订的《海洋环境保护法》第八十七条规定,可处10万元以上100万元以下的罚款。

4.4 环境监督

4.4.1 环境监督管理的内涵及我国环境监管的体制分析

环境监督管理,又称环境保护监督管理。是环境监督和环境管理的合称。它是指为了保护和改善环境,有关国家机关对环境保护工作进行规划、协调、督促检查和指导等活动的总称。其基本内容包括组织制订环境保护规划,对各行各业的环境保护工作及其政策和立法进行协调,对各部门、各单位贯彻执行环境保护法的活动进行检查、督促和指导。环境监督管理的主要手段是奖励和惩罚。对环境保护做出显著成绩的单位和个人给予奖励;对违反环境保护法,造成环境污染的破坏者给予惩罚。环境监督管理有一整套的制度和措施。我国的环境监督管理制度主要有环境影响评价制度、"三同时"制度、排污收费制度、排放污染物总量控制制度、排污申报登记与排污许可证制度和限期治理污染制度等组成。另外还有环境标准制度、环境监测制度、奖励综合利用制度等。

我国在环境保护管理方面实行的是统一监督管理与分工负责相结合的管理体制,即国务院环境保护行政主管部门,对全国环境保护工作实施统一监督管理;县级以上地方人民政府环境保护行政主管部门,对本辖区的环境保护工作实施统一监督管理。其他分工负责的部门,如国家海洋行政主管部门负责组织海洋环境的调查、监测、监视,开展科学研究,并主管防止海洋石油勘探开发和海洋倾废污染损害的环保工作。另外,卫生行政管理部门、市政管理部门、工商行政部门、城建部门、核安全部门以及海关等部门,也分别承担一定的环境监督管理职责。

4.4.2 完善我国环境监督法律机制的重要条件

首先,必须在国家的根本大法和《环境保护法》中,明确公民的环境权利。环境权是一种新的、正在发展的重要法律权利。有关环境权的经典定义来自《斯德哥尔摩人类环境宣言》:"人类有权在一种能够过尊严的和福利的生活环境中,享有自由、平等和充足的生活条件的基本权利,并且负有保证和改善这一代和世世代代的环境的庄严责任。"我国是大陆法系国家,从大陆法国家整体状况来看,对将环境权法定化以及如何去试行这个权利方面基本持排斥态度。但是如果这项权利不能够具体化以获得一种有效的救济途径,那么它在法律上就不能够进入实际的领域。而推进循环经济必须要解决产生与发展于社会经济生活本身、广泛而复杂的环境问题。因此，仅有公法机制是不能完成对环境问题全面或全过程控制的，所以公民环境权利保护制度的确立，引入私法机制对于调动公民以及各种社会团体保护环境的主动性、积极性具有重要意义，也是推进循环经济发展的动力机制之一。因此，需要创新环境产权的法律制度，在法律上明确公民的具体环境权利、权利的确定方法和程序。同时，加快环境公益诉讼、失职责任追究等新型法律制度建设，调动公民维护自身及国家环境权益的积极性，以司法审判手段完善国家环境监督管理。

其次，整合和完善环境监督管理体制法律。目前，我国有关环境监督管理体制的立法分散在各种法律、法规、规章甚至规范性文件中，由于不集中，各种立法之间难免出现重复和矛盾。为了完善环境监督管理体制的立法，应当制定一部综合性环境监督管理体制的法，确立环境监督管理部门的地位、机构组成以及各部门间相互协调、配合和监督的程序等。这是保障环境监督管理依法行政的必要条件。

最后，鼓励公众参与，积极发展环境保护团体等非政府组织环境监督管理。尽管"从表面上看，似乎可以理解为管理环境的行为。然而它实际上是人类管理自己作用于环境的行为的一种行为"。现代意义的公众参与意味着行政机关在行使自由裁量权时必须让受到影响的各种利益主体参加，从而有效监督和制约政府的权力，弥补传统监督机制的不足。在公众参与环境监督管理中，环境保护团体等非政府组织具有重要的作用。

4.4.3 关于我国环境监督管理体制完善

现行的环境监督管理体制从1989年建立到现在，已经暴露出许多弊端。因而，建立有利于保护生态环境、实现可持续发展战略目标的环境监督管理体制应是我国环境保护法解决的首要问题。对此，环境监管体制的改革应该从以下几方面入手。

1. 制定综合性的环境管理体制立法

为了完善环境管理体制的立法，应当制定一部综合性的环境管理体制立法，确立环境管理部门的地位、机构组成、各部门承担的管理职能以及各部门间相互协调、配合和监督的程序等。

2. 借鉴发达国家的成功经验，建立一个高规格、高权威且相对集中的专门性环境管理机构

根据2002年5月国家环境保护总局环保行政管理体制考察团就环保机构及行政管理体制等对欧盟及经济合作与发展组织（OECD）进行的考察显示：环境部是欧盟各国和OECD绝大多数国家的内阁组成部门之一。在各国内阁不断精简的情况下，环保机构的地位却不断上升。因此，提高环境管理机构的规格和权威是我国环保工作的趋势。如日本环境厅长官为国务大臣，该大臣兼任内阁有关环境问题的大臣会议主席，直接参与内阁决策；美国环保局长亦进入内阁，并对总统的决策产生直接的影响力。

3. 扩大环境保护行政主管部门的职权，建立一个真正的环境保护的统一管理和综合管理部门

现行的环境保护行政主管部门虽然名义上是一个统管部门，而实际上重点是对环境的污染防治进行监管，对于资源管理则是由资源管理部门负责的。应扩大环境保护行政主管部门监督管理的职权范围，使其既对污染防治进行监督管理，又对资源的保护行使监督管理权。

4. 实行环保系统的垂直管理,破除地方保护主义

我们应该打破现在地方环境行政主管部门受到同级政府和上级环保部门双重监督的管理体系。国家环保总局虽然已经更名为环境保护部,并且地位有所提升,但是仍然没有实现环保系统的垂直管理。我们可以学习国外的经验,除了国家环境保护部作为最高统管部门以外,各个省、直辖市分别设立省环保局和直辖市环保局,统一管理各个行政区域的环境保护工作。

5. 消除不合理的机构设置模式

(1)目前仍保留着"城建环保一体化"模式的地区,应尽快在条件成熟时设置独立的环保部门,以确保环境行政执法的独立性和权威性。

(2)健全环保部门的内设机构,尤其是强化自然保护机构。

(3)尚为二级局建制的地方环保局,应力求在地方机构改革中升格为一级局,以强化环境保护工作。

(4)强化乡镇环保工作,遏制住农村环境污染和生态破坏的恶化趋势。一般认为,一国环境保护监督管理体制的现状直接反映着该国对环境问题的认识水平和程度,而环境监管体制通过为国家环境监管事务确定相应的规范,建立必要的制度框架,从而明确各类环境监管机构的职责与权限,这些是环境保护监督管理体制存在的前提条件和基础,为环境监管机构依法办事提供了相应的条件,也使各项环境监管活动总体上有章可循。因此,这就为弥补环境保护政策、法制以及技术经济相对落后所带来的缺陷提供了较为充分的条件。

思考与练习

1. 中国环境法的发展特点是什么?
2. 现今我国环境法立法的缺陷是什么?
3. 环境行政责任有什么特点?
4. 环境监管体制的改革应该从哪几方面入手?

第5章 环境污染防治法

5.1 环境污染防治法概述

5.1.1 环境污染的概念

所谓环境污染,是指人们在生产和生活活动中,直接或间接地向环境排放了超过其自净能力的物质或能量,导致环境的物理、化学和生物等特性发生改变,从而使环境的质量降低,危害人类及其他生物生存和发展的现象。

根据《环境保护法》第二十四条的规定,其所列举的"环境污染"是指人们在生产建设或者其他活动中产生的废气、废水、废渣、粉尘、恶臭气体、放射性物质等对环境的污染和噪声、振动、电磁波辐射等对环境的危害。

环境污染给人类社会造成的危害是极大的。

(1)环境污染会破坏人类环境的正常物质组分结构,从而危及人类的生存和发展。

(2)环境污染影响人体健康,导致肌体疾病,甚至死亡。

(3)环境污染破坏生态系统,影响生态平衡,造成大量生物物种的减少或绝迹。此外,还给人类带来巨大的经济损失。

5.1.2 环境污染的产生及其类型

环境污染,在大多数情况下是因污染源排放了污染物造成的。污染源是指造成环境污染的污染物的发生源,如向环境排放污染物或对环境产生有害影响的场所、设备和装置。污染物是指进入环境后使环境的正常组成和性质发生直接或间接有害于人类的物质和能量,如废气、废水、废渣、粉尘、恶臭气体、放射性物质以及噪声、振动、电磁波辐射等。按污染物的形态,可将其分为气体污染物、液体污染物、固体污染物、能量污染物等。

环境污染可以根据不同的标准进行分类。

(1)根据造成环境污染的污染物性质的不同,可以把环境污染分为环境要素污染和有毒有害物质污染两大类。环境要素是人类与环境进行物质交换与能量流动的介质,如大气、水、土壤等;有毒有害物质是人体或环境难以降解或不能降解的那些污染的物质,如重金属、固体废物、放射性物质等。

(2)根据环境要素的不同性质,可将其分为大气污染、水体污染、土壤污染等。

(3)根据污染的形态不同,可将其分为废气污染、废水污染、固体废物污染、噪声污染等。

5.1.3 我国的环境污染防治法

防治环境污染是保护环境的重要内容,也是环境立法的重要任务。环境污染防治法,是指以防治环境污染为立法对象的一类法律。法规,作为环境法的重要组成部分,以对各种环境要素污染的防治为内容,在形式上表现为环境保护基本法下属的单行法及其配套法规,是对基本法防治环境污染的原则性规定的具体化。

我国环境污染防治立法是环境法中发展得较早和较快的领域。其萌芽于 20 世纪 50~60 年代,起步于 70 年代,快速发展于 80 年代,初步完善于 90 年代。迄今,已经颁布的专门的环境污染防治单行法律主要有《大气污染防治法》《水污染防治法》《海洋环境保护法》《环境噪声污染防治法》《固体废物污染环境防治法》等,还颁布了大量与之相关的法规、规章及其污染物排放标准和地方性环境污染防治法规、规章,基本形成了比较完整的环境污染防治法体系。

5.2 大气污染防治法

5.2.1 大气污染的概念及其危害

大气是人类赖以生存和发展的环境要素,一切生命过程都离不开大气。大气质量的好坏,不仅直接影响到人体健康,而且直接关系到工农业生产和社会经济的可持续发展。

大气污染是指由于人们的生产活动和其他活动,使有毒有害物质进入大气,导致其物理、化学、生物或者放射性等方面的特性改变,使生活环境和生态环境受污染,危害人体健康、生命安全的现象。目前全球性环境问题(酸雨、温室效应、臭氧层破坏)都与大气污染有关。

大气污染是由大气污染物引起的。引起大气污染的污染物种类很多,已经产生危害并为人们所注意的有 100 多种。其中影响范围广、对人类威胁较大的主要有颗粒物(如降尘、飘尘)、硫氧化物(如二氧化硫、三氧化硫)、氮氧化物(如一氧化氮、二氧化氮)、碳氧化物(如一氧化碳、二氧化碳)、碳氢化物(如甲烷)、光化学烟雾(由氮氧化物与碳氢化物在强太阳光作用下形成)和放射性物质等。

大气污染可根据污染物的种类分为四类:①由燃煤所造成的煤烟型污染;②使用、生产石油和石油化工产品所造成的石油型污染;③工矿企业的废气、粉尘所造成的混合型污染;④汽车尾气排放的氮氧化物所造成的氮氧型污染。我国是以煤为主要燃料的国家,现在和今后相当长一个时期内的大气污染将主要表现为煤烟型大气污染。而在一些特大城市,随着机动车辆的急剧增多,呈现汽车尾气污染与煤烟型污染并重趋势。

大气污染能对环境和人类造成各种危害:①对人体健康的危害。大气污染可以导致人体患各种疾病,甚至直接造成人的死亡。经研究表明,我国在恶性肿瘤的死亡中,城市仍以肺癌的死亡率为最高,这与城市大气污染有直接关系。②对工农业生产的危害。大气污染对机器设备、金属制品、油漆涂料、皮革制品、橡胶制品、纸制品、纺织品和建筑物的危害是严重的,并造成重大经济损失。我国大气污染每年造成的经济损失估计高达 1 000 多亿元。大气污染使植物生长减慢,发育受阻,品质变劣,产量减少,作物死亡。仅酸雨对我国农作物的危害,年经济损失就达上百亿元。③对动物的危害。大气污染会使动物发生畸变、癌变,破坏遗传基因。在小剂量的大气污染物长时间的作用下,会使家禽牲畜、鸟类的呼吸道感染而患病;大剂量的大气污染物,会使动物很快中毒死亡。④对天气和气候造成不良影响。大气污染对天气的影响主要表现为：降低大气能见度，使雾天增加；形成"拉波特效应"，使降水增加；形成"热岛效应"，导致局部地区气温升高；形成酸雨，对水体和各种生物造成危害。大气污染对全球气候的影响主要是：形成"温室效应"，导致全球气候变暖；破坏臭氧层，危害人类生存。

5.2.2 我国大气污染防治的立法概况

我国在20世纪50年代开始注意到防治空气污染问题，当时主要是从保护工人的健康出发，着眼于防治局部生产劳动环境的空气污染。1956年5月国务院发布的《关于防止厂、矿企业中矽尘危害的决定》规定了防治工厂车间中有害气体和粉尘污染的措施。1962年，国家计委和卫生部颁发了《工业企业设计卫生标准（试行）》。70年代，大气污染防治以改造锅炉和消烟除尘为主要内容。1973年，国家计委发出了《关于加强防止矽尘和有毒物质危害工作的通知》，制定了《防止企业矽尘和有毒物质的规划》。国家计委、国家建委、卫生部还联合发布了《工业"三废"排放试行标准》，有关部门便着手对超标排放标准的锅炉进行改造。1979年的《环境保护法（试行）》，对大气污染防治做了原则规定。这些规定是我国防治大气污染的重要法律规范，也是以后制定《大气污染防治法》的基本依据。到80年代，国家在防治大气污染方面，除了继续做好锅炉改造和消烟除尘以外，防治工作的重点转向了以改变城市能源结构和煤炭的加工改造方面，特别是大力发展型煤燃烧。国家先后颁布了《关于防治煤烟型污染技术政策的规定》《大气环境质量标准》《锅炉烟尘排放标准》《关于发展民用型煤的暂行办法》《城市烟尘控制区管理办法》等，这些规范性文件对我国防治大气污染工作发挥了积极的作用。

为了加强大气环境的保护管理，防治大气污染，1987年9月5日，第六届全国人大常委会第二十二次会议通过了《中华人民共和国大气污染防治法》，同日由国家主席令第57号公布，自1988年6月1日起施行。1991年5月24日，经国务院批准，以国家环保总局第5号令发布了《中华人民共和国大气污染防治法实施细则》。但是，随着经济的快速发展、能源消耗量的大量增加，全国大气污染仍呈加剧趋势，加之该《大气污染防治法》是在计划经济向市场经济转变过程中制定的，其中一些带有计划经济特征的法律规定已不适应市场经济的要求。为了更好地适应大气污染防治工作不断发展的客观需要，全国人大常委会先后两次对《大气污染防治法》做了重大修改。第一次修改于1995年由八届全国人大常委会第二十二次会议通过，由原来的六章四十一条增加为六章五十条；2000年4月29日在九届全国人大常委会第十五次会议上，对《大气污染防治法》做了进一步全面的修改，内容增加到七章六十五条。目前，我国大气污染防治法律、法规体系初步形成。

我国还积极加入了一些保护全球大气环境的国际环境公约，如《保护臭氧层的维也纳公约》《关于消耗臭氧层物质的蒙特利尔议定书》《气候变化框架公约》等，并为履行这些环境公约制订了有关的国家方案和行动计划。

5.2.3 我国大气污染防治的主要法律规定

综合我国关于大气污染防治的法律规定，其主要内容有以下八个方面。

1. 关于各级人民政府防治大气污染职责的规定

《大气污染防治法》第二条规定："国务院和地方各级人民政府，必须将大气环境保护工作纳入国民经济和社会发展计划,合理规划工业布局,加强防治大气污染的科学研究,采取防治大气污染的措施,保护和改善大气环境。"这是该法律有根本性的规定,它明确要求,上自国务院,下至地方各级人民政府,都负有保护和改善大气环境、防治大气污染的责任。此外,《大气污染防治法》还为各级人民政府规定了加强植树造林、城市绿化工作,改善大气环境质量的职责;对在防治大气污染、保护和改善大气环境方面成绩显著的单位和个人给予奖励的职责;同时还要求:国务院有关部门和地方各级人民政府应当采取措施,改进城市燃料结构,发展城市煤气,推广成型煤的生产和使用;大、中城市人民政府应当制定规划,对市区内的民用炉灶限期实现燃用低硫型煤或者其他清洁燃料,逐步替代燃用原煤等。

2. 关于防治大气污染监督管理体制的规定

《大气污染防治法》第三条规定了我国大气污染防治的监督管理体制,即"各级人民政府的环境保护部门是对大气污染防治实施统一监督管理的机关。各级公安、交通、铁道、渔业管理部门根据各自的职责,对机动车船污染大气实施监督管理"。各级人民政府的环境保护部门应当承担起对所有的大气污染实施统一的监督管理的职能,而各级公安、交通、铁道、渔业管理部门,则根据各自的职责,对机动车污染大气实施监督管理。大致是:公安部门负责对道路车辆,包括汽车、拖拉机造成的大气污染实行监督管理;交通部门对通航水域内的船舶造成的大气污染实行监督管理;铁道管理部门对铁道车辆造成的大气污染实行监督管理;而渔业管理部门则对渔船所造成的大气污染实行监督管理。

3. 关于大气环境保护标准的规定

根据《大气污染防治法》第六条规定,我国的大气环境质量标准统一由国家环保总局制定。但由于各地环境状况不尽相同,为使环境质量标准能适合地方,该条款同时规定,省级人民政府对国家大气环境质量标准中未做规定的项目,可以制定地方标准,并报国务院环境保护部门备案。我国1996年颁布的《环境质量标准》为评价大气质量、制定大气污染防治规划和大气污染物排放标准,对大气环境进行监督管理提供了科学依据。

《大气污染防治法》第七条规定:"国务院环境保护部门根据国家大气环境质量标准和国家经济、技术条件,制定国家大气污染物排放标准。省、自治区、直辖市人民政府对国家大气污染物排放标准中未做规定的项目,可以制定地方排放标准;对家大气污染物排放标准中已做规定的项目,可以制定严于国家排放标准的地方排放标准。地方排放标准须报国务院环境保护部门备案。"截至目前,我国已颁布了许多国家级和地方级大气污染物排放标准,如《大气污染物综合排放标准》《锅炉气污染物排放标准》《汽车大气污染物排放标准》等。

4. 关于防治大气污染的监督管理制度的规定

《大气污染防治法》对大气污染防治监督管理制度设专章做了规定,包括环境影响评价制度、"三同时"制度、排污收费制度、限期治理制度等。这些制度前面已有论述,并在《水污染防治法》《固体废物污染环境防治法》和《环境噪声污染防治法》中也都做了规定,故在此不再赘述。

大气污染监测制度是《大气污染防治法》第二十二条专门设置的一项法律制度,它是指国务院环境保护行政主管部门设立大气污染监测机构并组织监测网络,制定统一的监测方法,以开展全国性的大气污染监测工作评价和掌握大气环境质量和大气污染状况,为大气污染防治提供监测数据和测试技术、方法。

5. 关于防治燃煤产生的大气污染的规定

由于我国的大气污染主要是煤烟型污染,所以防治由燃煤产生的烟尘和二氧化硫成为我国大气污染防治法律规定的核心内容。为此,修订后的《大气污染法》设专章做了明确的规定,主要包括燃煤污染的一般防治和燃煤二氧化硫污染的特殊防治两个方面。

(1) 燃煤污染的一般防治。

这主要体现在《大气污染防治法》第二十五条至三十条的规定,如第二十五条规定,各级人民政府应采取措施,改进城市能源结构,推广清洁能源的生产和使用;第二十八条规定,城市建设应当统筹规划,统一解决热源,发展集中供热;第二十七条规定,锅炉产品必须符合标准才能销售或者出口;第三十条规定,新建、扩建排放二氧化硫的火电厂和其他大中型企业,超过规定的污染物排放标准或者总量控制指标的,必须建设配套的脱硫、除尘装置或者采取其他控制二氧化硫排放及除尘的措施。同时规定,企业应当对燃料燃烧过程中产生的氮氧化物采取控制措施。

(2) 对燃煤产生的二氧化硫污染的特殊防治。

燃煤除了产生烟尘污染大气环境之外,还会产生二氧化硫并引起酸雨污染,这种污染危害极大,是燃煤污染防治的重点。为此,在《大气污染防治法》第十八条、第二十四条、第二十六条、第三十条等条款做了明确规定,如为了强化对酸雨和二氧化硫污染的防治,划定酸雨控制区和二氧化硫污染控制区;在控制区内排放二氧化硫的火电厂和其他大中型企业,必须建立配套的脱硫、除尘装置或者采取其他控制二氧化硫排放、除尘的措施;推行煤炭洗选加工,限制高硫分和高灰分煤炭开采,新建的所采煤炭属于高硫分、高灰分的煤矿,必须建设配套的煤炭洗选设施等。

6. 关于防治机动车船排放污染的规定

近年来,我国汽车使用量急剧增加,氮氧化物污染已成为大城市冬季的主要污染物,为了遏止这种趋势,新修改的《大气污染防治法》对防治机动车船污染列专章予以规定。《大气污染防治法》第三十二条规定:"机动车船向大气排放污染物不得超过规定的排放标准。任何单位和个人不得制造、销售或者进口污染物排放超过规定排放标准的机动车船。"对超过规定的排放标准的机动车船,应当采取治理措施。第三十四条规定:"国家鼓励生产和消费使用清洁能源的机动车船。国家鼓励和支持生产、使用优质燃料油,采取措施减少燃料油中有害物质对大气环境的污染。单位和个人应当按照国务院规定的期限,停止生产、进口销售含铅汽油。"

7. 关于防治废气、粉尘和恶臭污染的规定

《大气污染防治法》对防治废气、粉尘和恶臭污染做了专门规定。其基本内容如下:

(1) 防止有毒废气和粉尘污染。

企业在其生产经营活动中,向大气不断排放大量的废气和粉尘,其中有许多含有毒物质。这些有毒成分随废气和粉尘扩散到大气中,然后进入人体,构成了对人体健康生命安全的威胁。因此,法律规定,严格限制向大气排放含有毒物质的废气和粉尘,确需排放的,应当经过净化处理,不超过规定的标准。

(2) 防止可燃性气体造成污染。

工业生产中排放的许多可燃性气体是可以回收利用以供居民使用的。如果将排入大气的焦炉气、石油化工尾气、煤矿矿井瓦斯等可燃性气体加以收集利用,一方面可以节省资

源,另一方面也保护了大气环境。为达到综合利用可燃性气体、防治大气污染,《大气污染防治法》规定,工业生产中产生的可燃性气体应当回收利用,不能回收利用的,应当进行防治污染处理。对于向大气排放转炉气、电石气、电炉法黄磷尾气、有机烃类尾气等可燃性的有害有毒气体的单位,须报当地环境保护部门批准后才能排放。当回收装置不能正常作业确需排放的,则不得将可燃性气体排入大气,而应该使其充分燃烧或采取其他可能减轻大气污染的措施。

(3) 配备脱硫设施,防治硫的污染。

调查资料表明,我国酸雨危害呈发展趋势,而酸雨主要来源于三氧化硫。石油炼制、合成氨、煤化工以及有色金属冶炼工业都会大量地向大气排放含硫气体,是排硫的大户。因此,《大气污染防治法》规定,这些排放含有硫化物气体的"大户",必须配备脱硫装置或者采用其他脱硫措施,以保护大气环境。

(4) 防止恶臭造成的污染。

恶臭污染是指恶臭物质通过刺激人的嗅觉器官,而影响、危害人体健康的现象。恶臭物质可以以气体、固体、液体等形态污染环境,但要刺激人的嗅觉一般要通过空气作为媒介。恶臭污染基本上是大气污染的一种表现形式,是一种感觉公害。为防治恶臭污染,有些国家专门制订出防治恶臭的法律和法规。我国《大气污染防治法》第四十条和第四十一条,就防治恶臭引起的大气污染做出了明确规定,向大气排放恶臭气体的单位必须采取防污措施;禁止在人口集中地区焚烧沥青、油毡、橡胶、塑料、皮革及其他产生有毒有害烟尘和恶臭气体的物质。

(5) 防止放射性物质污染大气和保护臭氧层。

大气中的放射性物质,除了自然因素之外,主要来自人们从事核材料的开采和冶炼、核工业的排放物、核电站和核试验的散落物等。放射性物质进入人体,到达一定剂量会引起病变。为此,《大气污染防治法》规定,向大气排放含有放射性物质的气体和气溶胶,必须符合国家有关放射性防护的规定,不得超过规定的排放标准。另外,新修改的《大气污染防治法》还新增了保护臭氧层的规定,这是根据我国承认的有关国际环境保护条约做出的规定。

(6) 防治饮食服务业排放油烟污染。

《大气污染防治法》规定,城市饮食服务业的经营者,必须采取措施,防治油烟对附近居民的居住环境造成污染。这是针对近年来迅速发展的城市第三产业所做的新规定。1995年国家环保总局和工商行政管理局联合发布的《关于加强饮食服务企业环境管理的通知》中对饮食服务业必须采取的措施做了明确规定。

(7) 防治焚烧烟尘污染。

由于广大农村大量的农作物秸秆成了废物,农民在地里就地焚烧,造成大气遭到严重的烟尘污染,而降低了空气中的能见度,致使高速公路车祸不断,机场航班无法起降。为此,新修改的《大气污染防治法》规定,禁止在人口集中地区、机场周围交通干线附近以及当地人民政府划定的区域露天焚烧秸秆、落叶等产生烟尘污染的物质。

8. 关于防治沙尘、扬尘污染的规定

沙尘是造成我国城市大气污染的重要污染源之一,且污染程度逐年加剧,2001年春季,北方地区沙尘天气频繁。新修改的《大气污染防治法》对这类污染的防治做出专门规定。第十条规定:"各级人民政府应当加强植树种草、城乡绿化工作,因地制宜地采取有效措施做好防沙治沙工作,改善大气环境质量。"

随着经济建设的快速发展,各地城市几乎无一例外地都在大搞基本建设,建筑施工工地随处可见。建筑扬尘已成为大部分城市首要污染物——悬浮颗粒物的主要污染源。新修改的《大气污染防治法》增加了防治建筑扬尘的规定:"在城市市区进行建筑施工或者从事其他产生扬尘活动的单位,必须按照当地环境保护的规定,采取防治扬尘污染的措施。""城市人民政府应当采取绿化责任制,加强建设施工管理,扩大地面铺装面积,控制渣土堆放和清洁运输等措施,提高人均占有绿地面积,减少市区裸露地面和地面尘土,防治城市扬尘污染。"

9. 关于法律责任的规定

新修改的《大气污染防治法》在法律责任方面的规定,与《环境保护法》和以前颁布的各部污染防治法相比,也更加充实,更加具有针对性和可操作性,主要体现在以下三点:

(1)根据《大气污染防治法》的规定,对排污单位不正常使用大气污染物处理设施,或者未经环境保护行政主管部门批准,擅自拆除、闲置大气污染物处理设施的,可以责令停止违法行为,限期改正,给予警告或者处以5万元以下罚款。这一规定取消了原规定中"污染物排放超过规定的排放标准",即不再强调"后果",只要实施了上述违法行为,就要受到行政处罚。

(2)新修改的《大气污染防治法》规定:"向大气排放污染物的,其污染物排放浓度不得超过国家和地方规定的排放标准。"向大气超标排放的,"应当限期治理,并由所在地县以上地方人民政府环境保护行政主管部门处1万元以上10万元以下罚款"。这些规定表明,超标排污即违法,就要受到行政处罚。

(3)在行政处罚的形式上,新增了"责令拆除"或者"没收设施""没收销毁"的规定。如对大气污染防治重点城市规定的限期届满后继续燃用高污染燃料的"责令拆除或者没收燃用高污染燃料的设施";又如对无法达到规定的污染物排放标准的机动车船,规定"没收销毁"。

5.3 水污染防治法

5.3.1 水污染的概念及其危害

水是生命的源泉,是人类和其他一切生物生存和发展不可缺少和代替的环境要素。人们通常所讲的"水",是指河流、湖泊、沼泽、水库、地下水、冰川、海洋等,而水污染防治法所要保护的水,是指我国领域内的陆地水体,包括所有的江河、湖泊、运河、渠道、水库等地表水和地下水,以及水中的悬浮物、底泥和水生生物等。海洋污染防治适用《海洋环境保护法》,不适用本法。因此,本节所谓的水污染是指陆地水污染。

水污染即水体污染,是指水体因某种物质的介入而导致其化学、物理、生物或者放射性等方面特征的改变,从而影响水的有效利用,危害人体健康或者破坏生态环境,造成水质恶化的现象。造成水污染的物质为水污染物。水污染物的种类繁多,根据水污染物的性质和危害情况,大体上可以分为9类:①有毒化学物质,主要是重金属和难分解的有机物,如汞、砷、镉、铅、铬和多环有机化合物、有机氰化合物、有机氮化合物等。②需氧污染物,如碳水化合物、蛋白质、脂肪、木质素等有机物质;③植物营养物,如氮、磷、钾等;④无机污染物,如无机酸、无机碱、无机盐等;⑤油类污染物,如石油等;⑥病原微生物,如病毒、病菌、寄生虫卵等;⑦悬浮污染物,如灰尘、泥沙、炉渣等;⑧放射性物质;⑨热污染物等。

水体被污染后,会造成各种危害:①对人体健康的危害。人直接饮用含有病菌、病毒或者寄生虫的水,就会诱发各种疾病,如痢疾、肝炎、霍乱、伤寒等;人饮用了被有毒化学物质污染的水体之后,会直接引起中毒事故,危害人体健康甚至生命。②对工业生产的危害。水污染直接影响工业生产,造成工业产品质量降低、产值下降,甚至造成一些工业生产无法正常进行。③对渔业的危害。水污染对渔业的危害最直接。由于水污染,鱼类的产卵场被破坏或阻断鱼类的洄游路线,从而影响鱼类的繁殖,生产率降低,鱼的质量下降,对渔业造成严重损害。严重的水污染,会使鱼类大量死亡,甚至会造成整个水域内鱼虾绝迹。④对农业生产的危害。水是农业的命脉,用污水灌溉农田,轻则造成农作物中毒,产生病虫害、农产品品质下降,重则导致农作物死亡。此外,水污染还会降低水的可利用性,造成航道堵塞,航运受阻;影响旅游业的发展,妨碍人们的娱乐、休养、体育活动等。

5.3.2 我国水污染防治立法概况

我国防治水污染的法规是随着水污染问题的日益严重和水污染防治工作的发展而逐步发展起来的。20世纪50年代初期,我国卫生部门开始进行水质监测。1955年,制定了《自来水水质暂行标准》。1956年国务院公布的《工厂安全卫生规程》,规定要"保证饮水不受污染";要求对废水妥善处理,不使它危害工人和附近居民。同年卫生部和国家建委颁布了《饮用水水质标准》。1957年,国务院有关部门颁布了《集中式生活饮用水源选择和水质评价暂行规定》和《关于注意处理工矿企业排出有毒废水、废气问题的通知》。1959年,颁布了《生活饮用水卫生规程》。1963年国务院发布的《关于加强航道管理和护养工作的指示》,强调"在可能引起航道恶化的水区域区,禁止抛置泥土、沙石和倾倒垃圾、废物等"。1965年国务院批转的《矿产资源保护试行条例》,规定"工矿企业、医疗卫生部门和城市建设部门,对于排出的工业、医疗和生活污水,必须采取有效措施,防止污染地下水的水质"。70年代以后,水污染问题日益严重。1971年,卫生部发出了《关于工业"三废"对水源、大气污染程度调查的通知》,开始对我国水污染情况进行比较系统的调查。1972年6月至9月,国务院连续批转了《关于官厅水库水源保护工作进展情况的报告》《关于桑干河水系污染情况的调查报告》等文件。1973年国务院批转的《关于保护和改善环境的若干规定(试行草案)》,对防治水污染提出了要求。同年颁布的《工业"三废"排放试行标准》中,规定了能在环境或动植物体内蓄积,对人体健康产生长远影响的5类有害物质的最高容许排放浓度和其长远影响较小的14类有害物质的最高容许排放浓度。1976年颁布的《生活饮用水卫生标准(试行)》,规定了作为城乡生活饮用水的水质标准,并对水源选择、水源卫生防护、水质检验等做了规定。1979年颁布的《渔业水质标准(试行)》,规定了渔业水域的水质标准,工业废水和生活污水经处理排入地面水后,必须保证渔业水域的水质符合该《标准》。同年还颁布了《农田灌溉水质标准(试行)》和《工业企业设计卫生标准(试行)》,分别规定了农田灌溉水质标准和地面水质卫生要求和地面水中有害物质的最高允许浓度。1979年颁布的《环境保护法(试行)》,对防治水污染的基本原则和基本制度都做了原则的规定。

为贯彻实施《环境保护法(试行)》关于防治水污染的规定,1981年国务院颁布了《关于在国民经济调整时期加强环境保护工作的决定》,1983年和1984年颁布了《关于结合技术改造防治工业污染的几项规定》和《关于环境保护工作的决定》,对防治水污染工作做了一些具体的规定。1983年国家颁布了《地面水质标准》和医院、造纸、甜菜制糖、甘蔗制糖、合成脂肪酸、合成洗涤剂、制革、石油开发、石油炼制、船舶、电影洗片等11个行业的水污染物排放标准。1984年5月11日六届全国人大常委会第五次会议通过了《中华人民共和国水污染防治法》,这是我国第一部陆地水污染防治方面比较全面的综合性的法律,也是国家和地方制定水污染防治条例、规定、办法和实施细则等法规的直接法律依据。为了贯彻实施这项法律,国家颁布了许多有关保护水环境、防治水污染的法规和标准。如1984年颁布了黑索金、二硝基重氮酚、叠氮化铅、石油化工、纺织印染等工业的水污染物排放标准。1985年颁布了钢铁、水泥、沥青等工业的水污染物排放标准。同年还颁布了经过修订的《生活饮用水卫生标准》和《农田灌溉水质标准》。1986年颁布了《关于防治水污染技术政策的规定》。1988年颁布了全国人大常委会通过的《中华人民共和国水法》,这是我国开发、利用、保护、管理水资源和防治水污染的重要法律。同年,国家环境保护局等有关部门还颁发了《水污染物排放许可证管理暂行办法》《关于防治造纸行业水污染的规定》《污水综合排放标准》及修订后的《地面水质标准》等。1989年国家环境保护局颁布了经国务院批准的《中华人民共和国水污染防治法实施细则》,同年国家环境保护局和有关部委联合颁发了《饮用水源保护区污染防治管理规定》。此外,各省、自治区、直辖市也制定了本地区的水污染防治法实施办法及有关标准。这些法律、法规、标准的实施,使我国的水污染防治工作取得了一定的成绩。局部地区的水污染恶化趋势有所控制。进入20世纪90年代,随着我国经济的快速发展,水污染在总体上仍呈恶化的趋势,并出现了许多新问题和新情况。为此,第八届全国人大常委会第十九次会议于1996年5月15日通过了《关于修改〈水污染防治法〉的决定》,并于同日公布施行。新的《水污染防治法》与原法律相比较,共修改、增加了二十三条,主要包括:加强水污染防治的流域管理,建立和健全按照流域或者区域进行统一规划的法律制度;加强对城市污水的机集中治理,建立有关城市污水处理厂建设和污水处理收费及管理的法律制度;加强对饮用水源的保护等。2000年3月,国务院发布了新的《水污染防治法实施细则》。它反映了环境保护形势发展的要求,适应了水污染防治工作日益深入的需要。

5.3.3 我国水污染防治的主要法律规定

我国现行的水污染防治法律、法规,主要从以下几个方面对防治水污染做出了规定。

1. 关于各级人民政府水污染防治职责的规定

《水污染防治法》第三条规定:"国务院有关部门和地方各级人民政府,必须将水环境保护工作纳入计划,采取防治水污染的对策和措施。"保护水环境、防治水污染工作,与国民经济和社会发展关系十分密切,只有各有关部门和地方各级政府决策各项经济和社会活动的同时,将水环境保护工作纳入计划,做出防治水污染的对策和措施,才能保证国家和地方的社会经济发展与环境保护目标协调。特别就计划部门、水利部门、城市建设部门及其他经济部门在决策工业布局、建设项目、开发利用、城市布置等活动时,应该把水污染防治纳入计划管理轨道。工农主管部门在制定生产和技术改造方案时,都应当有计划地采取水污染防治措施,这样才能保证国家和地方的经济建设与水环境保护协调发展。

2. 关于防治水污染监督管理体制的规定

防治水污染的监督管理,是多方面多层次的复杂工作,《水污染防治法》对防治水污染的监督管理体制做了明确的规定。各级人民政府的环境保护部门对水污染防治实施统一监督管理的机关,其中国务院环境保护部门是对全国水染防治实施统一监督管理的机关。各级交通部门的航政机关是对船舶污染实施监督管理的机关。各级人民政府的水利管理部门、卫生行政部门、地质矿产部门、市政管理部门、重要江河的水源保护机构,结合各自的职责,协同环境保护部门对水污染的防治实施监督管理。此外,该法第五十三条第二款还规定了渔政监督管理机构是对渔业污染防治实施监督管理的机关。这些规定有利于发挥分管部门的积极性,共同做好防治水污染的监督管理工作。

3. 关于水环境保护标准的规定

对防治水污染有直接作用的环境标准主要有两类:①水环境质量标准;②水污染物排放标准。它们是衡量水体好坏和各单位排放废弃物是否造成水污染的尺度。为此,《水污染防治法》第六、七条分别对制定水环境质量标准、水污染物排放标准的权限做了明确规定,国务院环境保护部门制定国家水环境质量标准和水污染物排放标准;省、自治区、直辖市人民政府可以对国家水环境质量标准中未规定的项目制定地方补充标准,可以对执行国家污染物排放标准不能保证达到水环境质量标准的水体制定严于国家污染物排放标准的地方污染物排放标准,并报国务院环境保护部门备案。《水污染防治法》第七条第三款规定,凡是向已有地方污染物排放标准的水体排放污染物的,应当执行地方污染物排放标准。这一规定是环境保护地方性特点的需要。

4. 关于防治水污染的监督管理原则的规定

《水污染防治法》第九条至第十一条,规定了国家防治水污染的监督管理原则,其内容主要有以下几方面:

(1)水污染防治同保持水体的合理流量、合理水位相结合的原则。防治水污染是与保持水体的合理流量、合理水位密切相关的,国务院有关部门和地方各级人民政府在开发、利用和调节、调度水资源时,必须做到统筹兼顾、维护江河的合理流量和湖泊、水库以及地下水体的合理水位,维护水体的自然净化能力,以便充分利用和发挥水体的自然净化作用,减少水污染,维护水体生态系统的良性循环。

(2)防治水污染应当按流域或区域统一规划原则。这是《水污染防治法》的新规定,其目的是建立和健全流域水污染防治规划和管理。这一原则是指水污染防治规划应当按流域或者区域进行统一编制,经批准的江河流域水污染防治规划是地方政府组织制定本行政区域水污染防治规划的基本依据。国家确立的重要江河的流域水污染防治规划,由国务院环保部门会同计划、水利等主管部门和有关省级人民政府编制,报国务院批准;其他跨行政区江河的流域水污染防治规划,根据国家确定的重要江河的流域水污染防治规划和本地实际情况,由省级以上人民政府环保部门会同水利管理部门和有关地方人民政府编制,报国务院或者省级人民政府批准。县级以上地方人民政府制定的水污染防治规划,应当纳入本行政区域的国民经济和社会发展中长期规划和年度计划。这些规定体现下级规划必须服从上级规划、区域规划必须服从流域规划的精神,可以有效地做好流域上、下游不同行政区域水污染防治的协调、管理工作。

(3)水污染防治同企业的整顿和技术改造相结合的原则。全国每年排放的废水中,工业企业排放的废水约占1/2。而且这些工业废水相当一部分未做任何处理便直接排入水体。因此,我国的水污染防治必须同加强工业企业的整顿和技术改造紧密地结合起来。督促企业合理利用水资源,努力提高水的重复利用率,减少工业废水和其他废弃物的排放量,提高企业的经济效益和环境效益。

5. 关于防治水污染的监督管理制度的规定

《水污染防治法》第十二条至第二十六条,分别规定了防治水污染的各项具体制度,其中大多数在前面已有论述,这里主要介绍《水污染防治法》规定的几项新制度。

(1) 总量控制制度和核定制度。省级以上人民政府,对水污染物达标排放仍不能达到国家规定的水环境质量标准的水体,可实施重点污染物排放的总量控制的法律规定。这是针对水污染物浓度控制中存在的缺陷,在污染源密集状况下无法保证水环境质量目标的实现而提出和发展的一种污染控制方式,它比浓度控制更先进、更有效。总量控制制度适用的范围是实现水污染物达标排放仍不能达到国家规定的水环境质量标准的水体;其总量控制的对象是重点污染物;实施总量控制的决定权在省级以上人民政府。实行总量控制,可通过削减各排污单位的排放量而使区域水环境质量目标得以实现,从而改善水质。与该制度相配套的水污染物排放量的核定制度,是指省级人民政府为实现区域水污染物排放总量控制的目标,而将总量控制指标分配到工业污染源的法律规定。

(2) 征收排污水费制度。在我国,对超标排放水污染物征收超标排污费,对向水体排放污染物不超过排放标准的征收排污费。

(3) 城市污水集中处理制度。国务院有关部门和地方各级人民政府必须有计划地建设城市污水集中处理设施,并向排污者提供污水处理的有偿服务,收缴污水处理费。这是《水污染防治法》第十九条为加强城市水环境的综合整治而对城市人民政府所做的规定。城市污水是城市地区范围的生活污水、工业废水和径流污水的总称。城市污水具有排污地点集中、排放量较大、污染物成分复杂等特点,如果分散处理,不仅经济上不合理,而且处理效果较差。因此,建设城市污水集中处理设施并依法征收污水处理费,已成为防治城市水污染的当务之急。

(4) 划定生活饮用水源保护区制度。省级以上人民政府为加强生活饮用水源的保护,可依法在本行政区域内划定生活饮用水地表水源保护区,并对其进行严格的监督管理。生活饮用水地表水源保护区分为一级保护区和其他等级保护区,不同级别的保护区域内,有着不同水质要求和防护措施要求。

《水污染防治法》明确规定,在饮用水取水口附近划出一定水域和陆域为一级保护区,在该区域禁止下列行为:①向该区域水体排放污水;②从事旅游、游泳和其他可能污染生活饮用水水体的活动;③新建、扩建与供水设施和保护水源无关的建设项目。《水污染防治法》第二十条规定:"在生活饮用水地表水一级保护区外,可以划定一定的水域和陆域为其他等级保护区。《水污染防治法实施细则》中明确规定,"其他等级"为二级。对二级保护区,《水污染防治法实施细则》中规定:①禁止在此区内新建、扩建向水体排放污染物的建设项目,改建的项目必须削减污染物排放量;②禁止在此区内超标排放污染物;③禁止在此区内设立装卸垃圾、油类及其他有毒有害物质的码头。

(5) 公众参与环境影响评价制度。环境影响报告书中应附有该建设项目所在地单位和居民的意见,方可报请有关环境保护部门审批。该项制度中,要求报送建设项目环境影响报告书的单位,应当广泛征集附近单位和居民对该建设项目可能对环境的影响的意见,并如实地连同环境影响报告书送交其主管部门预审,然后按照规定的程序上报有关环境保护部门审批。

6. 关于防止地表水污染的规定

地表水是相对于地下水而言的,指地球表面的水体,如江、河、湖、池、塘、水库、水等积聚和流动的水。《水污染防治法》第四章对防止地表水污染做了具体的规定。

(1)关于设置排污口的规定。排污口设置不当,是造成水污染的一个重要原因。因此,《水污染防治法》第二十七条规定,在生活饮用水源地、风景名胜区水体、重要渔业水体和其他有特殊经济文化价值的水体的保护区内,不得新建排污口;在保护区附近新建排污口,必须保证保护区水体不受污染。在1984年5月《水污染防治法》公布前已有的排污口,排放污染物超过国家或者地方标准的,应当治理;对危害饮用水源的排污口,应当搬迁。

(2)禁止向水体排放、倾倒有毒有害物质。《水污染防治法》第二十九条至第三十四条,对禁止向水体排放有毒有害物质做了规定,如:禁止向水体排放油类、酸液、碱液或者剧毒废液;禁止在水体清洗装贮过油类或者有毒污染物的车辆和容器;禁止将含有汞、镉、砷、铬、铅、氰化物、黄磷等的可溶性剧毒废渣向水体排放、倾倒或者直接埋入地下;禁止向水体排放、倾倒工业废渣、城市垃圾和其废弃物;禁止在江河、湖泊、运河、渠道、水库最高水位线以下的滩地和岸坡堆放、贮存固体废弃物和其他污染物;禁止向水体排放或者倾倒放射性固体废弃物或者含有高放射性和中放射性物质的废水等。

(3)关于其他污染物的排放必须符合环境标准的规定。根据《水污染防治法》第三十四条至第三十八条的规定,可以分为两种情况:污染物排放应符合法定的排放标准,如:向水体排放低放射性物质的废水,必须符合国家有关放射防护的规定和标准;排放含病原体的污水,必须经过消毒处理,符合国家有关标准后,才准排放;使用农药,应当符合国家有关农药安全使用的规定和标准;船舶排放含油污水、生活污水,必须符合船舶污染物排放标准;从事海洋航运的船舶,进入内河和港口时,应当遵守内河的船舶污染物排放标准等。当污染物排入水体时,要保证一定范围的水体符合法定的水环境质量标准,如:向水体排放含热废水,应当采取措施,保证水体的水温符合水环境质量标准;向农田灌溉渠道排放废水,应当保证其下游最近的灌溉取水点的水质符合农田灌溉水质标准等。同时,《水污染防治法》规定了县级以上人民政府农业管理部门和其他有关部门具有指导使用者合理施用农药、化肥的责任,以防止过量使用造成水污染。

(4)禁止新建严重污染水环境的小企业。《水污染防治法》第二十三条规定:"国家禁止新建无水污染防治措施的小型化学制纸浆、印染、制革、电镀、炼油、农药以及其他严重污染水环境的企业。"由于这些企业大多属于乡镇企业中的污染大户,因无水污染防治设施,其污染物直接排入水体,给农村环境带来日趋严重的污染危害。只有采取坚决禁止的措施,才能推动乡镇企业由粗放型经营向集约化经营方向发展,并减轻水污染。

7. 关于防止地下水污染的规定

地下水是指地表以下的潜水和承压水,具有分布广、温度变化小,能在水循环中得到不断补充的优点,因此在许多地区(特别是东北、华北、西北地区)已成为生产和生活用水的主要来源。但是,地下水又具有污染过程缓慢、隐蔽、难以防治等特点,所以,《水污染防治法》十分重视防止地下水污染,做出了以下规定。

(1) 禁止利用渗井、渗坑、裂隙和溶洞等途径排放有毒有害污染物污染地下水。含有毒污染物的废水和含病原体的污水,对地下水的污染危害最大,要重点防止,对它们污染地下水的主要途径加以严格控制。为此,《水污染防治法》第四十一条和第四十二条规定,禁止排污单位利用渗井、渗坑、裂隙和溶洞排放、倾倒含有毒污染物的废水、含病原体的污水和其他废弃物;禁止排污单位在无良好隔渗地层使用无防止渗漏措施的沟渠、坑塘等输送或者贮存含有毒污染的废水、含病原体的污水和其他污染物。

(2) 防止开采活动污染地下水。开采地下水时的不当活动,是造成地下水污染的一个主要原因。因此,《水污染防治法》第四十三条规定,在开采多层地下水时,如果各含水层的水质差异大,应当分层开采;对已受污染的潜水和承压水,不得混合开采。

(3) 防止地下工程等活动污染地下水。地下工程活动,如兴建地下工程或者进行地下勘探、开采矿产资源等,大多在地下水位的黏土层上进行,有的还要穿过几个承压水层,这样,会使含水层上的自然保护遭破坏,造成地下水的污染。因此,《水污染防治法》第四十四、四十五条规定,在兴建地下工程时,有关单位应当采取防止地下水污染的防护性措施;在进行人工回灌补给地下水时,不得恶化地下水质等。

(4) 防止回灌污染地下水。为了防止地下水位过度下降,避免造成地面沉降,采取人工回灌补给地下水是一项有效的措施。但如果用于回灌的水是被污染的,含有毒有害污染物,就会恶化地下水的水质。为此,《水污染防治法》规定:"人工回灌地下水,不得恶化地下水质。"《水污染防治法实施细则》规定,回灌补给地下饮用水的水质,应当符合生活饮用水水源的水质标准,并经县级以上人民政府卫生行政主管部门批准。

5.4 海洋污染防治法

5.4.1 海洋环境污染的概念及其危害

海洋是地球表面广大连续水域的总称。海洋的总面积大约为 3.36 亿 km^2,约占地球总面积的 70.9%。海洋在人类生活中占有十分重要的地位,是人类生存环境的重要组成部分,它拥有丰富的生物资源和矿物资源。海洋又是人类生命的摇篮,它与大气进行气体、水分和热量交换,维持着整个地球的生态平衡和一切生命活动。其广阔的水域影响着地球上的气候,调节着温度和湿度,对造成适于人类和各种生物生存的地球环境具有重要的作用。正是由于海洋对人类具有重大意义,所以要特别重视海洋环境的保护。然而,随着人类的发展和进步以及陆地资源的日益减少,人类日益加强了对海洋的开发利用,向海洋索取的资源越来越多,同时由陆地、海上和空中向海洋排放、倾倒废物也不断增加,由此造成了海洋环境的污染和破坏,并日趋恶化。据《中国环境状况公报(2000)》报道,沿海省市中,上海、浙江、辽宁、天津、江苏近岸和近海海域污染较重。海水中的主要污染物是无机氮、磷酸盐、油类以及汞、铅等。因此,保护海洋环境、防止海洋环境污染已成为一个刻不容缓的重要任务。

根据我国《海洋环境保护法》的规定,海洋环境污染损害是指直接或间接地把物质或能量引入海洋环境,产生损害海洋生物资源、危害人体健康、妨害渔业和海上其他合法活动、损害海水使用素质和减损环境质量等有害影响。海洋环境污染的危害主要有以下几个

方面:

(1) 对海洋生物资源的危害。海洋污染对我国部分海域已造成渔场外移,鱼群死亡,鱼体内残留毒物增加,鱼质下降,鱼产量急剧减少,许多滩涂养殖场荒废等严重现象。近年来,我国有些海域赤潮(所谓赤潮是指因浮游生物急剧增加而使海水改变颜色的异常现象)频繁发生。2000年,中国海域共记录到赤潮28起,比1999年增加了13起,累计面积超过10 000 km²。其中东海11起,累计面积约7 800 km²;渤海7起,累计面积近2 000 km²;黄海4起,累计面积约800 km²;南海6起,累计面积50 km²。引发赤潮的生物以甲藻类为主。赤潮期间,由于海水浮游生物急剧繁殖而造成海水缺氧,使鱼、贝、虾、蟹窒息死亡。

(2) 对人类健康的危害。海洋中经食物链富集的有毒有害物质,会使原来浓度很低的污染物成万倍地增加,海水中汞含量$0.000\ 1\times10^6$时,经浮游生物富集,其体内含汞量增加到$0.001\times10^{-6}\sim0.002\times10^6$,鱼体内汞含量则浓缩了1万~5万倍,从而威胁着人类的健康。20世纪50年代,在日本发生的"水俣病"事件,就是因为日本熊本县水俣湾附近居民长期食用了在该湾捕获的鱼、贝类之后,大量的汞被摄入人体,侵害中枢神经造成死亡的。

(3) 对海水水质的危害。据《中国环境状况公报(2000)》,我国近岸海域水体污染严重。渤海仍处于较重污染水平,东海近岸污染加重,海域内78%的监测呈现劣Ⅴ类海水水质标准,杭州湾、舟山渔场、浙江沿岸水质污染也较为严重。

(4) 对航运、旅游和体育运动等方面的危害。海洋污染,如不合理的海岸工程等会造成港口航道淤积,影响交通运输,还会破坏海域自然景观和风景游览区,影响旅游业和游泳等体育事业的发展。

5.4.2 海洋污染防治立法概况

1. 国外海洋污染防治立法概况

近代人类不当活动对海洋环境的污染危害已引起各国政府的关注。世界各国运用法律手段来保护海洋环境,是近四五十年的事。20世纪50~60年代,随着海洋污染的日益严重,沿海国家和国际组织纷纷制定保护海洋环境的法律,签订国际条约。其中,美国、日本、前苏联等国颁布了大量的海洋环境保护法规,加强了治理。如日本的《海洋污染防止法》《海港法》,美国的《海洋保护、研究和自然保护法》《海岸带管理法》;前苏联的《关于保护北冰洋和白海的鱼类及海产品法令》,印度尼西亚的防治石油污染法等,都是为了防止海洋环境污染和生态系统的破坏,保障人体健康,维护国家主权,促进海洋事业的发展。

由于海洋环境保护是世界性的,国际组织也非常重视,并陆续制定了各种保护海洋环境的公约、协定等。如《国际防止海上油污公约》《关于防止海上碰撞的国际规则》,以及1982年联合国第三次海洋法会议通过的《联合国海洋法公约》等。总之,防止海洋污染问题,已成为保护海洋环境世界各国需要全面关注的重要问题。

2. 我国海洋污染防治立法概况

自20世纪70后代以来,我国政府十分重视对海洋环境的保护,制定了一系列保护海洋环境的法规和措施。1974年,国务院转发了交通部起草的《中华人民共和国防止沿海水域污染暂行规定》,该规定对船舶排放油类、油性混合物做出了规定,并规定了陆源向海洋排污的控制办法,以及违反该规定所承担的法律责任条款。1979年,全国人大常委会颁布了《中华人民共和国环境保护法(试行)》,提出要"保护海洋水域,维持水质良好状态"。1982

年,第五届全国人大常委会第24次会议通过了专门的保护海洋环境的《中华人民共和国海洋环境保护法》。它是我国第一部防治海洋污染的法律,对海洋环境保护做出了详细的规定。国务院为了进一步贯彻执行这部法律,又制定了一系列海洋环境保护的行政法规和标准。如:1982年颁布的《防止船舶污染海域管理条例》,1983年颁布的《海洋石油勘探开发环境保护管理条例》,1985年颁布的《海洋倾废管理条例》,1988年颁布的《防止拆船污染环境管理条例》,1990年颁布的《防治陆源污染物污染损害海洋环境管理条例》《防治海岸工程建设项目污染损害海洋环境管理条例》等行政法规。国务院有关部门制定了《海水水质标准》《船舶污染物排放标准》《海洋石油开发工业含油污水排放标准》等海洋环境保护标准。

随着我国改革开放的不断深入,沿海经济高速发展,国际海洋事务也呈现出新的发展和变化。为适应强化海洋环境管理,切实保护海洋环境的需要,1999年12月25日第九届全国人大常委会第十三次会议通过了修订的《海洋环境保护法》,自2000年4月1日起施行。修订后的《海洋环境保护法》对原法的内容做了重大修改,由原来的八章四十八条增加为十章九十八条。与原法相比,新法强调从整体上保护海洋生态系统,对海洋环境监督管理做出了更为全面、系统的规定,增加了对重点海域将实行总量控制等法律制度的内容,强化了法律责任,并对国内法与国际公约相衔接的问题做出了进一步明确的规定。我国还积极加入了一系列国际海洋环境保护公约,如《国际油污损害民事责任公约》《国际干预公海油污事故公约》以及《联合国海洋法公约》等。

思考与练习

1. 简述环境污染的概念。
2. 简述我国大气污染防治的概况。
3. 简述我国水污染防治主要法律规定。
4. 海洋污染的危害是什么?

第6章 区域环境法

6.1 区域环境法的基本内涵

区域环境法是资源环境法的重要组成部分,区域环境保护法在资源环境法的发展过程中起着重要的作用。就环境问题而言,它既有全体性的一面也有区域性的一面,处在同一区域的地区经常面临着同样的环境问题,因而具有协力共同保护区域环境的愿望和利益,从而才有可能很自然地形成区域性环境保护的协调合作。从国际资源环境法的历史来看,"区域性环境保护条约不仅产生早于全球性环境保护条约,而且发展得快,数量多"。在我国法学界关于区域环境法的概念也有各种不同的表述,有人主张区域环境法是由国家制定或认可,并由国家强制力保证执行的关于保护区域环境和自然资源、防治污染和其他公害的法律规范的总称。有学者提出区域环境法是调整因保护和改善区域生活环境和区域生态环境,防治污染和其他公害而产生的各种社会关系的法律规范的总称。其目的是协调人类与环境的关系,保护人民健康,保障经济社会的持续发展。有人认为区域环境法是指国家为了协调人与区域环境的关系,防治区域环境问题而制定的,调整因开发、利用、保护、改善区域环境所发生的社会关系的法律规范或法律规定的总称。但是,以上概念都没有将区域环境法与人类社会的可持续发展相联系。而实际上,区域环境法的终极目的就是要实现人类社会的可持续发展。因此有学者就将区域环境法定义为:国家为实现世代人类的可持续发展,全面协调人与环境的关系,按照生态规律对人们开发、利用、保护、改善区域环境等活动中所产生的各种社会关系进行调整的法律规范的总称。

6.2 我国区域环境法律制度的具体内容

我国现行的大多数环境法律制度产生于计划经济时代和经济体制转轨初期,随着社会经济的发展和环境管理水平的提高,新的环境调整原则和制度不断涌现,需要对传统的区域环境基本法律制度的范围重新厘清。结合市场经济、可持续发展与和谐治理与发展理论的要求以及区域环境法基本制度本身在实践中所起的作用,对区域环境法基本制度进行重新认识,加强制度之间的协调性、系统性和互动性,完善各项制度的管理程序和具体实施办法,增强制度的可操作性,完善其功能。

6.2.1 区域环境规划法律制度

环境规划又称生态规划,指在编制国家或地区的发展规划时,不只单纯考虑经济因素,而是把它与地球物理因素、生态因素和社会因素等紧密结合在一起进行考虑,使国家和地区的发展能顺应环境条件,不致使当地的生态平衡遭受重大破坏。环境规划是国民经济和社会发展的有机组成部分,是环境决策在时间、空间上的具体安排,是规划管理者对一定时期内环境保护目标和措施所做出的具体规定。其目的是在发展经济的同时保护环境,使经济与社会协调发展。我国环境保护法第四条规定:"国家制定的环境保护必须纳入国民经济和社会发展计划,国家采取有利于环境保护的经济、技术政策和措施,使环境保护工作同经济建设和社会发展相协调。"第十二条规定:"县级以上人民政府环境保护行政主管部门,应当会同有关部门对管辖范围内的环境状况进行调查和评价,拟订环境保护规划,经计划部门综合平衡后,报同级人民政府批准实施。"将环境规划写入环境保护法中,为地方政府制定环境规划制度提供了法律依据。完善我国区域环境规划法律制度对实施区域环境保护、协调经济社会发展和改善环境质量、防止生态破坏具有重要作用。因此,越来越多的环境科学家认为,充分利用生态学原则和系统论的方法,根据各种自然因素和人为的社会因素完善区域环境规划法律制度,才能有效解决我国目前面临的区域环境问题。

6.2.2 区域环境保护主体法律制度

在我国的区域环境保护中,政府、企业、环保组织和社会公众是主要的保护主体,完善这些主体的法律制度对环境保护具有重要的作用。笔者根据各个主体在区域环境保护中的不同作用,把它们分为区域环境保护管理主体、区域环境保护活动主体和社会环境保护组织。

第一,区域环境保护管理主体。一般而言,区域环境保护管理主体是指对区域环境保护的一系列活动进行计划、组织、指挥、控制和协调的机关和组织体。区域环境保护管理主体可以包括政府和政府职能部门,也可以包括企业单位、科研机构等。我们这里的区域环境保护管理主体就是指政府和政府职能部门,它在我国区域环境法律制度所涉主体中居于主导地位,是环境保护行政关系中的行政主体,承担最多的环境保护管理职责。

第二,区域环境保护活动主体。公共管理学认为,环境保护活动主体是参与环境保护活动的一切主体,既包括承担管理职责的政府机关,也包括企业,还包括参与环境保护活动的环保组织等,是个十分广义的概念。本研究的区域环境保护活动主体是法学视角的定义,区域环境保护活动主体是指参与区域环境保护活动,是政府环境保护管理的对象,在环境保护行政关系中处于行政相对人地位的活动者,主要是指企业和社会公众。其享有环境权益等基本权利,也需承担保护环境、服从国家各主管机关监管的义务。

第三,区域环境保护组织。区域环境保护组织是指独立于区域环境保护管理主体和区域环境保护活动主体,为政府干预环境保护活动,环境保护活动主体影响政府和环境保护活动主体之间相互联系起中介作用的主体。区域环境保护组织在区域环境保护行政关系中因其职能不同而具有不同地位,履行管理职能时为行政主体,履行服务职能时为行政相对人。区域环境保护组织具有中介性、公益性、民间性和专业性的特征。

6.2.3 区域环境保护筹资法律制度

资金的支持是区域环境保护的根本保障,如何快速地筹集资金决定了区域环境保护的直接效果。为了增加区域环境保护的更多资金支持,我们主要从开拓筹资来源和拓宽筹集方式两个方面对我国区域环境保护筹资法律制度进行论述。

第一,开拓筹资来源。区域环境保护资金的主体是国家。但是,随着区域环境保护问题的加剧和市场化程度的提高,在稳定政府资金支持的情况下,开拓新的筹资来源则十分必要。笔者认为可以采取以下形式:采取税收或税收附加的形式来筹集环境保护资金;由各级政府在财政预算中安排一定的资金用于区域环境产权权能的外溢;采取行政事业性收费的形式来筹集环境保护资金;对特定区域的环境,可以直接向受益单位或个人征收补偿基金。如:向水库、电站、矿产资源开采等单位按收入的一定的比例收取补偿基金;出售特许权。通过将开发特许权出售给个人或单位而实现有偿使用,出售的前提条件是不得减损目前的区域环境状况,并将部分开发利润返还给环境产权所有者;积极发展生态旅游,将部分环境产权市场化,在旅游收入中收取一定比例的区域环境保护基金;对破坏区域环境的主体依法取得的罚没收入以及环境恢复费用等列入区域环境保护资金;鼓励社会团体、个人赞助等。

第二,拓宽筹集方式。区域环境保护可以采用设立环境保护税、发行环境保护国债、设立区域环境保护基金、发行环境保护彩票等方式来募集资金。关于设立区域环境保护基金会在下一章着重论述。在此,对公开发行环境保护彩票制度进行着重论述。首先,环境保护彩票运营方式的选择。目前我国彩票的运营方式,一般按政府行政级次设置,有其单独的行政主管部门,主管部门按照上级的规定,利用从中央到地方的行政体系进行发行销售,发行销售与公益金分配方式由主管部门自行制定,彩票公益金和发行利润由主管部门进行分配和使用。主管部门在各地的直属单位负责各地的发行销售工作,下设零售商。

6.2.4 区域环境信息披露制度

诚实信用是市场经济的内在要求,也是政府在环境保护中的根本要求,因此,遵循诚信原则也就当然贯穿到环境保护的方方面面。如果没有区域环境信息披露制度,环境保护效率将大大降低,使其他主体因为缺少执法信息,而造成不能平等地接收信息及实现环境利益共享的结果。其具体做法:首先,健全信息披露的法规,完善信息披露的监督体制。目前来看,我国行政实践中运行的信息披露不仅没有立法依据,而且缺乏法律责任的具体规定,广大公众在法律上寻觅不到维护自身权益的具体措施。其次,明确信息披露的对象,构建多层次的披露体系。从外延上看,我们可以从两个层面解释信息披露体系。狭义的信息披露仅指对公众的信息公开,而广义的环境信息披露包括所有的环境案件信息在外部的任何层次的公开。最后,充实环境信息披露内容,科学定位信息披露方式。我们在建构这一制度时,如果将案件信息从具体执法活动中抽取出来进行划分,应将披露的所有信息分为三个等级:一是过去的信息,通常指过去环境保护信息的数量,以及影响比较大的环保信息;二是所有可以公开得到的信息,包括环保部门未来环境保护的规划和一般人员配置状况;三是所有应可知的信息,包括不为社会公众所了解的内幕信息,特别是刚发现的系列环境案件。

6.2.5 区域环境责任法律制度

区域环境法有效性不足是我国区域环境法治实践中存在的突出问题。当前,区域环境立法的数量在整个部门立法中是增加最快的,早期区域环境立法供给不足的情况已经基本解决,区域环境立法体系日趋完整,主要区域环境问题的解决都已"有法可依"。但在区域环境法制建设迅猛发展的同时,区域环境法在区域环境保护中的实际效能尚未达到人们的预期要求,造成局面的原因是多方面的,但区域环境立法中不完善的区域环境责任制度是最根本的问题。笔者根据法律责任的承担方式不同,把区域环境责任分为刑事责任、行政责任和民事责任。

1. 环境损害的刑事责任

环境损害的刑事法律责任是指犯罪人因其对环境造成破坏的行为根据刑法规定应向国家承担的、体现着国家最强烈否定评价的惩罚义务。环境损害的刑事法律责任的主体,不仅包括公民,也包括法人等单位。环境损害的刑事法律责任的方式为刑罚,即责任主体受到国家强制力的制裁。我国的刑法也对破坏环境的行为做了相应的规定。

2. 环境损害的行政责任

环境损害的行政法律责任是指因违反行政法律或因行政法规定的环境保护事由而应当承担的法律责任。环境损害的行政法律责任既包括行政机关及其工作人员、授权或委托的社会组织及其工作人员在环境保护管理中因违法失职、滥用职权或行政不当而产生的行政法律责任,也包括公民、企业等行政相对人违反行政法律而产生行政法律责任。环境损害的行政责任的构成要件有:①存在违反行政法律义务的行为;②存在承担责任的法律依据;③主观有过错。在实践中,行政领域的行政违法行为,只要被定性下来,就不再问行为人的主观因素,除法律另有规定的之外。环境损害的行政责任按承担方式主要有通报批评、赔礼道歉、承认错误、恢复名誉、消除影响、返还权益、恢复原状、停止违法行为、履行职务、撤销违法的行政行为、纠正不适当的行政行为等。

3. 环境损害的民事责任

我国《民法通则》第一百零六条规定:"公民、法人违反合同或者不履行其他义务,应当承担民事责任。公民、法人由于过错侵害国家的、集体的财产,侵害他人财产、人身的,应当承担民事责任。没有过错,但法律规定应当承担民事责任的,应当承担民事责任。"可见,环境损害的民事法律责任是指公民、政府、环境保护组织或法人因违反区域环境法律规定的而依法承担的罪责。承担环境损害民事责任的原因主要是侵犯环境权的行为。这种侵权行为直接违反了环境保护法所设定的义务。我国环境保护法规定,污染环境造成他人损害的,应当依法承担民事责任。承担民事责任的主要方式包括停止侵害、排除妨碍、消除危险、返还财产、恢复原状、赔偿损失等。

6.2.6 区域环境保护听证制度

区域环境保护听证制度是一种"以社会制约权力"的宪政制度,它与权力分立的"以权力制约权力"的安排是相互补充的。"以权力制约权力"强调的是相互的约束和制衡,而"以社会制约权力"则强调社会的民主参与,从而通过社会参与对国家权力的行使进行监督,形成制衡。然而,在区域环境的保护中听证离规范化、制度化尚远,听证的透明度不高,没有切实保护好社会各方的切身利益。为此,要不断完善区域环境保护听证制度。

第一,确立听证草案公开制度。由于我国行政机关实行的是首长负责制,因此首长个人对听证活动的影响很大,有时候听证的内容甚至不经听证而直接由行政首长拍板决定通过。为了克服领导个人主义因素影响听证偏向,建立、健全与听证制度相关的草案公开制度也成了当务之急。在行政机关拟订好听证草案之后,听证的组织机关举行听证之前,应该有一个听证草案公开的过程。

第二,设立专门的环境保护听证组织机关。在确定环境保护听证组织机关时,建议设立一个专门的听证组织机关负责环境保护听证的组织活动,同时为环境保护听证活动准备专门的预算资金。笔者认为,可以在政府法制机构内部分离出一部分成员成立一个专门负责环境保护听证组织活动的机构,统一负责本级政府的环境保护听证事项,其他行政机关不再安排环境保护听证。这既具有可行性,同时也有利于听证效率的提高。

第三,培养高素质的环境保护听证主持人。当今我国的行政性分工制约措施实效差,难以走出"官官相护"的怪圈,根本原因在于没有实现制约者和制约对象间的利益分离。如果在环境保护听证主持人制度中不摒弃这个缺陷,环境保护听证终会沦为走过场、走形式的闹剧。为此,笔者认为,可以现有各级人民政府法制机构为依托,逐步建立职业化、专业化的环境保护听证主持人队伍、建立我国的听证主持人资格考试制度和保障听证主持人保持相对独立的一系列相关制度。

第四,确定合适的环境保护听证参加人范围。具体可从以下两个方面进行完善:一方面,在听证参加人的范围上,应当借鉴美国等国家的做法,不仅要包括直接利害关系人,还要包括间接利害关系人,即第三人。另一方面,在利害关系人参与听证程序的方式上,原则上应采取当事人代表制。虽然从公平、正义上考虑,凡是权利和利益受到环境立法行为影响的公民、法人或其他组织都应有权参加听证,但实际上,可能参加听证的当事人的范围仍要受许多因素的制约,比如组织方式、地理范围、交通条件、经济能力、文化和法律知识水平等。因此,要能够在听证活动中得到有代表性、准确的意见,又符合实际可能的条件,笔者认为,对实际参加行政立法听证的当事人,原则上应采取当事人代表制。

6.3 农村环境保护法

6.3.1 我国农村环境问题的法律原因分析

1. 农村没有系统完善的农村环境保护法律法规

我国广大农村近些年来发展日新月异,农民生活水平日益提高,但与此极不相适应的是农村的环境法律法规没能建立起来。诚然,农村环境保护工作是这几年来才被广大群众认识和行动,党中央国务院也是前几年才把农村环境保护提上议事日程加以重视的。这样就形成了我们农村环境保护工作的起点低、起步晚和基础弱的局面,没能建立符合农村环境保护实际状况的法律体系,农村环境保护法规或条例急需加以完善并系统化。从全局的角度以高屋建瓴的气势注重农村环境保护工作。不可否认,相对于城市,这些问题是存在的,农村环境保护的状况堪忧,许多领域还面临着无法可依的局面。我国现有的环境法律法规制度是以城市为中心而建立起来的,国家在制定环境保护政策法规的过程中,长期存在着"重城市、轻农村"的立法倾向,很多法律法规是在围绕城市环境污染的基础上而建立起来的,主要是反映城市的环境实际情况,着重体现了大中城市的环境保护需要,而缺乏对农村环境保护方面的相关规定。再加上,城市与农村环境状况有许多不同,农村有着其独特的特殊性,因而这些立法不适合农村的环境实际状况。主要表现在农村经济社会文化与自然条件、地理位置的特殊性,致使其环境污染与生态破坏也有其特殊性,农村环境问题与城市环境问题有着很大的不同,我们宜根据农村的实际情况,具体问题具体分析,深入实践,进行调研摸索,努力建立和完善农村环境保护法律制度,加快现行环境保护法律的调整,增加农村环境保护的规定或单独制定农村环境保护相关的法律法规,将农村环保工作纳入法制化轨道,以实现城乡环境保护法制方面的公正。

中央一号文件已经连续九年关注农村的工作,希望在法律完善的基础上,再加上国家对农村环境保护方面的投入力度的加大,有理由相信在不久的将来,我国农村的环境质量将会得到极大的改善,农民的环境权益得到维护和保障,农村环境恶化的趋势能得以遏制,最终实现城乡协调发展,实现全面小康社会的宏伟目标。

2. 现行的环保法律法规对农村只做原则性规定

我国地方农村环境的立法过于原则化,其缺乏应有的规范性和可操作性,甚至有些宽泛的规定根本无法执行,这样就严重影响了法律在实际中的效果和权威。如《环境保护法》只是对涉及农村环境问题和污染治理作了原则性、概括性的规定,这样也必然缺乏可操作性。我国的环境保护法体系大多是在计划经济的体制下而形成的,尽管对农村环境保护的法律条文规定得比较多,但基本上规定得都很原则化,可操作性差,不能够适应市场经济条件下的农村环境的保护。在具体实践中,环保执法非常重视法律法规的可操作性,因而,环保立法也应不宜太过原则化,若如此,则会导致法律规定的相关程序性权利在农村的适应性不够,操作性不强。由于环境保护具有较强的技术性,普通公民很多情况下无法清楚地认识某些活动的环境影响。为了充分实现公民的环境权,法律应当规定公民的环境知情权,完善信息公开制度,赋予公民通过法定途径获得相关环境信息的权利。如在上文谈到的城市向农村进行工业污染搬迁的过程中,环保部门有责任通过一定的方式,使被迁入地的农民了解该企业会对环境造成什么样的污染,村民受到污染后应当如何救济等相关的权利,从而更好地保护弱势群体环境权的实现。

"法律法规虽然效力较高,但是其内容一般规定得比较原则化或者措辞比较含糊,而国务院以及各部委制定或发布的其他规范性文件较为具体,但是在具体执行措施方面又缺乏相应的法律和行政机关的支持。"此外,各种涉及农村环境保护的规范性文件的相关条款的原则性宽泛性规范占了很大比例,而且还政出多门,相互之间的矛盾冲突的现象甚是严重。

6.3.2 发达国家农村环境保护的有益探索

发达国家的城镇化水平很高,约达 70% 左右,农业人口比例相对较低。民众的环境保护意识普遍很强,而政府农村环境保护工作起步早,发展快,制定了专门的农村环境保护法律或相关联的政策,建立了相关的组织机构、具体制度、投入机制等。世界上诸多国家对于农村环境保护这项浩大"工程"中取得显著成就、颇具代表性的是德国、美国、日本、韩国。

1. 德国

德国是一个非常重视农村环境保护的国家。在第二次世界大战后,化学工业品在德国的农业生产中得到广泛运用,这也为解决国内的饥荒问题发挥了巨大作用。但同时也付出了重大代价。农村环境的污染与破坏给农村带来了较大的负面影响。终于在 20 世纪末德国政府高度重视对环境的治理与保护,采取了许多对环境保护的措施。其中主要的有:

第一,在农业生产方面有,禁止使用化学肥料,运用农家的肥料,实施秸秆还田的措施;禁止使用化学农药,积极采用一些比较温和的与自然环境相协调的病虫害防治措施,例如采用物理措施,使用天敌益虫等等;采取科学合理多样化的轮作和间作制度,用以保持土壤的肥力。

第二，以人为本，提高农民的环境意识和综合素质。加强农民的教育，在德国，农民的教育形式是多种多样的，有通过正规大学或院校培养新型农民，有通过培训培养农民的，这样使他们获得农学、社会政策等文化方面的知识，人是最生产力中最积极活跃的因素，对农民进行知识和技能的培训可以提高农民的素质，而农民的各方面的素质的提高有利于农村环境的保护和改善。

第三，在宏观政策上，实施财政补贴和政策扶持的措施，激发农民的环境保护热情。实施环境保护补贴，使农业生产对环境的影响朝着有利于环境保护的方向发展；加大对农村基础设施建设的投入，通过直接投资的方式支持农村环境保护事业，主要有以补贴和贷款方式对水利、土地整治、垃圾设施等农村建设工程给予财政上的大投入。

第四，德国是世界上沼气技术研究和应用方面处于领先的国家，其沼气在促进能源结构转型升级和保护农村环境方面发挥了重要作用。德国运用高科技手段，充分发挥资源的优势，将我国弃之不用的秸秆，通过秸秆生物发酵生产沼气技术，积极推动秸秆沼气工程发展，德国的沼气产业获得了健康快速的发展。

德国农村的沼气产业，既解决了农村的环境问题，同时也产生了可观的经济效益。现在，德国农村自然环境优美，将近30%的土地覆盖着森林，使德国成为一个风景秀丽的国家。虽然我国与德国的国情不尽相同，但他们在农村在改善农民生活和生态环境，严格环境保护的一些具体做法很是值得我们学习借鉴。

2. 美国

美国把可持续发展理念作为农业发展与环境保护的基本准则，并且在法律中得以体现。譬如美国，在1990年颁布的《污染预防法》中对可持续农业作出了明确规定：可持续农业是指运用生态学，生态技术与经济学的原理及规律作为指导，通过建立农业经济增长与生态系统环境质量改善的动态均衡机制，以绿色GDP核算体系和可持续协调发展评估体系为导向，将农业经济的各种资源要素视为一个密不可分的整体加以统筹协调的新型农业发展模式。在此项法律中充分体现了农业可持续发展是当今农业发展的一大趋势。在农村环境保护的整个发展进程中，美国针对农村环境保护做了大量细致的工作，进行了诸多有益的探索。形成了以政府为主导的农村环境保护投入机制，成立了兼具决策和协调控制能力的环境管理机构，制定了较为完善的补贴、税收费用等政策，此外，还有一整套的法规标准、监管执法等措施和办法。

第一，美国为保护农村环境而设置了一系列的机构。例如美国特设了统一的管理机构，其主要负责制定农村环境标准、环境立法和执法、开展环境监测，发布环境信息公告等。此外，美国还建立了覆盖全国的农村环境监测体系，对环境执法的重要性给予充分的重视。还有，在美国，美国国家环保局是一个独立的执法机构，拥有较好的警务人员配置，而且具有一定的调查取证权和处罚权，这就在实践中给农村环境保护提供了有力的法律保障。

第二，美国还从法律层面以法律的形式保障农村环境。美国从工业革命开始后不久，因为开垦土地，进行西部运动，造成了农业环境破坏之后，立马就对农业着手立法，从法律上给予农村环境以保护。例如实施了最大日负荷计划、农村清洁水实施计划等等。

第三，美国针对农村的环境保护实际工作的需要，设立了专门的环境保护的专项资金，欧美发达国家通过直接投入、补贴、优惠贷款、税收减免等一系列的措施大力支持农村的环境基础设施建设。例如，美国政府每年拨出几十亿美元，主要用于针对农业面源污染治理

3. 日本

日本是中国的邻国,中间为一水之隔。日本与中国的国情也稍微接近比较类似,发展历程也相差不大,同样经历了工业化和城市化所引发的城乡不均衡发展的问题,之后国家也调整发展战略,增加了对农村环境保护的投入力度,实行工业反哺农业的方针策略,最后,自然而然整个农村环境也获得了明显改善和提高。

第一,日本将农村环境保护作为重点投资领域之一,推动了农村环境保护事业的向前发展,也有利于城乡均衡发展。日本在20实际70年代末后,斥巨资,花大手笔对农村环境污染进行投入,而这其中的30%都是由政府出资,经过一番整顿和完善,日本农村的垃圾处理设施设备、农村生活污水设施设备也逐渐齐全,日益完备。现在,日本的自来水和污水处理基本上都是全国覆盖。

第二,在环境保护过程中充分发挥基层农民组织的作用。例如,日本政府十分重视农民组织建设,农业协会是其最重要的基层组织。而农业协会代表农民利益,有自己的技术开发和培训基地。实践证明,农协在贯彻政府农业政策,保护农业环境,促进农业现代化和可持续发展方面,有着至关重要的作用。

第三构建农村环境保护法律体系,制定和完善农村相关的环境标准。环境立法是环境法制建设的基础性的工作,是环境保护和经济发展的必然要求。韩国政府十分重视农村环境污染防治的立法和环境标准的制定。日本自20世纪70年代以来开始制定了一系列的农业环境保护法律法规,如《土壤污染防止法》《农药取缔法》等。

实践表明,只有建立健全农村环境保护法律体系,才能彻底的从根本上解决农村环境保护面临的种种问题。最后,日本一直以来都坚决实施农业可持续发展战略。在强调农村农业发展的同时,也给予自然资源的开发使用和环境保护足够的重视,在增加农民收入和提高农民生活质量的同时,科学而有效的保护农村环境。

4. 韩国

韩国在上世纪70年代开始兴起"新村运动",其目的是解决工业农业发展不平衡的问题,推动城乡均衡发展。韩国政府提供钢筋、水泥等物资,改善农村农民的生活环境。为缩小城乡差距,为保护农村环境,韩国政府先后采取了一系列的措施和办法。

韩国将科学技术这一因素作为推动农村环境保护事业的重要助推力。韩国枕骨在农村环境保护科学技术方面进行了大量的研究,形成了许多领先世界的科研成果。借助于这些理论研究的成果,运用于实践中,取得了相当了不起的成就,达到了非常理想的效果。开始于20世纪70年代的韩国新村运动是一场以改善农村生活环境、促进农业发展、提高农民生活质量为主要内容的自上而下的农村现代化运动,它对韩国经济和社会现代化做出了巨大的贡献。

6.3.3 中国农村环境问题的对策建议

1. 完善立法,建立健全农村环境保护法律体系

目前我国农村的发展和成就的取得是靠消耗大量资源和损害环境为代价的,这种竭泽而渔目光短视的做法对自然索取过多保护不力。而像这种缺乏可持续理念的发展模式在破坏了自身生存环境基础的同时,也会使我们的子孙后代在良好环境中生存的权利面临被

剥夺的风险。我们的子孙后代在自然资源利用、环境权利与生态利益分配、享有与保护等方面都处于相对不利的地位。法律应该将环境利益和环境负担以法律权利和义务的形式予以分配，即是法律应当明确保护环境权。在环境保护法中，应当对环境知情权、公众参与权等相关环境权利加以明确，也应该明确农民保护环境的具体义务内容。务必加强完善和贯彻执行包括农业生态补偿制度、农业清洁生产促进制度、绿色农产品检验检测和认证制度、农产品市场准入制度以及建立农村环境管理体制等在内的农业生态环境保护法律制度。在环境保护体系日趋完善的今天，农民不能再次被摒弃于制度之外，农民作为与城市居民平等的法律主体，必须平等的享有各项各项法律权利。环境权作为一项基本的人权，农民是这一权利的当然主体。我们必须重视农民环境权保护题，完善相关制度和法律。具体来说就是将农民的环境权法定化，使农民可以以其法定权利对抗侵害，并通过完善环境保护执法、监督和农民环境权的救济，创设出生态环境保护的一整套农村法律体系。

2. 构建农村环境保护法

环境保护法赋予公民包括农村居民在内的人环境权益。环保法不仅要一般的提倡公众参与，而且要最大限度地为各种社会主体的参与提供便利。但是公众参与环境保护的参与方式、参与范围、参与力度几个问题需要解决。这些都需要新的环境保护法作出规定。建议修改现行的环境保护法，增加综合性的农村环境保护法律，制定农村环境保护法，作为国家农村环境保护的基本法，涵盖的内容包括污染防治、自然保护和自然资源保护等。

鉴于目前农村人居环境污染的严重性事态的紧迫性，可在《环境保护法》第四章：防治环境污染和其他公害中增加"防治农村人居环境污染"条款，对农村生活垃圾、生活污水等污染农村环境的因素作出详细规定。所以，对环保法加以修改，一是增加环境民主即环境权的相关内容，通过环境保护法将环境权的主体、内容、参与方式、参与范围、参与力度等具体事项加以规定。二是增加关于农村人居环境治理的条款。

由于农村环境和城市环境的彼此特点以及导致环境问题的要素不同，我们必须清醒认识二者的特殊性。为了更好保护农村的环境，需要建立一个完备的农村环境保护法律体系。根据可持续发展理念，再加上农村环境的独有特点，不断修改不断完善目前的农村环境保护法，为农村的环境保护提供法律保障。

3. 建立完善的程序法制度

建立和完善环境诉讼法制度，根据环境纠纷的特点，放宽环境诉讼的诉讼资格，构建诉讼程序与非诉讼程序相互协调，自力救济与公力救济相互补充的环境纠纷解决程序法制。随着我国法制化进程的脚步推进加快，司法很有可能作为社会正义的最后一道防线走进人们的视野。对于在我国推进环境诉讼的制度障碍和困难，我国许多学者和专家们已经有所认识并在试图努力积极改变，目前各项立法修改活动正在酝酿中。整体来看，环境受害村民由于受环境污染和破坏而使得自己的财产和生命被侵害或者有被侵害之虞时，也即侵犯村民环境权所造成的财产和生命健康的实际的有形的损害后果，其财产和生命健康的救济，可以以私益之诉来实现，通过法律援助和对弱势群体的诉讼费用减免等来推动类似团体诉讼的开展；而对于土地、河流、山川等生态利益的救济，由于在我国它们尚属于国家或集体所有，农民只是使用权人，可考虑采用"公益诉讼"的方式，由国家检察机关代表政府起诉污染者，或者在特定条件下由公众提起环境公益诉讼。

对于公益诉讼等程序法制度，理论界已有广泛探讨的基础和氛围，民事诉讼法草案的修订对此给予了极大的关注,未来它是可以期待的。与此同时,对于推进环境诉讼完善程序法制度建设方面,其他方面的因素也不能忽略。比如现实中法官、立法者对环境知识和环境问题上认识的欠缺,客观阻碍了司法和立法的革新;而农民的"厌诉"心理的克服还有待于司法形象的重塑、农民法律意识和权利意识的提高等。

4. 促成农村环境法制与国际环境立法接轨

环境问题不仅是社会问题,也是个政治经济问题;同样环境问题也不仅仅是某个或者某几个国家的问题,由于全球气候天气具有全局性的特点以及种种人为的因素,环境问题具有广泛性、全球性的特点。世界上各个国家对农村环境进行立法规制用以保护农村环境,已经成为国际社会的普遍共识。

在我国农村环境法制的进程中,务必要向发达国家虚心请教认真学习其在几十年乃至上百年总结出来的法制经验和教训,为我们农村环境法制提供参考和借鉴;我们还要致力研究国际环境保护条约、公约和协定,争取为我国农村环境保护事业营造一个良好的外部发展环境;国外环境保护比我们早些进行了许多年,我国的环境保护才刚刚起步,各项事业和项目的开展都远远落后,为缩短差距和努力加快农村环境保护进程,应当引进一些高端的管理设备,尖端的管理资源和环保科技,务必运用各种先进的方式方法加速我国农村的环境保护进程,让我们的农村环境法制与国际的环境标准环境制度接轨。

思考与练习

1. 区域环境保护法的内涵是什么?
2. 区域环境保护法的主要具体内容是什么?
3. 农村环境保护面临的主要问题是什么?
4. 对于农村环境保护应该提出什么样的合理建议?

第7章 生态保护法

7.1 生物多样性政策及立法

7.1.1 重要概念

"政策"是指为实现一定时期的社会经济目标,在特定的战略框架下制定的行动准则,一般体现为"计划""规划""纲要""方案""设想"等形式,有时也体现为"通知""意见"等。生物多样性政策,是指国家关于生物多样性保护和利用的行动准则。"立法"一词通常在动态和静态两层意义上使用。动态意义上的"立法",通常指"国家机关依法创制、修改、废止法律的一种专门活动";静态意义上的立法,是指此种活动的成果,即梅因所称的"立法机关制定的法规"。本书所称的"生物多样性立法",主要在静态意义上使用,即国家立法机关制定的有关生物多样性保护和利用的法律规范的总称。静态意义上的"生物多样性立法"亦可称为"生物多样性法"。在一些情形下,本书中的"生物多样性立法"也在动态意义上使用,尤其是在评价和研讨完善静态意义上的生物多样性立法的实施状况之时。

由于生物多样性由遗传多样性、物种多样性、生态系统多样性三个层面构成,相应的,生物多样性立法在内在结构上也包括这三方面内容。遗传多样性立法主要涉及生物遗传资源管理,目前研讨较多的是生物遗传资源的获取与惠益分享机制。物种多样性立法主要涉及动物、植物、微生物等物种管理。生态系统多样性立法在事实上涵盖了遗传多样性和物种多样性,但又不止于两者包含的内容。一般认为,这方面的立法包括生境保护立法和特殊区域保护立法。在中国目前的生物多样性法律体系中,不存在专门的生境保护立法,特殊区域保护立法主要体现在自然保护区立法和风景名胜区立法。除了这三方面的内容外,生物安全立法也是生物多样性法律体系中不可或缺的组成部分。其主要原因在于,因以转基因技术为代表的现代生物技术引发的生物安全问题越来越多地影响到生物多样性,农业生物安全问题尤为如此。

政策与法律之间的区别主要体现在:政策可以主要由或完全由原则性的规定组成,可以只规定行动的方向而不规定行为的具体规则;法律则以规则为主,不能仅限于原则性规定。政策既可以法律作为实施保障,也可以依靠宣传、教育、政党纪律作为依据;而法律则以国家强制力保证实施。政策具有较大的灵活性,具体政策往往随着情势的变化而随时调整;而法律则具有较强的稳定性。因此,完善的法律具有更高的可操作性。

在中国,政策与法律在经济基础、指导思想、基本原则等根本方面又具有高度的一致性,并且两者之间存在密切关联。重大政策对法律的制定和实施起着指导作用,一些重大政策也往往是立法程序的最重要的启动因素。在特定情况下,当国家没有制定出相应的法律规范时,政策还直接起着法律的作用。

7.1.2 研究意义

在实践层面,生物多样性政策和立法的健全完善及其有效实施,不仅是加强我国生物多样性保护和管理的客观需要,也是全球化时代有效保护本国生物多样性的最有力的工具,是履行生物多样性保护国际义务的最基本途径之一。我国目前的生物多样性政策和立法尽管为生物多样性保护提供了基础和依据,但却无法很好地适应生物多样性保护的需要,这集中体现在法规体系、管理体制、管理制度、立法技术等层面。由此,协调和平衡生物多样性"保护"与"利用"之间的关系,借鉴生物多样性保护国际法以及外国生物多样性政策与立法的成功经验,并基于我国生物多样性及其保护的现状和实际需求,分析我国生物多样性政策与立法存在的问题,提出具有可操作性的健全和完善的建议,就尤为迫切。

在理论层面,生物多样性政策和立法在生态保护方面具有根本价值。一方面,有关生物多样性保护和可持续利用的政策和立法状况决定了我国生态保护立法的完善程度,因而本研究有助于从理论上支持我国生态环境法制的健全和完善,并可为其提供具有可操作性的路线图和重要领域的详细建议。另一方面,由于生物多样性本身的资源性特征,关于生物多样性政策与立法的研究同时也可为完善我国环境法的研究从内容和方法论两个层面提供有益的参考和借鉴。

7.1.3 研究路径

基于我国生物多样性政策和立法的特征,本书的研究路径体现在如下几个方面:

1. 我国的生物多样性立法具有显著的政策性特征

生物多样性政策与立法之间具有密切的关联性,重大政策对生物多样性立法的制定和实施起着指导作用,并在特定情况下弥补生物多样性立法空白。有鉴于此,本书对生物多样性政策与立法置于同一理论框架下进行整合分析。但由于政策与立法具有不同的内容、特点和作用,在实证研究环节对生物多样性政策和立法进行分别研究。同时考虑到立法为重大政策服务的功能。

2. 我国的生物多样性政策和立法具有显著的国际性特征

生物多样性政策和立法的进展和内容较大程度地受生物多样性国际法发展的影响,并参考和借鉴情况近似的其他国家的立法制定本国政策与立法。鉴于这一特征,本书在明确生物多样性政策与立法的现实和理念基础之后,分别对生物多样性国际法和国别法进行系统的考察,以期为中国政策和立法研究提供依据或借鉴。

3. 我国的生物多样性政策和立法具有发展不平衡的特征

我国的生物多样性政策和法律体系对物种多样性和生态系统多样性关注相对较多——尽管这并不意味着这两方面的政策和立法更加完善,而对遗传多样性关注不足。为此本书设专章对生物遗传资源立法作专门研讨。在农业领域,社会各界近年来对食品安全和粮食安全高度关注,而这方面的立法存在诸多亟须完善之处,因此对农业生物安全立法也需进行研究。

7.2 我国实施生物多样性国际法的政策与立法措施

我国高度重视并积极履行相关生物多样性保护国际法。在履行《生物多样性公约》及其议定书和《濒危野生动植物物种国际贸易公约》《湿地公约》《防治荒漠化公约》等国际条约的过程中,中国在政策和立法方面做了大量的努力。

7.2.1 实施《生物多样性公约》的措施

我国作为《生物多样性公约》和《卡塔赫纳生物安全议定书》的缔约国,一直以来积极开展国内履行工作。在政策层面,早在1991年,我国就编制了《中国生物多样性保护行动计划》,并于1994年6月发布并实施,使我国成为世界上率先完成行动计划的少数国家之一。中国还制定了《中国21世纪议程》《全国生态环境保护纲要》《中国自然保护区发展规划纲要(1996—2010年)》《中国国家生物安全框架(1999)》《全国生态保护"十一五"规划》《全国生物物种资源保护与利用规划纲要》《国民经济和社会发展第十二个五年规划纲要》《全国自然保护区发展规划(2006—2020年)》《全国外来入侵生物防治规划》等。此外,国家环境保护总局还编制了《中国生物多样性国情研究报告》,其他相关部门也分别编制了相关的行动计划。例如,1994年,国家计划委员会组织有关部门编制了《全国生态建设规划纲要》;1993~1995年,林业部主持编制了《中国21世纪议程林业行动计划》;1993年,建设部编制了《中国大熊猫移动保护计划》等;1994~1995年,农业部主持编制了《中国农业生物多样性保护行动计划》和《中国家畜禽品种资源多样性保护行动纲要》;国家海洋局与有关部门合作编制了《中国海洋生物多样性保护行动计划》和《中国红树林保护行动计划》;2001年,国家林业局组织编制了《全国野生动植物保护及自然保护区建设工程总体规划》;2005~2006年,国家林业局组织编制了《全国林业自然保护区发展规划》;2007年农业部组织编制了《农业植物新品种保护发展规划》和《全国草原保护建设利用总体规划》;2010年国家发展改革委、国家林业局会同有关部门编制了《大小兴安岭林区生态保护与经济转型规划(2010—2020年)》;2010~2011年国家林业局组织编制了《全国湿地保护工程实施规划(2011—2015年)》等。此外,一些保护区也制定了各自的生物多样性管理政策,如《吉林查干湖自然保护区管理计划》《海南东寨港自然保护区管理计划》《四川四姑娘山国家级自然保护区总体规划》《广西崇左白头叶猴自然保护区总体规划》《若尔盖高原湿地保护与可持续利用战略计划》。

在中央立法层面,我国涉及履行《生物多样性公约》的立法主要包括如下几类:其一,概括性地规定保护自然资源、珍稀野生动植物和自然生态系统的立法,这主要体现在《中华人民共和国宪法》(以下简称《宪法》)、《中华人民共和国刑法》(以下简称《刑法》)和《中华人民共和国环境保护法》(以下简称《环境保护法》)的若干条款中;其二,较为详细地规定生物多样性保护和可持续利用的某些方面的立法,主要包括《中华人民共和国自然保护区条例》(以下简称《自然保护区条例》)、《风景名胜区条例》、《中华人民共和国野生动物保护法》(以下简称《野生动物保护法》)、《中华人民共和国野生植物保护条例》(以下简称《野生植物保护条例》)、《中华人民共和国陆生野生动物保护实施条例》(以下简称《陆生野生动物保护实施条例》)、《中华人民共和国植物新品种保护条例》(以下简称《植物新品种保护条例》)、《农业转基因生物安全管理条例》、《病原微生物实验室生物安全管理条例》、《中华人民共和国濒危野生动植物进出口管理条例》(以下简称《濒危野生动植物进出口管理条例》)、《防治海洋工程建设项目污染损害海洋环境管理条例》等;其三,涉及生物多样性保护和可持续利用的相关立法,如《中华人民共和国森林法》(以下简称《森林法》)、《中华人民共和国海洋环境保护法》(以下简称《海洋环境保护法》)、《中华人民共和国水法》(以下简称《水法》)、《中华人民共和国水污染防治法》(以下简称《水污染防治法》)、《中华人民共和国水土保持法》(以下简称《水土保持法》)、《中华人民共和国渔业法》(以下简称《渔业法》)、《中华人民共和国种子法》(以下简称《种子法》)、《中华人民共和国草原法》(以下简称《草原法》)、《中华人民共和国畜牧法》(以下简称《畜牧法》)、《中华人民共和国环境影响评价法》(以下简称《环境影响评价法》)。在此值得注意的是,2000年《中华人民共和国森林法实施条例》(以下简称《森林法实施条例》)第一次将微生物单独列为野生生物的重要部分加以保护。

在地方立法层面,一些地方性法规和规章对生物多样性保护也做出了规定。这些规定既包括综合性的地方自然保护区立法,如《黑龙江省自然保护区管理办法》《云南省自然保护区管理条例》等,也包括专门针对特定的自然保护区制定的立法,如《宁波市韭山列岛海洋生态自然保护区条例》《黑龙江省兴凯湖国家级自然保护区管理条例》等,还包括一些关于物种管理的立法,如《吉林省野生动植物管理保护暂行条例》《黔西南布依苗族自治州天然林保护条例》等。

7.2.2 实施《濒危野生动植物物种国际贸易公约》的措施

我国濒危野生动植物及其产品的进出口管理工作由国务院林业农业(渔业)主管部门按照职责分工主管。为了履行《濒危野生动植物物种国际贸易公约》,我国设立了履约管理机构(濒危物种进出口管理办公室)和履约科学咨询机构(濒危物种科学委员会)。濒危物种进出口管理办公室代表中国政府履行《濒危野生动植物物种国际贸易公约》,协助国务院野生动植物主管部门做好履约工作,并负责核发允许进出口证明书。

在中央立法方面,我国颁布了一系列法律、法规,对进出口野生动植物及其产品做出了明确的管理规定。我国为履行《濒危野生动植物物种国际贸易公约》制定了《濒危野生动植物进出口管理条例》。《森林法》《野生动物保护法》《渔业法》《海关法》《对外贸易法》《刑法》等法律对野生动植物的进出口管理或者有关违法行为的处罚做出了明确规定。为了更好地保护生物物种资源,我国还陆续颁布了《野生药材资源保护管理条例》《国家重点保护野生动物名录》《陆生野生动物保护实施条例》《中华人民共和国水生野生动物保护实施条例》(以下简称《水生野生动物保护实施条例》)、《野生植物保护条例》《国家重点保护野生植物名录》《国家保护的有益的或者有重要经济、科学研究价值的陆生野生动物名录》《野生动物保护法》《濒危野生动植物进出口管理条例》等。另外,1984年,国家环境保护委员会(现环境保护部)公布了《中国珍稀濒危植物名录(第一批)》;1987年,国家中医药管理局公布了《药用动植物资源保护名录》;1989年,国家林业部(现国家林业局)公布了《国家重点保护野生动物名录》,并于2003年进行了修正;1992年,国家林业部(现国家林业局)公布了《国家珍贵树种名录(第一批)》;1999年,农业部公布了《国家重点保护野生植物名录(第一批)》,并于2001年进行了修正;1999年,国家林业部(现国家林业局)公布了《林业植物新品种保护名录(第一批)》,并于2000年、2003年、2004年分别公布了第二批至第四批;1999年,农业部公布了《农业植物新品种保护名录(第一批)》,并于2000年、2001年、2002年、2003年、2005年、2008年、2010年分别公布了第二批至第八批;2006年,建设部(现国家住房和城乡建设部)公布了《中国国家自然遗产、国家自然与文化双遗产预备名录(第一批)》;2007年、2009年和2012年,国家林业部(现国家林业局)公布了《林木良种名录》;2007年,农业部公布了《国家重点保护经济水生动植物资源名录(第一批)》等。

在地方立法层面,除了前述内容之外,中国大部分省、市和自治区均颁布了重点保护野生动植物名录,制定了《野生动物保护法》的实施细则。一些省份和自治区,如陕西省、吉林省、西藏自治区等,还制定了重点保护野生动物造成人身伤害和财产损失补偿办法。一些省市和自治区,如广西壮族自治区、云南省、黑龙江省、浙江省、广东省、天津市、大连市、长春市等,制定了野生动物保护方面的管理办法。关于野生植物保护和可持续利用方面的地方立法相对较少,只有新疆维吾尔自治区、河南省、江西省、广西壮族自治区等地方政府规定了野生植物保护的管理办法。

7.2.3 实施《湿地公约》的措施

作为《湿地公约》的缔约国,中国积极致力于湿地保护。中国建立了履行《湿地公约》的工作机构。国家林业局负责组织、协调《湿地公约》的履约工作,农业部、水利部、国土资源部、环境保护部、国家海洋局等部门分别负责各自职责内的工作。地方各级人民政府设有与中央政府相应的管理机构,在中央各主管部门的业务指导下负责本地区的湿地保护与管理的具体工作。目前,国家林业局下设的国际湿地公约履约办公室(即国家林业局湿地保护管理中心)负责承担组织、护和有关国际条约履约的具体工作。

在政策方面,中国政府编制了《中国生物多样性保护行动计划》《中国21世纪议程》《中国湿地保护行动计划》《全国湿地保护工程规划》《全国生态环境建设规划》《全国生态环境保护纲要》《关于加强湿地保护管理的通知》《关于加快林业发展的决定》《中国21世纪议程林业行动计划》和《跨世纪绿色工程规划》《全国湿地保护工程实施规划(2005—2010)》等,为中国湿地的保护和合理利用提供了政策依据。

在中央立法方面,中国在加入《湿地公约》前的法律中并未将湿地整体作为专门的保护对象,与湿地有关的规定散见于各种层次的法律之中。加入该公约后,湿地保护才逐渐进入中国立法者的视野。中国涉及湿地保护和可持续利用的立法主要包括如下几个方面:其一,概括性地保护与湿地有关的自然要素的立法,如《环境保护法》;其二,保护对象包括湿地或者实际上对湿地保护起到作用的相关立法,如《森林法》《中华人民共和国土地管理法》(以下简称《土地管理法》)和《海洋环境保护法》《水污染防治法》《水法》《野生动物保护法》《水土保持法》《渔业法》,以及《水产资源繁殖保护条例》《河道管理条例》《陆生野生动物保护实施条例》《水生野生动物保护实施条例》《野生植物保护条例》等法律和法规;其三,将湿地作为一种特殊自然生态区域加以保护的立法,如《自然保护区条例》《海洋自然保护区管理办法》和《国家城市湿地公园管理办法(试行)》。

在地方立法层面,一些省、市制定了专门的湿地保护条例或者办法,如《黑龙江省湿地保护条例》《江西省鄱阳湖湿地保护条例》《甘肃省湿地保护条例》《湖南省湿地保护条例》《山西省湿地保护条例》《浙江省湿地保护条例》《西藏自治区湿地保护条例》《吉林省湿地保护条例》《江苏省湿地公园管理办法》《浙江衢州乌溪江国家湿地公园保护管理暂行办法》《上海市九段沙湿地自然保护区管理办法》《天津古海岸与湿地国家级自然保护区管理办法》《河北省衡水湖湿地和鸟类自然保护区管理办法》等。此外,四川省、辽宁省、广东省、陕西省、江西省、内蒙古自治区等省、市也都有湿地保护的管理规定。同时,一些地方还制定了一些与湿地保护相关的立法。这些立法除了前述相关内容外,还包括《福建省沿海滩涂围垦办法》《浙江省滩涂围垦管理条例》和《上海市滩涂管理暂行规定》等。此外,还包括一些关于旨在保护特定类型湿地的地方立法,如《海南省红树林保护规定》。

7.2.4 实施《防治荒漠化公约》的措施

在履行《防治荒漠化公约》方面,中国目前由林业行政主管部门负责组织、协调、指导防沙治沙工作,农业、水利、土地、环境保护等行政主管部门和气象主管机构,按照职责分工进行防沙治沙工作。为了履行《防治荒漠化公约》,中国成立"中国防治荒漠化协调小组",其常设机构是《防治荒漠化公约》履约秘书处,即防止荒漠化协调小组办公室。中国还设立了部际协调机构——《防治荒漠化公约》执行委员会(China National Committee for the Implementation of UNCCD, CCICCD),加强了各部门履约的协调工作;设立国家林业局防止荒漠化管理中心;设立了国家防治荒漠化高级专家顾问组;成立了中国防治荒漠化培训中心、防止荒漠化研究与发展中心和中国荒漠化监测中心;建立了地方(省级)防治荒漠化机构,成立了中国和防治荒漠化独立专家队伍;另外,在全国防治荒漠化任务较大的省份也相应成立了防治荒漠化协调或领导小组,办公室相应设在林业行政主管部门。

中国基于履行《防治荒漠化公约》需要制定的政策性文件主要包括《全国生态环境建设规划》《全国生态环境保护纲要》《中国21世纪议程》《中国环境保护21世纪议程》《中国21世纪议程林业行动计划》《中国履行联合国防治荒漠化公约国家行动方案》《全国防沙治沙规划(2005—2010)》《国务院关于加强草原保护与建设的若干意见》《关于鼓励企业及个体承包治沙规定》《关于进一步加快林业发展的决定》等。这些政策性文件为荒漠化防治提供了重要的支持。

在中央立法方面,目前中国已经初步形成了有关荒漠化防治的法规体系,制定了近20部有关荒漠化防治、涉及自然资源和生态环境保护的法律、法规。其中主要包括防治荒漠化专门性法律《防沙治沙法》以及与荒漠化防治相关的主要立法《水土保持法》及其实施条例、《环境保护法》《水法》《草原法》《中华人民共和国农业法》(以下简称《农业法》)、《中华人民共和国农村土地承包法》《中华人民共和国土地管理法》(以下简称《土地管理法》)、《中华人民共和国可再生能源法》《森林法》《退耕还林条例》《全国荒漠化和沙化监测管理办法》《营利性治沙管理办法》等。《中华人民共和国矿产资源法》和《刑法》也包含了有关荒漠化防治的条款。

在地方立法层面,一些省、市也制定颁布了专门的荒漠化防治实施办法,如四川省、山西省、甘肃省、内蒙古自治区、新疆维吾尔自治区出台了实施《防沙治沙法》办法。另外,一些地方还制定了与荒漠化防治相关的立法,如《北京市森林资源保护管理条例》《济南市森林资源保护管理办法》《内蒙古自治区草原管理条例》《内蒙古自治区地质环境保护条例》《江西省实施〈中华人民共和国水土保持法〉办法》等。

思考与练习

1. 生物多样性的概念和意义是什么？
2. 如何实施《生物多样性公约》的措施？
3. 如何实施《濒危野生动植物物种国际贸易公约》的措施？

第8章 环境信息公开法、清洁生产法与循环经济法

8.1 环境信息

环境信息是指对一切自然资源与人文社会现象在空间位置上统一的数字化表示。具体来说,是指以高速宽带网络通信技术为特征,在统一的规范标准环境下,全面系统地解释和反映自然、社会和人文现象的信息系统体系。有的学者认为:环境信息是指有关环境管理、保护、改善、使用等方面的信息;还有的学者认为:环境信息应采用《奥胡斯公约》(即《关于在环境事物中获取信息、公众参与决策和司法救济的公约》欧洲经济委员会环境政策委员会于1998年在"欧洲环境"第四次部长级会议上通过)对环境信息所做的宽泛界定:(环境信息)是指包括环境、生物多样性(含转基因生物)的状况和对环境发生或可能发生影响的因子(包括行政措施、环境协议、计划项目及用于环境决策的成本-效益和其他基于经济学的分析及假设)在内的一切信息。这一定义还涵盖了就受到或可能受到环境条件或作用于环境的因子、行为或方法的影响而言的人类健康与安全、人类生活条件、文化景观和建筑物的状况。更有学者认为:"(环境信息)是关于环境和发展的资料,包括已经或可能对环境产生重大影响的产品和活动的资料,以及有关环境保护事务的资料。"

由此可见,环境信息并不简单等同于单纯的环境数据,环境信息是表征环境问题及其管理过程中的各固有要素的数量、质量、分布、联系和规律等数字、文字和图形等的总称;是经过加工的、能够被环境保护部门、公众及各类企业利用的数据,是人类在环境保护实践中认识环境和解决环境问题所必需的一种共享资源。它是一种与环境保护有关的非实体性、无形性资源,普遍存在于自然界、人类社会和人类思维之中。由于信息具有可扩充、可压缩、可替代、可传输、可扩散和可分享性等特性,因此环境信息资源也存在着无限性、多样性、灵活性、共享性和开发性。另外,环境信息具有信息量大、离散程度高、信息源广、各种信息处理方式不一致等特征。

8.2 《环境信息法》与环境信息公开

自从20世纪60年代美国科学家Reachel Carson在她的著作《寂静的春天》一书中向世人发出环境污染的警告后,环境问题已成为"环境时代"人类所关注和不可避免的全球性课题,因而,如何保护环境也成为有关领域的热点课题。瑞士"达沃斯世界论坛"上正式对外发布的评估世界各国及地区环境质量的"环境可持续指数"显示,全球144个国家和地区中,中国位列第133。这一指数也使我国在环境问题上更加焦虑。20多年来,我国经济持续高速增长,但在取得举世瞩目成就的同时也带来资源浪费、环境污染、生态破坏等负面影

响。近7年来,诸如"我国耕地减少了近1亿亩;不少省份已经提前用完2010年规划用地指标;主要矿产资源到2030年将只有2~3种能够保障供应,其他都需依靠进口;我国万元GDP能耗超过发达国家3~11倍"此类问题屡见不鲜。可见,粗放式的发展模式导致了污染的加剧,我国的资源承载力已接近极限。此外,目前COD排放总量达到1 400万~1 500万吨,接近最大允许排放量的2倍;大气中二氧化硫排放总量为1 900万~2 000万吨,也远远超过排放标准1 200万吨;城市垃圾每年接近1.4亿吨,处理率仅为54.2%,无害处理率则更低。除了工业化、城市化带来的烟尘、二氧化硫等污染外,机动车尾气污染、有毒害化学品污染、城市化学家烟雾、外来物种入侵等新环境问题在我国也不断涌现。我国的环境污染已经从陆地蔓延到近岸海域,从地表水延伸到地下水,从一般污染物拓展到有害污染物,已形成点源与面源共存,污染与工业排放叠加,多种新旧污染与新污染复合,大气、水体、土壤污染相互作用的格局,对生态系统、食品安全、人体健康构成重大威胁。可以说我国正面临着前所未有的环境危机。在如此严重的环境问题面前我们也为过去片面地追求经济的高速发展付出了沉重代价——我们亲手造成的环境问题将是我们将来经济健康发展的障碍。面对日益严峻的环境形势,人们不禁要问:《环境保护法》是否已经落伍?答案显然是否定的。我国的环境保护法自1989年正式颁布至今已有20多年的历史,随着经济社会的发展,环境保护法的缺陷与不足也逐步显露出来,旧有的环保法已不适应多元社会的发展需要。但是在我国满足人们更高的环境需求同时还要履行一系列国际环境条约的义务,而所有这些都要求我国的环境保护事业必须有更高的起点、更大的力度和更加严格的规范。面对前所未有的环境危机,不论是为了满足人们对环境的更高要求,抑或是为了履行国际条约所规定的义务使之与环境法接轨,我国现行的环境保护法律都急需注入新鲜血液,进行彻底改革。

对中国这样一个从计划经济向市场经济转型的发展中国家而言,建立信息公开制度、增强政府工作透明度是促进民主行政建设更有基础性意义的关键,而环境信息公开也是行政公开这一民主政治要求的体现政治民主化的要求的地方。20世纪90年代以来,建立信息公开制度、保障公民信息权利已经成为现代民主发展的新趋势。目前,世界上几十个国家制定了信息公开法,规定除了涉及国家秘密和个人隐私等机密信息外,任何人都可以查阅政府信息。若向政府寻求信息被拒,亦可请求司法救济,政府更有负责其间对文件和信息的举证责任。在环境保护与管理领域,由于环境保护对科学技术的依赖性极强,为了使公众理解相关的环境知识,赋予公众知悉环境信息的权利,因此建立起一整套环境信息公开制度应该成为我国环境法规进行改革的首要举措之一。徐翔民先生在谈到环境法律制度建设时认为:环境法律建设中存在许多"不由自主"的创新。其中"创新"是指环境法自身蕴含的要求,而"不由自主"则指立法者的主观构造。

《环境信息法》是运用信息学的相关理论和方法从法学角度来研究与环境信息、分析和解决相关法律问题。它主要研究环境信息法的基本理论问题,如环境信息法的概念、调整对象、本质、作用、地位、体系、其与相关法律的关系以及环境信息法律关系主体、客体、内容、法律责任等基本问题,同时还研究环境信息法的发展历史、国内外信息法制建设状况以及有待建立、健全和完善的法律法规以及其对信息与法律的政策关系等,对信息法律的未来发展趋势进行分析预测,同时在研究这些具体内容的过程中,进一步从不同角度揭示环境信息法的立法规律。

1983年，联合国秘书长授命时任挪威首相的布兰特夫人组建一个独立的特别委员会，即环境与发展委员会(WCED)，以了解1972年以来全球的环境保护情况。1987年，环境与发展委员会发表了影响全球的题为《我们共同的未来》报告，该报告对可持续发展原则赋予了重要的国际意义，正式提出了可持续发展的概念和著名的"既满足当代人的需要，又不对后代满足其需要的能力构成危害"理论。随后，可持续发展概念迅速受到世界各国的极大重视，追求可持续发展已经成为当今世界多数国家选择自身发展模式的新方向。无论是中国还是外国，无论是发展中国家还是发达国家，可持续发展均已经得到全世界的广泛认可和采纳，其传播地域之广、为国际社会接受之快、随社会各领域影响之大都是其他许多思想观念所无法比拟的。一些学者甚至将经济全球化、民主化与追求可持续发展归结为当前世界发展的一种时代特征。而《环境信息法》建立的根本目的正是在鼓励公众广泛参与环境保护基础上实现人类与环境的和谐发展。基于此，笔者认为《环境信息法》是为实现可持续发展而制定形成的一个新法律领域。

1993年5月联合国环境规划署理事会通过修改了《蒙特维的亚方案》，为国际社会环境法的发展指明了方向和具体领域，其中第七个领域为"环境觉悟、教育信息和公众参与"。1998年6月25日，欧洲委员会通过了公众在环境事务中获得信息、参与决策、诉诸司法权力的《奥胡斯公约》。这三项权力体现的核心理念就是公众参与环境保护。对公约成员国来说，国家必须保证这些权力在国内得以实现。可见，公众在环境事务中获得信息、参与决策和诉诸司法权力已经成为国际环境环境法和各国的国内环境法在新历史条件下立法的新趋势。而《环境信息法》正顺应了这种趋势，赋予公众获得各种环境信息的权利，鼓励公众积极参与到环境管理等环境事务中来。过去那种"过度依赖于行政强制"的环保思路已经受到一些学者的批评，公众参与环境保护制度已成为国际环境法和各国国内环境法的发展新走向，它是环境管理民主化与公开化的重要体现。

环境与信息法的结合造就了在"环境时代"应解决环境问题而生的《环境信息法》。我们不能简单认为所谓《环境信息法》不过是环境法的一种。《环境信息法》是有关信息公开方面的专门法律，它的根本目的在于通过公众的有效参与监督来保护人类赖以生存、发展的环境与资源，最终实现经济的可持续发展。由此，它与环境保护法律法规的目的与宗旨是完全一致的。

由于《环境信息法》所涉及的内容、根本原则、基本制度等都与人类的生存发展息息相关，相比于其他法律而言，它在信息法律中的地位是不可比拟的。另一方面，《环境信息法》的时代性所确立的环境信息公开制度是公众参与的前提和基础，是行政公开这一民主政治要求的体现，它因而在环境保护法律中的重要性也就不言而喻了。基于《环境信息法》与环境法和行政法的密切关系和其在环境保护和管理中的重要作用，笔者更倾向于将其纳入环境保护法律法规行列。

8.3 《环境信息公开法》及其历史发展

8.3.1 环境信息公开法概述

环境问题已逐渐被人类所关注且已日益成为不可避免的全球性课题。在当前环境问题日益严重的形势下,公众环境信息权的立法与环境信息的公开在促进公众参与环境保护方面具有十分重要的意义。因此,通过建立一部专门《环境信息公开法》的形式来保障公众的环境信息权,从而完善我国的环境信息法制建设,将是我国的环境法体系在新的历史条件下、可持续发展的道路上进行改革和创新的重要内容之一。环境时代与信息时代的结合"造就"了为解决环境危机而生的环境信息法。环境信息公开法作为一部"年轻"的法律、一个新兴法律部门的法律分支、作为一部以环境信息公开为基本内容的法,其所涉及的内容、基本原则、基本制度等都是与人类生存与发展所息息相关的,可见建立一部完善的《环境信息公开法》意义非凡。

作为环境信息法的核心内容,环境信息公开法律制度有其深厚的理论基础。环境公共信托理论与服务型政府理论、企业环境责任理论、人民主权的政治理念、公众环境信息权理论等都是公众获取环境信息的权利与政府、企业公开环境信息义务的理论渊源。因此,重视对公众环境信息权的保护,以法律的形式建立行之有效的环境信息公开制度是国外环境保护工作的一个重要特点。以德国、挪威为代表的通过建立专门的环境信息公开法的形式在实践中更具有针对性和可操作性,其于我国《环境信息公开法》的建立是一个很好的借鉴。

与国外发达国家相比,尽管我国的环境信息公开法制建设已经取得了明显的进步,但仍然存在着严重缺陷。我国环境信息立法中的一些基本理论问题并未解决,公众环境信息权还得不到有效保障,环境信息公开的义务主体范围少,环境信息范围尚不明确,环境信息公开的程序、权利的救济等也还不健全,可见我国并没有建立起规范的环境信息公开法律制度。这都需要在充分分析我国当前环境信息公开现状的基础上,在借鉴国外发达国家的先进经验的条件下,对我国的环境信息公开立法进行改革与创新。

8.3.2 环境信息公开法的历史发展

早在 20 多年前,美国未来学家约翰·奈斯比特就预言,信息社会必然成为工业社会之后的一个社会发展阶段,资本主义和社会主义最终都要向信息社会转变。此后,杰西卡·马修斯在其《环境时代》一文中提出当今正处于"信息(革命)时代"。美国哈佛大学教授约瑟夫·奈、英国伯明翰大学教授弗兰克·韦伯斯特等也认为,当今处于信息时代。随着经济的发展,媒体工具的加强,信息在污染控制和环境管理中的作用变得越来越重要。信息手段在国外发达国家早已成为一种成熟的环境管理方法。早在1986年,美国有毒化学品排放信息库与33/50计划就开始实施,旨在增强公众对排放到环境中的有毒物质信息的了解,并通过多种途径促使企业消减污染。

从循环经济、和谐社会到环境友好型社会、建设生态文明,每一种新理念的提出都无不透露出我国政府对治理环境问题所下的决心,而环境危机的降临也正式宣告:我国已经进入了环境时代。2000年,美国佩莱格里诺大学教授爱德华·威尔逊在美国《外交政策》杂志上发表的《环境时代》中指出,当今世界进入了"环境时代"。人类已认识到、并致力于摆脱这种不利的困境。越来越多的企业界、政府、地区领导人正在以长远眼光来思考问题并运用科学、技术来改善环境。人类当前面临着重大目标,即在拯救和恢复自然环境的同时,提高世界人口的稳定程度,使其能有一个令人满意的生活质量,此种时代观富有现实性和远见,反映当代日益严重的生态环境问题已引起了人们的广泛关注。

《"十一五"全国环境保护法规建设规划》中提出,根据我国环境立法的现状和我国环境保护的实际需要,坚持现有环境法律体系,通过立足我国具体国情与借鉴国外成功经验相结合,通过制定新法和修订现有法律的结合,到2010年初步建立起促进资源节约型、环境友好型社会和保障可持续发展的环境法律体系。由此可见,环境法制化不仅是对环境保护基本国策的强烈响应,也是对"依法治国,建设社会主义法治国家"这一治国方略的贯彻落实,体现了当前的时代特征。

环境信息公开制度立法,不仅反映了当前环境保护、信息化与环境法制化建设的时代特征,更有利于落实环境保护基本国策以及进一步完善我国的环境法律体系。

8.4 环境影响评价与环境影响评价法

8.4.1 环境影响评价概述

环境影响评价是一项技术,是强化环境管理的有效手段,对确定经济发展方向和保护环境等一系列重大决策都有重要作用,简称为"环评(EIA)",是指对规划和建设项目实施后可能造成的环境影响进行分析、预测和评估,提出预防或者减轻不良环境影响的对策和措施,从而进行跟踪监测的方法与制度,通俗地说就是分析项目建成投产后可能对环境产生的影响,并提出污染防止对策和措施。它能保证建设项目选址和布局的合理性;指导环境保护措施的设计;为区域开发的社会经济发展提供导向;促进相关环境科学技术的发展。其基本特性可分为以下几点:

1. 整体性与区域性

整体性是各环境要素或环境各组成部分之间因有其相互确定的数量与空间位置并以特定的相互作用而构成具有特定结构和功能的系统。对待环境问题不能用孤立的观点、进行环境影响评价时更不能以单因素的影响作为评价的依据;区域性是环境因地理位置的不同或空间范围的差异而产生的不同特性。研究环境问题必须注意其区域差异造成的差别。

2. 变动性与稳定性

变动性是在自然的、人为的,或两者共同的作用下,环境内部结构和外在状态始终处于不断变化之中;稳定性是环境系统具有一定的自我调节功能的特性。环境组成越复杂,其承受干扰的限度就越大,稳定性也就越强;人类的社会行为会影响环境的变化,然而这种变化是有限度的,必须在环境所能承受的范围内。

3. 资源性与价值性

资源性是指环境为人类生存和发展提供了必需的资源和空间、必需的物质和能量;物质性方面指空气资源、生物资源、矿产资源、淡水资源、海洋资源、土地资源、森林资源等。非物质性方面是指美好景观、广阔的空间等。价值性是环境具有的资源性,也可以理解为其价值所在。环境对于人类及人类社会的发展具有不可估量的价值。人类社会的发展必须以环境为依托,环境的破坏必将导致发展受阻,而良好的环境条件是社会经济良好发展的必要条件。

环境影响评价可以为开发建设活动的决策提供科学依据;为经济建设的合理布局提供科学依据;为确定某一地区的经济发展方向和规模、制定区域经济发展规划及相应的环保规划提供理论依据;为制定环境保护对策和进行科学的环境管理提供样本依据,同时还能促进相关环境科学技术的发展。环境影响评价的目的是鼓励在规划和决策中考虑进环境因素,以期最终达到更具环境相容性的人类活动。其中,最起作用的是环境影响评价明确开发建设者的环境责任及规定应采取的行动,为建设项目的工程设计提出环保要求和建议,为环境管理者提供对建设项目实施有效管理的科学依据。

环境影响评价主要分为以下三个层次:

(1)现状环境影响评价。在项目已经建设、稳定运行一段时间后,所产生的各类污染物均达标排放,与周围环境已经形成稳定系统,此时应根据各类污染物的监测结果来评价该建设项目建设后对该地域环境是否产生影响,是否在环境可接受范围内。

(2)环境的预测与评价。根据地区发展规划对拟建立的项目进行环境影响分析,预测该项目建设后所产生的各类污染物对外部环境的影响,并做出评价。

(3)跟踪评价。主要是针对大型建设项目和环评规划,在建设过程中或者建设后项目实施过程中进行跟踪评价,当项目与预定的结果有较大的差异时就必须改进的评价制度。跟踪评价是现阶段环境管理的重要手段之一。

此外,环境影响评价按照评价时间分类可分为:环境质量回顾评价、环境质量现状评价、环境影响评价;按照评价内容分类可分为:环境影响经济评价、环境政策评价、战略环境评价;按照环境要素分类可分为:大气环境评价、水环境评价、声学环境评价、土壤环境评价、生物环境评价、生态环境评价、经济学环境评价、美学环境评价。

8.4.2 环境影响评价法概述

为了实施可持续发展战略,预防因规划和建设项目实施后对环境造成不良影响,促进经济、社会和环境的协调发展,我国于2003年9月1日起施行了《环境影响评价法》。通篇共由"总则、规划的环境影响评价、建设项目的环境影响评价、法律责任、附则"五部分、三十八条组成,简称《环评法》。该法律中所称环境影响评价,是指对规划和建设项目实施后可能造成的环境影响进行分析、预测和评估,提出预防或者减轻不良环境影响的对策和措施,进行跟踪监测的方法与制度。其意义在于从根本上、全局上和发展的源头上注重环境的影响从而达到控制污染、保护环境、减少后患的目的。其中,规划环境影响评价最重要的意义是找到一种较为合理的环境管理机制,充分调动社会各方面力量,形成经政府审批,环境保护行政主管部门统一监督管理和有关部门对规划产生的环境影响负责,最终形成政府与公众共同保护环境局面的新机制。

8.5 环境影响评价的范围和程序

8.5.1 环境影响评价的范围

环境影响评价资质分为甲、乙两个等级。环境保护部在确定评价资质等级的同时,根据评价机构专业特长和工作能力,确定相应的评价范围。其中,建设项目环境影响评价资质的评价范围包括环境影响报告书的11个小类:轻工纺织化纤;化工石化医药;冶金机电;建材火电;农林水利;采掘;交通运输;社会区域;海洋工程;输变电及广电通信;核工业。它还包括环境影响报告表的2个小类:特殊环境影响报告表和一般环境影响报告表。其中,特殊项目环境影响报告表,是指输变电及广电通信、核工业类别项目的环境影响报告表。一般项目环境影响报告表,是指除输变电及广电通信、核工业类别以外项目的环境影响报告表。

自2006年8月1日起,甲级建设项目环境影响评价机构实行评价范围分级管理,甲级评价机构评价范围中的环境影响报告书类别分设甲、乙两个资质等级。甲级评价机构的评价范围中,环境影响报告书分设甲、乙两个资质等级。甲级评价机构评价范围应至少有一个环境影响报告书类别取得甲级资质。甲级评价机构可在甲级环境影响报告书类别及环境影响报告书类别范围内承担各级环境保护行政主管部门负责审批的环境影响报告书和环境影响报告表的编制工作,并可在乙级环境影响报告书类别范围内,承担省级以下环境保护行政主管部门负责所审批环境影响报告书的编制工作。乙级评价机构可以在资质证书规定的评价范围之内,承担省级以下环境保护行政主管部门负责审批的环境影响报告书或者环境影响报告表的编制工作。

8.5.2 环境影响评价的程序

环境影响评价是指对拟议中的建设项目、区域开发计划和国家政策实施后可能对环境产生的影响或后果进行的系统性识别、预测和评估。环境影响评价的根本目的是鼓励将规划和决策中的环境因素考虑在内,最终达到进行更具环境相容性的人类活动的目的。

环境影响评价的过程包括一系列步骤,这些步骤按顺序进行。在实际工作中,环境影响评价的工作过程可以不同,而且各步骤的顺序也可可以有变化。但是,一种理想的环境影响评价过程,应该满足以下条件:第一,基本上能适应所有可能对环境造成显著影响的项目,并能够对所有可能的显著影响做出识别和评估;第二,对各种替代方案(包括项目不建设或地区不开发的情况)、管理技术、减缓措施等进行比较;第三,生成清楚的环境影响报告书(EIS),以使专家和非专家都能了解此种可能发生影响的特征及其重要性;第四,环评应包括广泛的公众参与和严格的行政审查程序;第五,应及时、清晰地得出结论,以便为相应决策提供信息。

环境影响评价的功能是判断功能、预测功能、选择功能与导向功能。环境影响评价可分为:环境质量评价、环境影响预测与评价,以及环境影响后评价环境影响评价的主体、内容和公众参与。

8.6 环境影响评价公众参与的主体与内容

环境影响评价是对规划和建设项目实施后可能造成的环境影响进行分析、预测和评估,提出预防或者减轻不良环境影响的对策和措施的同时进行跟踪监测的方法与制度,其目的是以贯彻预防为主方针,将规划和项目可能造成的不利环境影响消除在规划和项目的早期阶段。在环境影响评价中进行公众参与,就是尊重公众的环境权,将规划和建设项目的相关情况及时告知公众,并将公众以及他们对规划和项目的意见与要求引入决策和实施过程。在环境影响评价的公众参与中,"谁参与"即参与主体,"参与什么"即参与内容,"怎么参与"即参与方式、程度是需要讨论的基本问题。

《环境影响评价法》规定:环境影响评价是指对规划和建设项目实施后可能造成的环境

影响进行分析、预测和评估,提出预防或者减轻不良环境影响的对策和措施,进行跟踪监测的方法与制度(第二条)。对环境影响评价过程,除报告书编制、审查和措施落实以外的其他工作,《环境影响评价法》还规定:对环境有重大影响的规划实施后,编制机关应当及时组织环境影响的跟踪评价(第十五条);在项目建设、运行过程中产生不符合经审批的环境影响评价文件的情形的,建设单位应当组织环境影响的后评价(第二十七条);环境保护行政主管部门应当对建设项目投入生产或者使用后所产生的环境影响进行跟踪检查,对造成严重环境污染或者生态破坏的,应当查清原因、查明责任(第二十八条)。

显然,环境影响评价的完整过程和工作内容不仅包括环境影响报告书编制之前和编制、审查以及报告结论的落实过程,也包括"规划实施后""建设项目建设、运行过程中"和"投入生产或者使用后"的"跟踪监测""跟踪评价""后评价"和"跟踪检查"。环境影响评价的公众参与也可以覆盖这些过程,根据这些过程的特点,设置不同的参与渠道、形式,确定不同的参与重点和内容。

按环境权的基本原理,一个人、一个单位或团体,只要他是环境的主体(有环境权),有参与的要求,就应该可以或有权利参与环境影响评价。按我国宪法和法律的基本精神,一个公民,如果他有参与的要求,也应该可以或有权利参与环境影响评价。对具体规划和项目的环境影响评价,由于现实条件的限制,具体参与的人员范围,只能根据项目的意义和影响及当时、当地的具体条件决定。

在环境影响评价中主要应考虑的公众参与者包括:①受建设项目直接影响并住在项目建设地点附近的人们;②生态保护主义者和希望保证使开发与环境的需要尽量有效结合的生态学家,这些人愿意为环境保护提出相当大的财政开支;③在拟议行动实施后将获益的工商业开发者;④一般公众中享受高水平生活的那部分人,以及不愿为了保持自然保护区或风景区或无污染的水和空气而牺牲这种高水平生活的人。此外,重要的公众还包括媒体和与项目有关的其他部门团体。

《环境影响评价法》明确规定,和拟议规划、项目有关的单位、专家和公众是征求意见的对象,但如何判定是否与一个规划和项目有关则是比较复杂的问题。一个具体项目的有关范围可能局限在项目周围,但一个与某人类遗产相关的规划和项目,其有关范围可能扩展到全球。究竟哪些公众与项目有关和对项目感兴趣,一般可以采取规划编制和项目建设单位识别、第三方识别和公布有关消息由公众自我识别三种方法。其中,那些参与主体比较简单、明确的规划和项目,可以采用第一种识别方法;规划编制和项目建设单位难以识别或难以保持客观,或容易发生争议的规划和项目,可以在管理部门的主持下,由第三方识别或提出咨询意见;影响和意义重大的规划和项目,其公众参与主体识别应该采取公布有关消息由公众自我识别的方法。另外,随着人民群众民主意识、能力和环境意识的提高,应逐步扩大第三种方法的范围,这才符合公众自主参与的本意。

公众参与在西方国家开展得较早,积累了比较丰富的经验,具备比较完善的公众参与程序与规则,一般的做法是:通过新闻媒介(报纸、电台、电视台、公共网络)或张贴公告,公布拟建项目的厂址、内容,让公众了解建设项目的情况;新闻媒介公布公众听证会的时间和地点,请公众参加;通过公众听证会,听取公众的意见,并进行解答;在环境影响报告书中,有专门章节论述公众的意见以及听证会记录。

在工业化国家,公众参与在环境影响评价中占据重要位置,有其对于涉及移民的项目,移民的意愿对项目能否实施十分重要。在公众听证会上,公众可以就建设项目带来的环境影响发表意见,有时甚至会有激烈的辩论。公众如对报告书提出不满,认为不足以解决提出的问题,可以对建设项目提出异议,并诉诸法律,由法院进行裁决。另外,同公众磋商已被视为环境评价工作不可缺少的一部分。这些情况和他们的国情是相互关联的,在这些国家如果公民得知某项目,而且知道在哪些场合可以讨论其环境意义,那些最感兴趣的公民就会去参加。参加的公民习惯于坦率的、有来有往的民主讨论,并且在质询拟议的政府行动后,不会遭到重大的个人或政治风险;违反公众意愿的项目如果建设,公众可以通过完善的司法手段维护自己的利益。不过根据我国的民众心理和政治文化,有些条件目前还不具备。

上世纪90年代以来,我国非常重视在环境影响评价中开展公众参与工作,学者们在实践的基础上总结和提出了不少新的做法和思路,如,EIA 工作大纲和 EIS 完成后,在项目选址区附近公共场所陈列供公众阅览;建设单位举行公开说明会,收集当地公众及有关机构的评论和意见;EIS 审查结论或审批意见通过媒体向公众公开;通过报纸、广播、电视等大众媒体或召开信息发布会,发布项目信息;设置热线电话、公众信箱或进行问卷调查,回答公众提出的问题,记录公众的建议,收集反馈信息。有的学者将公众参与的步骤总结为:信息发布→信息反馈→信息汇总→与公众进行信息交流→项目决策等。

公众参与意识的培育是环境保护事业的重要组成部分,是历史趋势和迫切的现实需要。但公众参与和公众环境意识的作用应全面认识。以往我们多注意提高公众环境意识的正面作用,却忽略了它可能带来的问题。有学者指出,对社会政治稳定来说,较低的环境价值意识有一定的好处,它降低了经济发展的政治风险。如果环境意识过分超前于经济发展而形成一股政治力量,是不利于社会稳定的。从经济的角度说,环境意识增强,意味着环境比较价值提高,无疑会提高环境和劳动力要素价格,加大企业的生产成本,降低其市场竞争力。这种观点对我国面临紧迫的经济发展形势具有一定的实践意义。公众高涨的环境意识是一柄双刃剑,与经济建设、政治稳定既促进又矛盾,既是环保工作的根本动力和环保执法的群众基础,同时又可能在特定条件下转变成一种现实的社会不稳定力量,需要合理掌握。因而,公众参与的发展是一个过程,必须与整个国家的民主法制建设、政治文化、公众素质和经济发展形势相适应。

8.7 清洁生产法

清洁生产,是相对于传统污染物末端处理而言的。在联合国环境规划署的大力倡导下,清洁生产已经成为当今世界环境保护的新潮流。清洁生产涉及环境保护、科学技术、行政管理、经济调控、政策法规等多个领域的重要内容,而清洁生产法是清洁生产战略和政策的定型化、法制化,是将清洁生产付诸实施的重要工具和保障。发达国家有关清洁生产的研究工作始于20世纪70年代后期,我国的清洁生产立法活动和相关学术研究则始于20世纪末。其中,对清洁生产法的概念和本质的探讨既是清洁生产法学研究的起点,又是其重要内容之一。

清洁生产法的含义是建立在"法"和"清洁生产"这两个基本概念之上的。因此,为了界定清洁生产法的含义,必须首先明确"法"和"清洁生产"的各自含义。作为由国家制定或认可并由国家的强制力保证其实施的行为规范的总和,"法"有广义和狭义之分。狭义的法仅指法律,而广义的法包括宪法、法律、法规、规章等各种成文法和不成文法。

"清洁生产"是一个非常"年轻的"概念。经过20余年的发展,它已经从学者的概念开发、企业的个别行为逐步演变为许多国家的战略方针、法律制度,并经由联合国环境规划署的大力倡导而成为一种世界性的潮流。该词的使用虽然频繁而广泛,但迄今为止,尚未形成一个统一、完整及公认的概念。因此,研究工作中须对"清洁生产"的内涵和外延加以明确界定。而这种"工作定义"的方法,不仅在法学研究上是必须的,在立法中也同样不可或缺。

就"清洁生产"的概念而言,世界各国有许多相似的提法,如美国称之为"废物最小量化""污染预防"或"废物削减技术";欧洲国家多称之为"少废无废工艺""无废生产";日本一般称之为"无公害技术";我国则多称其为"无废少废工艺"等。此外,个别学者还提出"清洁技术""环境友好技术""环境优适技术""环境无害技术"及"与环境相容技术"等多种相近含义。

从实质意义上看,"清洁生产"的概念最早可追溯到1976年。在同年召开的欧洲共同体"无废工艺和无废生产国际研讨会"上,提出了应当着眼于从根源上避免污染而不是仅注重消除污染所引起的后果这一思想。1979年4月,欧洲共同体理事会宣布推行清洁生产政策。1984年通过的美国《资源保护与回收法——固体及有害废物修正案》明确规定废物最小量化即在可行的部位尽可能地削减和消除有害废物是美国的一项国策。1989年,联合国环境规划署工业与环境规划活动中心在总结了人类社会控制环境污染所经历的"不惜一切代价追求经济增长""稀释扩散污染物"和"进行污染物末端处理"三个发展阶段得失的基础上,首次明确提出了"清洁生产"这一称谓,并根据联合国环境规划署理事会的决议,制定出《清洁生产计划》,致力于向全世界推行。在1992年6月召开的"联合国环境与发展大会"上,清洁生产已成为《21世纪议程》所确认的实现可持续发展的关键性因素。

至于"清洁生产"的具体定义,较具代表性的称谓和表述主要有以下几种:

(1)在《关于少废、无废工艺和废料利用的宣言》(1979年11月在日内瓦通过)中,"无废工艺"乃是实际运用各种知识、方法和手段,以期达到满足人类需求的范围内实现最合理地利用自然资源、能源以及保护环境的目的。

(2)1984年,联合国欧洲经济委员会在塔什干召开的国际会议对"无废工艺"做了进一步的界定:"无废工艺"乃是一种生产产品的方法,通过这一方法,所有的原料和能量在"原料资源—生产—消费—二次原料资源"的循环中得到最合理和综合的利用,同时对环境的任何影响都不致破坏其正常功能。

(3)美国国家环保局提出了"废物最小量化"和"污染预防"等概念,其中前者是后者的初期表述,且目前多为后者所代替。而"废物最小量化"是指在可行的范围内,减少有害废弃物的产生量或随后进行处理、处置的数量,包括在有害废弃物产生源头进行削减和组织循环两方面的工作。这些工作导致有害废弃物总量与体积的减少,或有害废弃物毒性的降低,或二者兼而有之,从而符合使现在和将来对人类健康及环境的威胁最小化这一目标。"污染预防"是指在可能的最大限度内减少生产厂地所产生的废物量,包括通过源头削减、提高能源效率、在生产中重复使用所投入的原料以及通过降低水的消耗量来合理利用资源。常用的两种源头削减方法是改变产品和改进工艺(包括设备与技术更新、工艺与流程更新、产品的重组与设计更新、原材料的替代、促进生产的科学管理以及改善维护、培训或存储控制)。但污染预防不包括废物的厂外再生利用、废物处理、废物的浓缩或稀释以及减小其体积或有害性、毒性成分从一种环境介质转移到另一种环境介质中的活动。

(4)联合国环境规划署工业与环境规划活动中心认为,"清洁生产"是指将综合预防的环境战略持续地应用于生产过程和产品中,以减少对人类和环境的风险。对生产过程而言,清洁生产包括节约原材料和能源,淘汰有毒原材料并在全部排放物和废弃物离开生产过程前减少它们的数量和毒性。对产品而言,清洁生产策略旨在减少产品在整个生命周期(从原材料提炼到产品的最终处置)中对人类健康和环境的影响。但清洁生产不包括末端处理技术,如空气污染控制、废水处理、固体废弃物焚烧或填埋。清洁生产通过应用专门技术、改进工艺技术和改变管理态度来实现。

(5)《中国21世纪议程》提出,"清洁生产"是指既可满足人们的需要又可合理使用自然资源和能源并保护环境的实用生产方法和措施,其实质是一种物耗和能耗最小的人类生产活动的规划和管理,将废物减量化、资源化和无害化,或消灭于生产过程之中。此外,同时对人体和环境无害的绿色产品的生产亦将随着可持续发展进程的深入而日益成为今后产品生产的主导方向。

上述各种"清洁生产"定义概括了从产品生产到消费的整个过程中,为减少风险所应采取的具体措施,总体上侧重于企业的层次。而一般认为,实现企业清洁生产的途径主要包括以下几个方面:

(1)通过资源的综合勘探、评价、开发与利用,使原材料尽可能地转化为产品而非废料。
(2)改革能源、原材料和工艺设备的使用。
(3)组织厂内的物料循环使用。
(4)企业环境管理从侧重于污染物末端处理向污染全过程控制倾斜,如建立ISO 14000环境管理体系等。
(5)改良产品体系,实行生态设计、绿色设计或环境设计。
(6)实行必要的污染物"末端处理"。
(7)组织厂外的物料循环,进行区域内的清洁生产。

基于此,并结合《21世纪议程》的有关表述以及"工业部门是最主要的污染源"这一事实,便可对工业企业清洁生产所包含的基本内容做如下概括:

(1)清洁的能源,包括常规能源的清洁利用,各种节能技术,可再生能源的利用以及新能源的开发利用等。
(2)清洁的生产过程,包括尽量少用或不用有毒有害的原材料、添加剂,努力实现中间产品的无毒无害化,减少或消除生产过程中的各种危险性因素,采用少废、无废的工艺以及高效节能的设备,施行物料的厂内或厂外再循环,完善生产管理等。
(3)清洁的产品,包括节约原材料和能源、少用稀缺资源或利用二次资源作原料,在使用过程中和使用后不含危害人体健康和生态环境的因素,使之易于回收、再利用和再生,包装、功能及使用寿命合理,报废后容易降解或处理等。

综上所述,可以进一步对"清洁生产"概念做如下界定:所谓清洁生产,就是将综合预防的环境战略持续地应用于工业企业的能源利用、生产过程和产品设计中,从而提高资源和能源的利用率,减少污染物的产生量、排放量和危害性,以降低对人类和环境的风险。简言之,即强调在工业活动中使用更少的自然资源,产生更少的废物,而不是在废物产生和污染物排放后再加以处理和处置。清洁生产在本质上是一种同时具有技术可行性与经济合理性、富有生态效率的工业生产新模式,是实现工业生态化即按照生态原则组织工业生产、实现物料闭合循环的核心内容。它是相对于污染物"末端处理"这一传统的环境保护方式而言的,而且从其自身的内容来看也是一个相对的概念——其所包含的清洁能源、清洁生产过程以及清洁产品都是和现有的能源、生产过程和产品比较而言的。由此可见,企业实行清洁生产是一个不断完善的过程,也是一个将环境保护与经济发展有机地结合起来、统一起来的过程。从工业企业的总体来看,清洁生产体现了环境效益与经济效益"双赢"战略的要求,是实现工业可持续发展的关键因素和必经之路。这与把环境保护与经济发展割裂开来,甚至对立起来的"先污染,后治理"的传统发展模式存在着根本性的区别。

总之,"清洁生产"是相对于污染物"末端处理"而言的,且并不排斥其必要的"末端处理"。从理论上看,在可持续发展的大背景下,基于严格的污染物排放标准以及排污许可证等行政控制工具,广义"污染控制"的主体应当包含企业进行"清洁生产"和"末端处理"两种可能的施行途径,且应以"清洁生产"为首选途径,以污染物"末端处理"为必要补充。相应的,广义污染控制法的主体应当包含清洁生产法和以污染物排放标准、排污许可证以及必要的"末端处理"为基本内容的狭义污染控制法两个部分。而发达国家过去的污染控制法总体上乃是建立在经济与环境脱节的基础上即"先污染,后治理"的被动模式上的,它基本以"排放限制""技术强制"和"末端处理"为首选的甚至唯一的实施途径,属于狭义的、传统的污染控制法。至于企业的清洁生产活动,除了须具备经济、技术等方面的必要条件外,还需要政府的大力引导、促进甚至强制实行,而此类政府引导、促进甚至强制企业从事清洁生产的行为属于市场经济法律调控的有机组成部分,必须建立在法律规定的基础上,从而得到有关清洁生产法律规范的确认和保障。由此可见,"清洁生产法"是与狭义的、传统的"污染控制法"相对应,是以确认并规范政府引导、促进甚至迫使工业企业实施清洁生产(即开发利用清洁的能源,通过清洁的生产过程,制造出清洁的产品。使其在进行必要的污染物"末端处理"之前实现工业废物减量化、资源化、低害无害化甚至无废物化)为基本目标的经济调节、环境信息公开、行政指导、行政合同以及行政强制等法律规范的总和,是广义污染控制法中重要的组成部分。

8.8 循环经济法

所谓循环经济,指在生产、流通和消费等过程中进行的减量化、再利用、资源化活动的总称。发展循环经济是建立资源节约型、环境友好型社会的重要途径,是落实科学发展观的重要体现。国内外的成功经验证明,制定专门的循环经济法对于推进和保障循环经济的发展、提高资源的利用效率,以及从根本上预防污染是十分必要的。但是,如何安排循环经济法的框架体系?如何具体构建循环经济法律制度和措施?这些都是我国循环经济立法时必须解决的重大命题。

一部法律,在形式上可以分为法律的外部结构和法律的内部结构。研究法律的外部结构,主要是研究法律条文的安排和布局问题。而法律的内部结构,则是指法律规范内部各个组成部分的搭配和排列方式。科学设定法律的外部结构和内部结构,可以使法律更加准确地反映社会关系的要求,更易于社会各界理解、掌握和运用该法律。在法律起草阶段怎样合理设计法律框架,实际上就是如何确定法律的外部结构。

循环经济法的框架如何构建,起草的思路如何确定,这是制定循环经济法的前提问题。对于循环经济法框架模式的选择,立法工作者和专家们在起草循环经济法时提出了以下几种主要观点:若按照主体来设计循环经济法的框架,即可按照政府、企业、个人等主体来安排法律制度。该种观点对循环经济法的框架设计:第一部分为循环经济法的总则;第二部分为国家的职责;第三部分为企业的权利义务;第四部分为个人的权利义务;第五部分为非政府组织(如中介组织、环保组织)的权利义务;第六部分为法律责任。这种观点在我国国内具有一定的代表性。

若按产业类别来设计循环经济法的框架,即按第一产业、第二产业、第三产业来安排法律制度的做法来表明:第一产业、第二产业和第三产业的产业结构不同,实现循环经济的方式和途径也各具特点,我国可以借鉴国外的立法经验,分别根据农业、工业、服务业三个产业的资源特点和运作模式,按照农业、工业、服务业这三个产业实施循环经济的不同要求来设计循环经济法的框架。框架基本结构为:第一部分为总则;第二部分为农业循环经济;第三部分为工业循环经济;第四部分为服务业循环经济;第五部分为法律责任;第六部分为附则。此观点在一定阶段内有很大的影响力,同时也引起了立法工作者和专家对循环经济法律框架的设计做进一步思考。

若按产品的生命周期来设计循环经济法的框架,则可根据任何物质形态的产品都将经历材料的获取、设计、制造、销售、使用和用后废弃再回到大自然中的循环过程来安排其内容。生命周期正是基于产品与环境的相容性,为实现物质闭合循环而进行设计的。因此,循环经济法的框架应当基于产品的生命周期全过程进行设计。

具体而言,其循环经济法的框架应包括以下几部分内容:第一部分为总则;第二部分为生态设计;第三部分为产品生态制造;第四部分为产品的绿色销售;第五部分为产品的回收和再生利用;第六部分为法律责任;第七部分为附则。此观点比较符合产品的技术特性,因而被许多自然科学技术专家所主张。

按推行循环经济的行政管理程序来设计循环经济法的框架,这种观点认为,循环经济法可以借鉴《中华人民共和国清洁生产促进法》的成功经验,从以下六个方面来设计法律框架:第一部分为总则;第二部分为循环经济的政府推行;第三部分为循环经济的企业实施;第四部分为循环经济的鼓励措施;第五部分为法律责任;第六部分为附则。这种思路较为符合行政机关的管理特点,且层次清晰,因此相关行政管理部门倾向于按这种思路安排循环经济的法律制度。

笔者认为,上述观点虽然对循环经济法的框架设计和法律制度的构建具有重要的参考价值,但都不够理想。第一种观点的缺点在于它割裂了各主体之间在发展循环经济中权利义务的内在联系,不符合我国的立法习惯。第二种观点对法律框架的考虑不够现实。这是因为,以任何一类产业为核心都可以合纵连横、结链成网地发展循环经济。单一的企业、单功能的行业很难形成规模型循环经济,因而以往三大产业的界限在未来的循环经济中将被彻底打破。因此,按照三个产业的界限来设计循环经济法的框架只具有相对意义,各项具体法律制度会因为存在着过多的交叉而难以制定和实施。第三种观点的缺陷在于其框架设计的主要假想对象是工业产品,其不具有普适性,故难以照顾到农业、服务业发展循环经济的要求。第四种观点则过多地强调行政管理机关的作用,使企业和公众的主体作用难以得到发挥,没有很好地体现循环经济法的重点。

正如西方中世纪著名思想家托马斯·阿奎那所指出的"法是人们赖以导致某些行动或者不作其他一些行动的行为准则和尺度"。因此,这些"行为准则和尺度"应当结构合理,逻辑清晰,能够准确体现出立法的指导思想和目标,便于操作和遵守。循环经济法的框架设计也应当顺应法的这些基本要求,为"行为准则和尺度"的有效实施提供指引和安排。具体而言,循环经济法的基本框架应当既简单清晰、逻辑严谨,包括各项主要制度,同时又便于操作。笔者认为,按照"减量化、再利用、资源化"的顺序来设计循环经济法的框架,是最为合理的。从国际和国内发展循环经济的经验来看,"减量化(Reduce)、再利用(Reuse)、资源化(Recycle)"(国际上称之为"3R"原则)中的每一项内容对循环经济的成功实施都是必不可少的。而这三个原则的实施是有先后顺序的,首先是减量化,其次是再利用,最后是资源化。因此,循环经济法应当反映"3R"原则的要求,按照"3R"原则实施的顺序来设计法律框架,更以"减量化、再利用、资源化"为主线来解决发展循环经济所面临的各类重大问题。此外,"减量化、再利用、资源化"作为循环经济的主要内容已经由全国人大批准的《国民经济和社会发展第十一个五年规划纲要》等一系列法律性文件所确认,其也最能体现循环经济的本质特征。鉴于此,笔者主张按"减量化、再利用、资源化"的顺序来设计循环经济法的框架。按照"3R"原则实施的顺序来设计的循环经济法的框架应由以下七个部分构成:

第一部分为总则。该部分主要对事关发展循环经济全局的、重大的、原则性的事项进行规定,内容包括:立法目的、循环经济的法律定义、法律适用范围、基本方针和原则、管理体制、政府发展循环经济的职责、企业发展循环经济的权利义务、行业协会和中介机构的作用、循环经济的公众参与等。

第二部分为基本管理制度。该部分主要规定了发展循环经济的基本法律制度。发展循环经济的基本法律制度应包括:循环经济规划制度、循环经济绩效评价与考核制度、标准、计量和标识、标志、认证制度、统度、以生产者为主的责任延伸制度、循环经济重点企业定额管理制度等。

第三部分为减量化。该部分主要针对生产、流通、消费等阶段存在的资源浪费和污染严重的突出问题,共分为两节规定体现减量化要求的各项法律制度。其中,第一节为生产过程中的减量化,主要包括产业政策和名录;对产品和包装物设计的一般要求;工业节水、工业节油、矿产资源开采的减量化和共伴生矿等综合利用;对建材和建筑产业的要求;发展循环农业等方面的制度和措施。第二节为流通、消费过程中的减量化,主要包括对政府机构的资源节约要求、抑制城市水电气等资源浪费;服务业节约;限制一次性消费品等方面的制度和措施。

第四部分为再利用和资源化。该部分分别从如何处理产业废物以及流通、消费后的废物这两个方面规定了再利用和资源化的主要措施。其中,第一节为产业废物的再利用和资源化,主要包括发展区域循环经济;工业固体废物综合利用;工业用水循环利用;余热余压等综合利用;建筑废物综合利用;农业综合利用;产业废物交换等。第二节为流通、消费后的废物再利用和资源化,主要包括建立再生资源回收体系、再生资源利用的资质管理、废电器电子产品回收利用、报废机动车船回收拆解、机电产品再制造、生活垃圾和污泥的资源化等。

第五部分为激励措施。循环经济法要建立有利于循环经济发展的政策、施行经济扶持措施。这些措施主要包括循环经济专项资金、税收优惠、国家投资倾斜、价格收费押金、政府绿色采购、表彰奖励等内容。

第六部分为法律责任。法律责任本质上是以对受侵害权利的补救来否定侵权行为,以对受到危害利益的加强来限制侵权者的责任,是对合法社会利益系统的维护。为了保障循环经济的发展,该部分对违反义务性和禁止性要求的行为规定了严格的制裁措施。

第七部分为附则。该部分主要规定了相关术语的定义、循环经济法与我国现行有关法律的关系、循环经济法与我国参加国际公约的关系、生效日期等内容。

以"减量化、再利用、资源化"为主线来设计循环经济法的框架,层次清晰,重点突出,既明确各类社会主体在发展循环经济中的权利和义务,又体现"3R"原则在发展循环经济中的不同要求。这样的制度安排,既应对了发展循环经济中的重大问题,又解决了循环经济法的可操作性问题。

一部法律实施的效果如何,并不仅仅取决于该法律本身是否科学、合理,还取决于具体法律措施的完善和配套法规的制定工作。循环经济立法亦不例外。循环经济法的具体措施,是循环经济法中针对性较强而又相对独立的行为准则,它既不同于循环经济法的主要法律制度,又不同于配套法规。这些具体措施显然可以概括为"减量化"措施、废物再利用和资源化措施、消费者废物的再利用和资源化措施以及推进可持续消费的具体措施等。而与循环经济有关的配套法律法规的制定修改工作也是目前国家工作的重点,例如制定能源法、节约用水的法规,修改节约能源法、煤炭法、电力法等。当然,地方性的促进循环经济法规和规章也是循环经济法制建设必不可少的组成部分。

需要强调的是,加强循环经济法制建设,不但要制定完善的循环经济法律法规,而且要在其他法律中充分体现发展循环经济的要求,以排除发展循环经济的障碍,这也是《中国21世纪议程》所倡导的"综合决策"在立法过程中的具体体现。例如,明晰资源产权,有利于调动企业和个人节约资源的积极性。总之,要通过相关法律的制定,形成发展循环经济的合力,以有效克服以往环境法律"孤军奋战"的问题。从一定意义上讲,强调形成发展循环经济的法律合力,似乎比仅仅制定一部专项的循环经济法更为重要。

环境保护法自1989年正式颁行至今已有20多年的历史,随着经济社会的发展,环境保护法的缺陷与不足正日益暴露出来,环境保护法及相关法律的改革势在必行。现在人们对环境质量有了更高的要求,同时我国要履行一系列国际环境条约义务,所有这些都要求我国的环境保护必须有更高的起点、更大的力度以及更加严格的规范。

思考与练习

1. 环境信息最权威的定义是什么?
2. "环评"的基本特征有哪些?
3. 简述清洁生产法的基本内容。
4. 笔者所主张的"循环经济法框架"具体指什么?

第9章 环境税法与环境监测法

9.1 环境税

环境税,也称生态税、绿色税,是20世纪末国际税收学界兴起的概念,至今仍没有一个被广泛接受的统一定义。它是将环境污染和生态破坏的社会成本,先内化到生产成本和市场价格中后,再通过市场机制来分配环境的一种经济手段。部分发达国家征收的环境税主要有二氧化硫税、水污染税、噪声税、固体废物税和垃圾税5种。2011年12月,财政部同意适时开征环境税。2013年12月2日,环境税方案已上报至国务院,正在按程序审核中。随着可持续发展理论得到国际社会日益广泛认可,环境保护问题备受各国政府的重视。税收作为政府用以调节社会经济生活的一种重要工具和手段,在保护环境方面发挥着越来越重要的作用。

一些经济发达国家由于曾在经济发展过程中饱受环境问题的困扰,遂率先尝试将税收用于环境保护,并收到了较好的效果。鉴于发达国家在经济发展进程中已经取得的经验和教训,世界银行相关专家建议发展中国家"针对环境的破坏征收环境税"。事实上,许多发展中国家已经开始视保护环境为其税制改革的一个重要政策目标。一个以纠正市场失效、保护环境为政策目标的新型税收类别——环境税收,正在悄然兴起。

由于国情和税收政策的差异,各国环境税收制度的具体内容不尽相同,但其基本内容通常都由两部分组成。其一,以保护环境为目的,针对污染、破坏环境的特定行为课征对象的专门性税种,一般称之为环境保护税,它是环境税收制度的主要内容。如荷兰的燃料使用税、废物处理税和地表水污染;德国的矿物油税和汽车税;奥地利的标油消费税;部分经济合作与发展组织成员国课征的二氧化碳税以及噪声税等。其二,其他一般性税种中为保护环境而采取的某种税收调节措施,包括为激励纳税人治理被污染环境所采取的各种税收优惠措施以及对污染、破坏环境的行为所采取的某些加重其税收负担的措施。在环境税收制度中,后者通常作为辅助性内容而存在,配合某种专门性环境保护税发挥作用。

环境税收的产生拓宽了税收的调节领域,不仅在保护人类生存环境方面发挥了重要作用,而且充分体现了税收的"公平"原则,具有重要的社会经济意义——保护人类生存环境,促进社会经济可持续发展。自从"可持续发展"的概念在20世纪80年代被明确提出以来,至今已发展成为较为完整的理论体系,并已被国际社会普遍接受。在可持续发展理论的指导下,联合国于1992年召开了环境与发展大会,通过了《21世纪进程》等重要文件,确定了全球性可持续发展战略目标及其实现途径。由于环境的污染和环境的不断恶化已成为制约社会经济可持续发展的重要因素,保护环境即已成为可持续发展战略的一项重要内容,很多国家也相继出台了本国的可持续发展战略。

然而,在市场经济体制下,环境保护问题是无法靠市场本身来解决的。因为市场并非万能的,对于经济发展所带来的诸如保护环境等"外部性"问题,它是无能为力的。其原因在于,在市场经济条件下的经济活动主体完全根据自身经济利益最大化的目标决定自己的经济行为,他们往往既不从全局考虑宏观经济效益,也不自觉地考虑生态效率和环境保护问题。因而,那些高消耗、高污染,内部成本较低而外部成本较高的企业或产品会在高额利润的刺激下盲目发展,从而造成资源的浪费、环境的污染及破坏,降低宏观经济效益和生态效率。对此,市场本身是无法进行自我矫正的。为了弥补市场的缺陷,政府必须采取各种手段对经济活动进行必要的干预。除通过法律和行政等手段来规范经济活动主体的行为之外,还应采用税收等经济手段进行宏观调控。

税收作为政府筹集财政资金的工具和对社会经济生活进行宏观调控的经济杠杆,在环境保护方面是大有可为的。首先,针对污染和破坏环境的行为课征环境保护税无疑是保护环境的一柄"双刃剑"。一方面,它通过调节经济利益杠杆来矫正纳税人的行为,促使其收敛对环境的污染和破坏行为;另一方面,它又可以将课征的税款作为专项资金,用于支持环境保护在其他有关税种的制度设计中利于保护环境和治理污染的生产经营行为或产品采取税收优惠措施,可以引导和激励纳税人保护环境、治理污染。可见,在市场经济条件下,环境税收是政府用以保护环境、实施可持续发展战略的有力手段。

众所周知,公平竞争是市场经济的最基本法则。但是,如果不建立完善的环境税收制度,将造成由社会上多数企业出资来补偿少数个别企业生产中形成的外部成本问题,即其破坏和污染环境的成本问题,这显然是不公平的。倘若通过对污染、破坏环境的企业征收环境保护税,并将税款用于治理已经被污染和保护环境,便可使这些企业所产生的外部成本内在化、利润水平合理化,同时也可以减轻那些合乎环境保护要求的企业的税收负担,从而更好地体现"公平"原则,利于各类企业之间进行平等竞争。

由此可见,建立环境税收制度完全合乎市场经济运行、发展的需要。环境税收的产生既是源于人类保护环境的直接需要,也是市场经济的内在要求。与此同时,市场经济体制既是经济活动主体的独立经济利益和决策权力,又是环境税收能够充分发挥作用的基础条件。环境税收首先诞生于高度发达的市场经济国家,恰好证明了这一点。

环境问题是人类在社会经济发展中面临的共同性问题。我国是一个发展中国家,随着工业化进程的不断加快,环境问题也日渐严重,主要表现为三个方面:一是由于过度采伐、森林、放牧,使植被资源遭到严重破坏,造成生态环境恶化,不仅直接危及农、林、牧业的发展,而且使自然灾害更为频繁地发生。二是由于我国的企业多以煤炭为主要燃料,加之一些高能耗、重污染型企业的迅速发展,致使工业污染物的排放量骤增,继而严重地污染大气、土壤和水源。三是由于人口的迅速增长、城市化进程的加快以及消费水平的提高,城市生活垃圾大量增加却未能得到妥善处理,从而造成环境污染,然而,机动车辆的增加则使空气污染变得更加严重。

从某种意义上说,一些在西方国家工业化进程中曾经出现过的环境问题正在困扰着我国。环境的恶化不但直接影响了我国人民的生活质量,而且制约了我国社会经济的可持续发展。因而,面对日趋严峻的环境状况,我国在借鉴外国经验的同时不断加强环境税收制度建设,运用税收手段来保护环境显然是十分必要的。幸运的是,我国社会主义市场经济体制的确立为环境税收制度的存在提供了充分的理由和客观条件。

9.2 环境税的理论基础和基本功能

9.2.1 环境税的经济学理论依据

1. 公地悲剧

公地悲剧又称为公有资源的灾难,公地悲剧理论基于公共品非排他性和非竞争性的特征而建立,认为当资源或财产有许多拥有者时,他们每一个人都有使用权,同时他们没有权力阻止其他人使用,从而造成资源的过度使用和枯竭。公地悲剧的提出者——哈丁认为:防止公地污染的对策是共同赞同的相互强制,甚至政府强制。因此,政府通过征收环境税,将环境污染的外部成本内部化,最大限度地减少公地悲剧。

2. 庇古税

英国现代经济学家、福利经济学的创始人庇古(1877—1959)在其1920年出版的著作《福利经济学》中,最早开始系统地研究环境与税收的理论问题。庇古提出了社会资源适度配置理论,认为如果每一种生产要素在生产中的边际私人纯产值与边际社会纯产值相等,那么该种生产要素在各种生产用途中的边际社会纯产值都相等,而当产品的价格等于生产该产品所使用生产要素需耗费的边际成本时,整个社会的资源利用达到了最适宜的程度。但是,在现实生活中,很难单纯依靠市场机制达到资源利用的最优状态,因此政府就应该采取征税或补贴等措施加以调节。

按照庇古的观点,导致市场配置资源失效的原因是经济当事人的私人成本与社会成本的不一致,私人的最优最终导致了社会的非最优。因此,政府通过征税或者补贴来矫正经济当事人的私人成本才是纠正外部性的方案。也就是说,只要政府采取的措施能够使私人成本和私人利益与相应的社会成本和社会利益相对等,那么,资源配置就可以达到帕累托最优。假定 Y 商品的生产对其他产品存在着负的外部性影响,那么其私人成本将低于社会成本。以 PMC 和 SMC 分别表示生产 Y 的私人成本和社会成本。假定该商品的市场需求所决定的边际效益为 MR,那么市场的自发作用结果是 $PMC=MR$ 所决定的 Q_p,而社会实现资源有效配置应该有的产量则是由 $SMC=MR$ 所决定的 Q_s。两者间的差异可以通过政府征税(比如消费税等)加以弥补,从而使资源配置达到帕累托最优。

由于庇古对环境税做出的突出贡献,环境税又被称为"庇古税"。许多欧洲国家都根据"庇古税"原理,即主要采取财政接纳矫正性环境税和环境补贴等措施来制定和完善各国的环境税体系。

3. 科斯定理

制度经济学的代表人物科斯认为,在完全竞争条件下,私人成本等于社会成本,而外部效应根源于商品和劳务产权的不清晰,或者叫作产权主体的缺失。科斯定理从产权的角度丰富了"庇古税"。根据科斯定理,环境产权在国有框架下是可以继续分割的,因而可以形成多种不同的税收设计方案,这些不同的税收方案在不同的现实约束条件下便产生不同的实施绩效。科斯的理论激发了美国的排污权交易,很好地解释了受益者付费原则,同时也进一步建立了环境税和排污权交易两者之间的关系。

9.2.2 环境税的税法理论依据

1. 公平原则

由于各纳税人对环境占用的不均衡,对环境污染和破坏的强度也是不均等的,环境税应体现出"污染者付费原则"的基本原理,从而以税收形式迫使污染企业外部成本内部化。这样既可以提高环境保护的调控力度,又可以纠正市场失灵的弊端,进而维护税收公平。

2. 税收效率原则

开征环境税的目的主要是保护自然资源,减少污染,这必然会增加企业税负,因此环境税的设计中要体现出效率原则,坚持结构性增税与结构性减税相结合,坚持市场主导与税收政策推动相结合,促进能源资源的节约和环境保护的进行。

3. 税收社会政策原则

环境税不仅包含对环境破坏主体的征收,还包括征收公共的环境保护基金,环境税根据"受益者付费原则"对所有环境保护的收益者进行征税,用于应对无法确定行为主体的环境污染和破坏情况。

9.2.3 开征环境税的基本功能

1. 完善税收关系

当前环境税税种的缺失,导致了税收对污染破坏环境行为的调控力度难以被把握,弱化了税收的环保作用。同时,在我国现有的环保政策体系里,以收费居多,比如排污费、矿产资源补偿费和矿区使用费等。这些收费制度的标准难以界定,法律效力低,强制性不足,征收范围狭窄。而环境税的征收则可以优化我国当前的税制,提高税收用于环境保护的比例。

2. 结构调整,产业升级

环境税的征收迫使企业将环境污染、破坏的外部成本内部化,高污染、高能耗的企业将承担更重的税负,从而迫使其缩减规模,采用新技术,促进产业结构的优化升级。同时,环境税的专款专用一方面致力于保护环境,弥补环境污染带来的损失;另一方面,也通过对采用新技术新设备的企业进行补贴的方式加大战略新兴产业的发展。

3. 提高人们的环保意识

环境税的征收对象不仅包括直接污染环境和破坏资源的行为主体,还包括一般个人,即根据"受益者付费"的原则,征收公共环境基金。将环境保护的成本内化到每个企业和个人,明晰义务主体,这将使人们充分意识到环境保护的重要性,从而达到征收环境税的真正目的。

4. 促进生产

环境税迫使企业将要素的投入转向对劳动和技术的投入,继而提高全要素生产率。根据内生增长理论,征收环境税对整个产出的增长有着极大的促进作用,亦能创造更多的社会财富。

5. 环境税具有"静态效率"和"动态效率"

前者指如果将环境税制定在某一适宜水平,就会达到实现既定环境目标的社会成本最小化。后者是指环境税会为降低污染和技术创新提供长久的激励作用,甚至能使企业自觉把污染降到法定排污标准之下以减少税收负担。

6. 环境税可以实现"双重红利"

环境税不仅可以通过降低污染活动来提高社会福利,而且可以降低税收系统对收入、销售或者其他税种的依赖,使整个税收系统得到优化。

7. 环境税将大大促进可持续发展

众所周知,企业是"理性经济人",其经营目标是利润的最大化。在缺少监管和规范时,企业便只考虑到自身的成本最小化,却忽视了对环境的破坏以及对资源的浪费。而环境税的征收,发挥了税收的"杠杆"作用,使企业为自己对环境的所作所为"买单"的同时,所形成的环境税财政收入,也可被政府用来治理环境污染,恢复和重建生态环境破坏地区。

9.3 环境税制实践

9.3.1 国外环境税制的历史发展阶段

在环境税立法进程方面,国外经历了萌芽及初步发展、缓慢发展、繁荣发展三个时期,环境税日趋完善。就立法要点而言,国外环境税基本类型有资源税、能源税、污染税和交通环保税等多个税种,征税范围已涉及资源、能源、污染防治和交通等领域的多个方面,征税依据则有排放量、含量、产品销售、生产投入、消费量或市场价格等,且在征税中广泛运用到重税和税收减免等特殊政策。国外的立法实践,对我国环境税立法进程定位及内容设计具有一定的启示作用。在立法进程方面,我国应采用从"探索性发展"到"全面性发展"的立法思路,"渐进式"地进行环境税立法。在环境税立法内容设计方面,我国应确立资源税、能源税、污染税以及交通环保税等基本税收类型,并通过改革和制度创建方式把税征收范围拓展到资源、能源、污染防治和交通等领域的方方面面。此外,应根据征税对象的差异性,确立灵活多样的环境税征收依据,既要做到易于操作,又要做到行之有效。与此同时,还应广泛运用"重税"和包括税收减免在内的税收优惠政策。

1. 萌芽及初步发展时期

早在 20 世纪初,一些欧美国家便开征了与环保相关的税收。1919 年,美国的俄勒冈州就开始对汽油征收每加仑 1 美分的税。随后,其他州也相继开始对汽油征税。1939 年,该税种在美国各州的平均税率是每加仑 3.8 美分。1932 年,美国实施了《国家税收法案》,并于同年 6 月 6 日开征每加仑 1 美分的联邦汽油税。在欧洲,一些国家也尝试着对汽车燃料征税。例如,1927 年,瑞典开始对车用汽油和酒精燃料征税。此外,挪威于 1931 年起对汽油征税。但是,由于上述税收设立的初衷是为了增加财政收入,而非环境保护,因此,它们不属于真正意义上的环境税。

直到 20 世纪 70 年代,真正意义上的环境税才出现。1971 年,经济合作与发展组织(OECD)提出了"污染者付费原则"。该原则提出之后,以环保为目的的税收相继产生。例如,挪威于 1971 年开始对矿物油中的硫征税。1973 年,全球性石油危机的出现,加快了环境税的立法。该危机的出现,促使西方发达国家开始重新定位能源战略,在该过程中,一些国家则把税收纳入本国的能源战略体系。例如,在英国以哈罗德·威尔逊为首的工党政府执政后,为确保国家公平地分享开发大陆架所获收益,同时保障石油公司获得适当的利润回报率,政府于 1975 年颁布了《石油税收法案》,并开征石油收益税。再如,美国于 1978 年颁布了《能源税法案》。该法案对于石油和天然气的利用规划做出了战略性调整,即由"供应"变为"保存"。与此同时,该法案还通过重税及税收减免政策,促进燃料使用率及推广可再生能源的利用。在重税方面,该法案规定那些高于美国环保署规定耗油指数的汽车,需要交纳大耗油量汽车税。在税收减免方面,该法案规定对于使用太阳能、风能和地热能等可持续能源或可再生能源的纳税人给予税收减免。随后,美国在 1980 年颁布的《原油暴利税收法案》中更进一步细化了关于可再生能源的税收减免规定。

在环境税立法萌芽及初步发展阶段,由于各国采取的环境政策主要围绕排放管制、环境质量和技术调控等命令管制方式开展,以市场为中心的调控方式没有得到政府重视,造成环境税收立法在探索中缓慢发展。在该时期中,环境税仅在能源领域得以发展,且主要集中于汽油和天然气等方面,仅有少数税收涉及污染防治领域,如 1974 年挪威对一次性饮料盒的征税。

2. 缓慢发展时期

从 20 世纪 80 年代开始,决策者逐渐认识到运用命令管制手段治理环境所存在的问题,并开始探索新的环境治理方式。之所以会出现这种情况,可归因于下列因素:首先,决策者认识到市场的潜能以及正在形成中的以市场为中心的公共政策的作用;其次,决策者认识到传统环境管制存在经济成本大、治理效果不佳的缺陷;再次,决策者对于较低经济成本环境政策体系的兴趣在逐渐增加;最后,决策者期望进一步实施"污染者付费原则",逐步把环境的外部经济性逐渐内化到相关产品和活动中去,并把环境政策纳入其他政策体系中去。另外,基于成本效益及市场竞争考虑,决策者越来越重视运用税费政策治理环境。

在立法方面,1980 年,美国颁布了旨在管制危险废物的《综合环境应对、赔偿和责任法》。依据该法案规定,美国开始征收末端污染物联邦税。例如,针对那些来源于工业设施的有害废物进行征税。此外,美国还对作为其他工业设施原料的化学或者石油产品征收原料税。在欧洲,挪威在 1986 年开始对含铅汽油征税,并于 1988 年开始分别对矿物肥、杀虫剂和润滑油进行征税。丹麦则从 1986 年起对废物征收每吨 40 克朗的税收。此外,英国也于 1987 年开始对无铅汽油征收每升 0.98 分的税。

这一时期,环境税立法的重点主要集中于能源领域,能源税在此阶段得以细化。比如,一些国家开始针对汽油铅含量的不同而征收差异性税收。与此同时,资源税立法、污染税立法和交通环保税相关立法也得到了加强。

3. 繁荣发展时期

进入 20 世纪 90 年代以来,国外决策者对运用税收政策治理环境问题的重视程度有了显著提高,环境税从而进入繁荣发展时期。以欧洲为例,在 20 世纪 90 年代欧共体相继发布了《欧洲委员会罗马决议》《欧洲议会都柏林宣言》《第五次环境行动计划》和《发展、竞争和就业德洛尔白皮书》等文件,倡导成员国通过税收方式治理环境。例如,《发展、竞争和就业德洛尔白皮书》明确指出环境治理需要广泛地、积极地运用包括税收在内的新政策。在欧共体的推动以及各成员国的共同努力下,欧洲环境税立法进入了发展的繁荣时期。除欧洲外,美洲、亚洲和大洋洲等区域的环境税立法进程也日益加快。

国外环境税立法在这一时期的发展具有如下特征:

第一,立法国家数量的增多。20 世纪 90 年代后,国外环境税立法国家的数量增多,环境税立法由以欧洲和美国为中心的格局开始向世界范围扩张。例如,日本、韩国、印度、以色列、塞浦路斯、澳大利亚、新西兰、智利、巴西、加拿大、墨西哥以及南非等国都开征了环境税。

第二,立法进程的加快。进入20世纪90年代后,环境税收立法的速度明显变快。以挪威为例,从1971年至1990年的20年间,挪威就开征了矿物油硫税(1971年)、一次性饮料盒税(1974年)、含铅汽油税(1986年)、矿物肥税(1988年)、杀虫剂税(1988年)和润滑油税(1988年)等少数环境税收。相比较而言,进入90年代后,挪威环境税收的立法速度有了明显加快的趋势,在1991年到2000年短短的10年间,挪威便开征了电池税(1990年)、碳税(1991年)、饮料包装税(1994年)、硫税(1999年)、废物处理税(1999年)、化学制品税(2000年)、柴油税(2000年)、机动车排污税(2000年)等诸多税种,可见其立法速度已有显著加快。

第三,新型税收的产生。以前,环境税主要在能源领域征收,而其他领域的发展相对薄弱。在进入20世纪90年代之后,能源税快速发展的同时,资源、污染防治以及交通领域的环保税立法得以繁荣,在此过程中,一批新型的环境税相继出现。例如,在能源领域,出现了铀税、碳税、电力消费税、燃料补贴税等;在资源领域,出现了矿产品税、采矿场恢复税、矿业税等;在污染防治领域,出现了航天器噪声税、氯氟碳化合物税、挥发性有机化合物税、垃圾税等;在交通领域,出现了汽车购置税、机动车燃料税、废旧汽车税和机场离港旅客税等。

第四,税收体系的逐步健全。进入20世纪90年代后,许多国家的环境税立法体系都在逐步健全。例如,意大利所征收的环境税涵盖了能源、资源、污染防治和交通等多个领域,其开征的环境税有能源产品消费税、汽油消费税、天然气消费税、电力税、电力能源税、特种固体废物垃圾税、塑料袋税、飞机噪声税、杀虫剂税、道路拥塞税、机动车辆税、环境保护及环境安全税、汽车登记税和机动车民事责任保险税等。

9.3.2 国外环境税收立法对我国的启示

根据经济合作与发展组织(OECD)的解释,环境税是这样一种税收,即它的税基是一个能够证明物质对环境特定负面影响的实际单元。

(1)环境税与排放交易制度、押金返还制度、附条件资助制度的目的都是运用价格信号引导市场主体理性行为,从而减少经济行为对环境的负面影响。

(2)通过征收环境税,可以使排污者负担污染治理的成本,使资源、能源使用者补偿相应的生态成本,用价格信号方式促使市场主体理性地开发、利用资源和能源,以及减少污染物的排放,从而达到生态系统可持续利用的目的。纵观国外,环境税收立法已得到蓬勃发展,并在环境保护方面发挥着不可替代的作用。

由于政策是法律的先导,我国所制定的相关政策将有助于加速我国的环境税立法进程。例如,2010年10月,第十七届五中全会通过的《中共中央关于制定国民经济和社会发展第十二个五年规划的建议》明确地提出了在"十二五"期间开征环境税的目标。此后,财政部、国家税务总局、环境保护部三个部门通过了《环境税征收方案》,并于2010年12月上报至国务院。就具体领域而言,能源税立法主张呼声越来越高、资源税及交通税费改革正在稳步进行,"排污费"改"排污税"的试点工作也相继开展。目前,我国正处于环境税立法的新时期,而国外已有的立法经验也为我国环境税立法进程及具体制度设计方面提供了诸多启示。

1. 立法进程方面的启示

纵观国外环境税立法，很多国家都经历了一个由"探索性发展"到"全面性发展"的过程，且该过程一直被欧美国家所引领。到了20世纪七八十年代，欧美等发达国家的环境税经历了"探索性发展"阶段，使其在能源、资源和污染防治等领域的某些方面开征了环境税。在进入20世纪90年代后，欧美国家的环境税立法进入了由"点"向"面"的"全面性发展"阶段，环境税也在相关领域的多个方面得到了蓬勃发展。

我国在环境税立法进程方面，应参照国外经验，采用"探索性发展"到"全面性发展"这个"渐进式"的立法思路。原因如下：一方面，就我国环境税立法经验而言，虽然我国也在能源、资源和交通等领域征收了与环境保护相关的税收，但是这些税收的设立初衷并非都是以环境保护为目的，相应环境成本未能在税收价格中得以全部体现，大多税收不属于实质性的环境税，可见我国环境税收立法经验严重不足。另一方面，就国外立法经验而言，虽然国外积累了大量的环境税立法经验，但是这些经验未必都适合我国国情。在参考国外立法实践经验的基础上，我国选择那些符合国情的环境税进行"尝试性"立法，并在此过程中积累环境税法律移植经验。总之，我国环境税立法不能采取"广撒网"的"突进式"立法思路，而应先从一些易于操作的领域或某些试点城市开始，并在积累经验的基础之上，逐步拓宽立法领域。在"探索性发展"阶段，我国也不必像欧美国家那样需要经历长达20年时间来进行环境税立法探索，因此我国完全有可能在"十二五"期间完成该任务。我国可遵循"由易到难"的思路，先对一些环境损害较严重，但易于调控的领域开征环境税。比如，针对二氧化碳、水污染物、大气污染物等征收环境税。在"全面性发展"阶段，我国应以前期经验为基础，逐渐拓宽环境税领域，并在相关领域全面开征环境税。

2. 税收类型方面的启示

目前，国外所征收的环境税收主要有能源税、资源税、污染税和交通环保税等。我国在环境税类型的设置方面，可参考国外经验，逐步确立能源税、资源税、污染税和交通环保税等类型的环保税收。目前，在环境税收类型的设置方面，我国可以从现有制度改革和新制度构建两方面进行。一方面是现有制度的改革。在能源、资源和交通领域很有必要对与环保相关的税收做统一改革。在能源、资源相关税收改革方面，通过适当提高税率，使税收价格在反映出资源、能源经济价值的同时，也能反映出其生态价值和社会价值。在交通环保税制改革方面，需要把车辆所消耗的能源生态成本以及排放污染物的环境破坏成本都纳入税收价格中去。通过上述改革，使能源、资源和交通领域的税收具有明确的环保功能，从而成为真正意义上的能源税、资源税和交通环保税。另一方面是新制度的构建。在污染领域，我国在税费政策运用方面，主要通过收费方式进行环境治理。然而，按照国外的立法经验，一些国家在征收排污费的同时，也开征了污染税。目前，在我国"费改税"的大背景下，很有必要开设污染税。对那些排污少，而排放量或排放浓度易于测量的污染物的征税对象，可以通过税收方式进行管制。除了能源税、资源税、污染税和交通环保税外，我国也可以尝试在有害环境的开发建设领域以及环保服务领域设置必要的环境税。

3. 税收范围方面的启示

在明确环境税基本类型后，我国应参照国外所开征的环境税，在相关领域逐步拓宽税收范围。

第一,资源领域。我国制定了专门的《资源税暂行条例》。根据该条例规定,国家对原油、天然气、煤炭、黑色金属矿原矿、有色金属矿原矿、盐、其他非金属矿原矿等资源征税。但与国外相比,我国对于资源的征税范围还很狭窄,因此,有必要把资源税收的征收范围进一步拓宽到淡水、森林、渔业等领域,只有这样,才能进一步落实"资源有偿使用原则"。

第二,能源领域。目前,我国正在积极筹划开征"能源税"。我国在能源税立法过程中,可以参照国外对石油、天然气、燃料、电力及核能等能源征税的成功经验,拓宽能源税的征收范围。

第三,交通领域。最近,我国正在进行交通税费改革,其中,燃油税改革是其重要内容之一。在立法方面,我国可以以该改革浪潮为契机,在铁路运输、公路运输、海洋运输、航空运输以及运输专用燃料等领域较为广泛地征收交通环保税。

第四,污染防治领域。目前,我国江西省及湖北省武汉市已经被选为"排污费"改"排污税"试点地区。在这些地区试点成功之后,排污税势必在全国范围得以推广。此外,我国在排污税立法方面应对噪声、大气污染物、水污染物、包装装置、垃圾及危险废物等易于控制的污染物开征污染税。

第五,其他领域。在抑制环境损害方面,我国可以借鉴西班牙的经验,对建设大百货公司、安装缆索装置以及其他造成环境损害的活动征税。

与此同时,我国也可以尝试征收奢侈品税、消费补偿税、许可税等,从而减少有害生态环境的人类活动。在环保服务方面,我国同样可以针对污染防治研究、污染地恢复、城市生态环境改良和新能源研究等项目就特定群体征税,并以此增加生态建设或服务的资金来源。

4. 征收依据方面的启示

根据能源、资源、交通工具、污染物等特性差异,国外在环境税征收方面所依据的标准也不尽相同。目前,国外主要依据排放量、含量、产品销售、生产投入、消费量、市场价格等因素征收环境税。我国在环境税征税依据的设置方面,应参照国外经验,针对管制对象的不同,采用灵活多样的税收依据。既要做到易于操作,又要做到行之有效,在减少技术操作难度的前提下,达到最佳的环保治理目标。在资源领域,可以根据资源体积或重量、市场价格、销售量、销售收入等因素征税。在能源领域,可以根据含量、产品销量、消费量等因素征税。此外,在污染领域以及普通的大气污染物和水污染物防治领域,可以把排放量作为征税依据。而对那些难于控制的污染物,则可以根据燃料中的元素含量征税。例如,在我国即将开征的二氧化碳税种中,可以依据能源物质中的碳含量征税。在交通领域,可以依据市场价格、排量、排放标准等因素,区别性地征税,以达到最佳节能减排的效果。在那些有害环境活动或环保服务领域,国家或地方可以通过立法确定具体的税收依据。

5. 特殊政策方面的启示

国外所采用的"重税"和"税收优惠"等特殊政策,在有效抑制环境破坏的同时,也积极地推进了环保产业的发展及对环保产品的推广。我国在进行环境税收立法时,也应广泛地运用环境税的特殊政策。就"重税"政策而言,对于稀缺或国家限量开发的自然资源、高污染的能源产品、大排量的交通工具、大耗能或重污染的产业等,我国应通过提高税率的途径,最大限度的发挥税收"重税"的抑制作用。同时,就税收减免或资助政策而言,对于国家鼓励开采的资源、新能源或清洁能源产业及产品、低排量的交通工具、新兴环保产业等,国家可以通过税收减免、贷款优惠和提供资助等方式尽量发挥优惠政策的经济激励作用。

9.4 环境监测与环境监测法

9.4.1 环境监测概述

环境监测是通过对人类和环境有影响的各种物质的含量、排放量的检测,根据环境质量的变化,确定环境质量水平,为环境管理、污染治理等工作提供基础和保证。简单地说,了解环境水平,进行环境监测,是开展一切环境工作的前提。

环境监测通常包括背景调查、确定方案、优化布点、现场采样、样品运送、实验分析、数据收集、分析综合等过程。总地来说,即"计划-采样-分析-综合"的获得信息的过程。

20世纪50年代,早期的环境监测主要采用分析化学的方法对污染物进行分析,但由于环境污染物含量低(通常是 ppm 或 ppb 级别)、变化快,使其实际上是分析化学的发展,被称为污染源监测阶段。从60年代起人们逐渐认识到环境污染不仅包括化学物质的污染,也包括噪声污染;不仅包括污染源的监测,也包括环境背景值的监测,环境监测的范围扩大,手段更多,这个阶段被称作环境监测阶段。进入70年代,环境监测技术进入自动化、计算机化,发达国家相继建立了全国性的自动化监测网络,这个阶段也被称为自动监测阶段。

环境监测的主要手段包括物理手段(对于声、光的监测),化学手段(包括重量法,分光广度法等),生物手段(监测环境变化对生物及生物群落的影响)。按照监测对象,环境监测又被分为"环境质量监测"和"污染源监测"两种。

环境监测的实施部门有以下分类:

一是政府事业部门。环保局下辖环境监测站,几乎每个省市县(区)都有环境监测站,例如深圳市环境监测站、北京市环境监测站。

二是军区的环境监测站。涉及国家军事机密的环境监测由军区的环境监测站实施,例如,广州军区环境监测站。一些学校拥有实验室,并通过国家认证,开展环境监测,主要目的是教学科研,也接受一些委托性质的环境监测业务,例如,广东省环境保护学校实验室、长沙环境保护职业技术学院实验室等。

三是民营环境类检测机构。环境保护日益被重视起来,随之环境监测市场不断扩大,传统的环境监测站已经不能完全满足社会的环境监测需求,国家逐步开放了环境监测领域,民营力量加入了进来。专业从事环境监测,且具备 CMA 资质,开展的项目与环境监测站几乎相同的民营监测机构已成为社会委托性质的环境监测的首选。

环境监测是由环境监测机构按照规定程序和有关法规的要求,对代表环境质量及发展趋势的各种环境要素进行技术性的监视、测试和解释,对环境行为是否符合法规情况进行执法性监督、控制和评价的全过程操作。此外,环境监测的三个阶段分别是:典型污染事故调查监测发展阶段或被动监测阶段;污染源监督性监测发展阶段或主动监测、目的监测阶段;以环境质量监测为主的发展阶段或自动监测阶段。其发展趋势有以下几个特征:由经典的化学分析向仪器分析发展;由手工操作向连续自动化迈进;微量分析($0.01\% \sim 1\%$)向痕量($<0.01\%$)、超痕量发展;由污染物成分分析发展到化学形态分析;环境监测将向仪器的联合使用和电子计算机化发展。

在中国加入 WTO 之前，环境监测任务一直是由环保局下辖的环境监测站实施，中国加入 WTO 后，环境监测（实验室等）得到逐步开展，一些民营机构实验室相继成立，并开展业务。最初民营环境监测机构于"2002 年谱尼测试检测机构"注册成立，最初就是先进入了环境监测领域，并逐步发展其他领域的检测。此外，同环保局下辖的环境监测站项资质能力类似的民营机构发展较快，典型代表有：上海威正测试技术有限公司、谱尼测试科技股份有限公司、上海华测股份有限公司等。根据《中华人民共和国计量法》第二十二条的规定，为社会提供公证数据的产品质量检验机构，必须经省级以上人民政府计量行政部门对其计量检定、测试的能力和可靠性考核合格，即取得"CMA"资质。所以所有环境监测机构都必须具备"CMA"资质才能够开展相关的环境监测业务。随着环境监测机构特别是民营机构的增加，国家环保部将计划切入管理，将国家事业环境监测机构和民营环境监测机构统一管理起来，《环境监测机构资质管理办法》已经呈报国务院，通过后将依此办法对环境监测机构进行更有效的监督与管理。

准确、及时、全面地反映环境质量现状及发展趋势，为环境管理、污染源控制、环境规划等提供科学依据是环境监测的主要目的。具体可归纳为：根据环境质量标准评价环境质量；根据污染分布情况，追踪寻找污染源，为实现监督管理、控制污染提供可靠依据；收集本底数据，积累长期监测资料，为研究环境容量、实施总量控制和目标管理、预测预报环境质量提供数据；为保护人类健康、保护环境，合理使用自然资源，制定环境法规、标准、规划等提供服务。

环境监测监测手段包括化学、物理、生物、物理化学、生物化学及生物物理等一切可以表征环境质量的方法；监测对象包括空气、水体、土壤、固废、生物等客体。环境监测的综合性是指对监测数据进行统计处理、综合分析时，有涉及该地区的自然和社会等各个方面的情况，必须综合考虑全局的动态。由于环境污染具有时空性等特点，只有坚持长期测定，才能从大量的数据中揭示其变化规律。为保证监测结果具有一定的准确性、可比性、代表性和完整性的需要，应建立一个量值追踪体系予以监督。

环境监测的基本原则有：优先检测原则、可靠性原则和实用性原则。其中，优先检测原则在有重点、有针对性地对部分污染物进行检测和控制的同时，筛选危害性大、环境出现频率高的污染物作为监测和控制的对象。另外，进行环境监测工作时还要把握监测工作的代表性、完整性、可比性、精密性和准确性。

根据环境监测的目的可将其分为监视性监测、特定目的监测以及研究性监测。其中，"监视性监测"包括对污染源的监测和对环境质量的监测，以确定环境质量及污染源状况，评价控制措施的效果、衡量环境标准实施情况和环境保护工作的进展。这是监测工作中"量最大面最广"的工作；"特定目的监测"例如污染事故监测、纠纷仲裁监测、咨询服务监测等；"研究性监测"是针对特定目的科学研究而进行的高层次监测，通过监测了解污染机理、弄清污染物的迁移变化规律、研究环境受到污染的程度来进行的环境监测工作。例如环境本底的监测及研究、有毒有害物质对从业人员的影响研究、为监测工作本身服务的科研工作的监测等。这类研究往往要求多种学科合作才能进行。

此外，按监测介质或对象分类可分为水质监测、空气监测、土壤监测、固体废物监测、生物监测、噪声和振动监测、电磁辐射监测、放射性监测、热监测、光监测、卫生监测等。按专业部门分类可分为气象监测、卫生监测、资源监测等。按监测区域分类可分为厂区监测和区域监测。

9.4.2 环境监测法律体系现状

环境监测法律体系虽未见其他文献特别提出,但可参照环境保护法律体系将其定义为"规定环境监测的所有法律、法规、规章、规范性文件的整体,按一定的功能层次组成相互联系、制约、补充和配合的综合体系",其内容又可以分为以下4个层次。

1. 环境监测法律

由于环境监测未单独立法,因而目前主要依附全国人大常委会制定并发布的环境保护法律进行规定。如基本法《环境保护法》第十一条,环境保护单行法《大气污染防治法》《噪声污染防治法》及《固体废物污染环境防治法》等,都根据基本法分别制定相应的环境监测制度法律规定。

2. 环境监测法规

环境监测亦无专门法规,有关法规规定分布在环境保护法规之中,但其相对数量较少。如《征收排污费暂行办法》第十条、《国务院关于环境保护工作的决定》第五条、《排污费征收使用管理条例》第九条及《水污染防治法实施细则》第十三条等。

3. 环境监测规章

环境监测规章是由国务院环保行政主管部门发布或国务院环保行政主管部门会同国务院有关部委联合发布的规定和办法,这是环境监测法律体系的主要组成部分。如1983年由城乡建设环境保护部颁布的《全国环境监测管理条例》、1994年国家环保总局《关于进一步加强环境监测工作的决定》、2000年国家环保总局下达的《关于建设项目环境保护设施竣工验收监测管理有关问题的通知》、2001年颁布的《建设项目竣工环境保护验收管理办法》、1999年《污染源监测管理办法》、1991年出台的《环境监测质量保证管理规定(暂行)》和《环境监测人员合格证制度(暂行)》及1996年颁布的《环境监测报告制度》等系列文件。

4. 环境标准

环境标准是环境保护法律体系中的一个特殊的、不可缺少的组成部分,更是环境监测法律体系的基础,贯穿于环境监测与评价的全过程,由环境质量标准、污染物排放标准、环境基础标准、环境方法标准以及环境标准及样品标准组成。

9.5 环境监测主体与环境监测管理体制

9.5.1 环境监测主体

随着环境保护作为基本国策而真正进入了国家经济社会生活的主战场,国家环境保护战略将继续深化,社会公众对环境质量的需求也更加立体化,环境监测工作越来越受到重视,人民群众对环境监测的要求与期望亦越来越高。

一方面我国的各级环境监测站在机构人员、经费保障、硬件严重不足的情况下,按照国家和地方政府要求,定期承担大气、地表水、饮用水源地、噪声、土壤和污染源等领域的监测任务,其监测能力及信息产品水平日益增强,为各级政府部门实施环境管理与决策、考核环境质量、处置突发环境污染事故、履行国际公约和推动绿色发展等发挥了非常重要的技术支撑作用。另一方面,环境监测工作的作用却越来越小,与政府和社会需求的差距也日益拉大,从而导致公信力的日益下降,受到社会的责难也日益增加,正陷于"莫衷一是"的被动境地。

究其原因,一方面是监测机构队伍、职责任务、能力手段等受技术和经济制约难免力不从心,更重要的则是体制与机制上的障碍。突出问题是法规制度不完善、功能定位不准确、规章制度跟不上、职能权责界限不清、执法监督和公益服务责任不明、行政干扰数据质量约束缺失、政府行为和市场行为混淆等问题,如不能对其进行有效改善,环境监测事业发展前景堪忧。

9.5.2 环境监测管理体制的发展历程

我国环境管理的发展历程大致可以分为三个阶段,即创建阶段(1972年至1982年8月)、开拓阶段(1982年8月至1989年4月)和改革创新阶段(1989年5月至今)。环境监测管理体制作为环境管理的重要组成部分,其形成和发展过程和环境管理的发展历程密不可分,因此,大体上也可分为以下3个阶段:

1. 初始阶段

在新中国成立以后到20世纪70年代初,我国仿效的是前苏联模式,即没有建立专门的环境保护机构,环境管理工作就由有关的部委兼管,因而谈不上建立环境监测管理体制。随着1973年全国第一次环境保护会议的召开,国务院批转发布了原国家计划委员会《关于保护和改善环境的若干规定(试行草案)》。该草案指出:"各地区、各部门要设立精干的环境保护机构,给他们以监督、检查的职权。"因而在1974年5月,国务院设立了一个由20多个有关部委领导组成的环境保护领导小组,主管和协调全国的环境工作,其日常工作则由其下设的领导小组办公室负责。1979年,《环境保护法(试行)》颁布后,全国很多省、市级人民政府设立了环境保护监督机构,国务院有关部门也设立了环境保护监督机构,这是我国环境监督管理体制的初创时期。

2. 形成阶段

1982年,全国人大常委会发布了《关于国务院部委机构改革实施方案的决议》,根据该决议,撤销了国务院环境保护领导小组,成立了城乡建设环境保护部,其下设以环保局为全国环境保护的主管机构,另在国家计划委员会内部增设国土局,专门负责国土规划与整治工作。很明显,此时的环保局和国土局仍然是国务院部委的下设机构。1984年5月,国务院发出了《关于加强环境保护工作的决定》,决定成立国务院环境保护委员会,同年12月,城乡建设环境保护部环保局改为国家环境保护局,其同时作为国务院环境保护委员会的办公室。1984年以后,省、地、县环境保护监督管理机构也相继做了调整。

在这一阶段中,我国的环境管理机构可以分为3种类型:第一类是国家环境保护局,省、直辖市、自治区环境保护局,地、市、县等地区性、综合性环境保护机构,这是环境监测管理体系的重点;第二类是部门性、行业性的环境保护机构,如轻工、化工、冶金、石油等部门都设立了部门性的环境保护机构,主要负责控制污染和破坏;第三类是农业、林业、水利等部门的环境管理机构,主要负责资源管理。

3. 发展阶段

1989年,《中华人民共和国环境保护法》的颁布实施,确立了我国现行的环境监测管理体制是一种统一监督管理与分级分部门管理相结合的管理体制。统管部门是指环境保护行政主管部门;而分管部门则有国家海洋行政主管部门、港务监督、渔政渔港监督、军队环境保护部门和各级公安、交通、铁道、民航管理部门,负责对污染防治实施监督管理,县级以上人民政府的有关部门,如土地、矿产、林业、农业、水利部门也相继成立环境保护监督机构,负责对自然资源的保护实施监督管理。此外,根据《水污染防治法》第四条规定,重要江河还应设有水源保护机构,协同环境保护部门对水污染防治实施监督管理。1998年,国务院机构改革中国家环保总局升格为部级的国家环境保护总局。并对有关管理部门进行了合并,如国土资源部、农林水利部等。

从上述我国环境保护监测管理体制的形成和发展过程中不难看出,随着环境问题的日益突出,党和国家对环境保护问题越来越重视,环境保护机构的地位也变得越来越重要。

9.5.3 我国立法在现行环境监测管理体制上的缺陷及完善

我国的环境监测管理体制经历了一个从无到有、从弱到强,从不健全到逐步健全的发展过程。应当说,现行的环境保护监测管理体制对于加强我国的环境保护工作起了非常重要的作用,但这一体制随着我国环境问题的日趋严重,在实践中也暴露出许多问题。其中的主要问题有:环境管理体制立法体系不完善;环境管理体制立法内容存在交叉和矛盾;立法规定按行政区划分管、按单要素分管的形式很不科学;地方环境保护行政主管部门的双重管理体制已不能适应环境保护的需要等。因此,如何完善我国的环保监测管理体制成为亟待解决的问题。

首先,应制定综合性的环境管理体制立法。目前我国有关环境管理体制的立法分散在各种法律、法规、规章,甚至规范性文件中,其不集中性使各种立法之间出现了重复、交叉和矛盾。为了完善环境管理体制的立法,应当制定一部综合性的环境管理体制法,确立环境管理部门的地位、机构组成、各部门承担的管理职能以及各部门间相互协调、配合和监督的程序等。在这种综合性立法的基础上,再由各部门、各地方将自己的职责具体化。这样就形成一个具有系统性和协调一致的环境管理体制立法体系。如此的立法体系是保障法治社会各行政机构有效运行的必要条件。

其次,扩大环境保护行政主管部门的职权,从而建立一个真正的环境保护的统一管理和综合管理部门。现行的环境保护行政主管部门名义上是一个统管部门,而实际上重点是对污染防治进行监督管理,对于资源的管理则由资源管理部门负责。早在1985年10月,李鹏同志在"全国城市环境保护会议"上就指出:"环境保护部门既是一个综合部门,又是一个监督机构。这个机构是一个能够代表本级政府行使归口管理,组织协调、监督检查职能的有权威的环境管理机构。"因而在实行可持续发展战略的今天,更应扩大环境保护行政主管部门监督管理的职权范围,使其既对污染防治进行监督管理,又对资源的保护行使监督管理权,真正成为一个综合性的统一监督管理部门。如前所述,发达国家尤其是环境问题比较严重的国家莫不如此。

再次,改"环境保护行政主管部门"为"中央垂直领导或者省以内垂直领导"。前几年由于地方政府违法乱批乱占耕地的现象导致我国大量土地的闲置使用,造成国土资源的巨大浪费。后来国家将地方各级土地管理部门改为省以内垂直管理后,我国土地市场的浪费现象和地方政府的干预现象才得到了有效遏止。我们可以借鉴这种做法,把地方各级环保部门改为中央垂直领导或者省内垂直领导,这样地方县市的领导就很难再干预地方环保行政部门的工作了,地方环保部门开展工作也就更加大胆、积极了,执法时腰杆也更硬了。另外,立法上应当明确环境保护行政统管部门和分管部门的职责和分工。目前我国法律规定"统管部门与分管部门之间不存在行政上的隶属关系,在行政执法上都是代表国家行政机关依法行使行政执法权,其法律地位是平等的,没有领导与被领导、监督与被监督的关系。而只有在环境保护监督管理的分工不同,即监督管理对象和范围有差异,但都是属于环境保护监督管理机构,在环境保护的目标和性质上是一致的"。由于《环境保护法》第七条关于环境保护监测管理体制的规定尚不具体,对统管与分管之间的关系以至职责权限的划分还不够详尽。此外,一些自然资源保护单行法对环境保护监督管理体制也缺乏相应的条款或者明确的规定,致使一些地方、部门之间依然存在相互扯皮、推诿等不良现象。为了解决上述问题,立法可以规定统管部门对分管部门具有规划和协调的职责,另外还应赋予统管部门对于分管部门所涉及环保工作的法定的监督管理权。总之,应使环境保护行政主管部门在环境保护中处于主导和牵头的地位。

9.6 环境监测法的主要制度

在新的《环境监测条例》出台之前,对内要加强"环境管理必须依靠环境监测,环境监测必须为环境管理服务"和加强环境监测的技术监督职能的"七个必须"宣传,使各级环境保护行政主管部门主要领导重视和关心环境监测站的作用和发展,通过环境监测的发展来推进整个环保工作的科学化和法制化,形成良性循环。同时对外强化"环境监测是一项政府行为"的理念,争取得到各级政府主要领导及相关部门对环境监测的支持。特别是环境监测仪器设备投入长期以来主要依靠排污费专项补助资金,而这条渠道将发生重大变化。根据2003年财政部国家环境保护总局第17号令《排污费资金收缴使用管理办法》第二条规定和同年财政部、国家环境保护局联合制定的《关于环保部门实行收支两条线管理后经费安排的实施办法》有关规定,2006年起江西等中西部地区的排污费收入全部用于环境污染防治,因环保机构经费全额纳入同级财政预算,不得再从排污费中列支。同样,环境监测的主要工作经费和环境监测仪器的投入也只能依靠财政。这就要求各级监测站必须吃透办法精神,争取统计部门和财政部门的支持,特别是通过财政部门将仪器设备购置经费以及基础设施经费等纳入同级财政预算予以保障,否则将造成监测站缺乏必要的监测装备投入和日常监测经费的投入而使监测工作陷入困境。

环境监测资质认证与计量认证并行,这里以江西省为例予以说明。江西省还未开展环境监测资质认证工作,省环境监测中心站主要是根据《环境监测人员合格证制度(暂行)》对下级监测站进行考核,以计量认证替代环境监测资质认证。这就极大地影响了县区级监测站和污染源监测网络的发展。根据《污染源监测管理办法》(环发〔1999〕246号)第四条规定"凡从事污染源监测的单位,必须通过国家环境保护总局或省级环境保护局组织的资质认证,认证合格后方可开展污染源监测工作"。江西省的经济发展状况决定了大部分县区级环境监测站和企业环境保护机构只具备简单的或针对性的监测能力,实施计量认证有较大难度而实施环境监测资质认证却有利于他们的发展,同时又利于污染源环境网的实际建立和运行,可以更好地利用监测资源为环境管理服务。当然,也要鼓励有条件的县区环监测站和大企业环境监测站通过计量认证,而市级以上监测站无论从工作的需要还是本身法律地位都要求通过计量认证。

应做到理清职责,强化污染源监督监测。自从《污染源监测管理办法》(环发〔1999〕246号)出台后,我省地方环境监测污染源监督工作并没有得到加强。一是因为例行监测工作量的大大加重造成污染源监测人力不足;二是因为办法规定了环境监督性管理不能收费而影响其积极性。但笔者认为主要是由于没吃透办法精神继而没理清相关职责造成的。《污染源监测管理》第八条规定:"排污单位的环境监测机构负责对本单位排放污染物状况和防治污染设施运行情况进行定期监测,建立污染源档案,对污染源监测结果负责,并按规定向当地环境保护局报告排污情况",第六条规定了环境监测站的主要职责为"具体实施对本地区污染源排污状况的监督性监测,建立污染源排污监测档案。"和"对排污单位的申报监测结果进行审核,对有异议的数据进行抽测,对排污单位安装的连续自动监测仪器进行质量控制。"这就明确规定了企业应承担本企业的污染源监测职责,而环境监测站的职责为对企业的污染源监测进行监督性监测和数据审核。因此,对有污染源监测能力的大企业不需要对每个污染源都监测,而只要求企业环境监测机构提供监测结果,对其进行审核和作必要的监督性抽查监测即可,这就能在降低自身工作量的同时又能准确地掌握企业的排污情况。而对于没有监测能力的企业,按办法第十三条规定:"不具备监测能力的排污单位可委托当地环境保护局所属环境监测站或经环境保护局考核合格的监测机构进行监测。"然而,这种污染源委托监测不属于监督性监测,应该按其服务性质进行收费。

应认清法律责任,重点防范法律风险。为重大环境污染事故案件、环保局查处违反环保法规行为并将进行行政处罚的案件、环境污染纠纷案件等提供证据的环境监测,环境监测站和相关人员将要承担相应的刑事、民事和行政责任。因此,环境监测站全体人员除应系统学习国家法律法规,掌握环境保护与环境监测法律法规和各项规章制度,除防范环境监测工作中可能遇到的法律风险以外,还应对此类环境监测重点对待。一要选派技术水平高、经验丰富的同志负责现场监测;二要所涉项目分析人必须取得相应合格证;三要采样方法、分析方法等要符合国家环境标准或有关规定;四要在有效期内使所用仪器通过计量检定;五要采样、分析、数据审核、报告编写、报告审核等人员签名规范完整;六要保证所有记录都完整存档。总之,既要做到有法可依,有据可查,有章可寻,又要最大限度地减少工作中的失误,将法律风险降到最低。

以环境标准为依据,全面规范环境监测。环境标准更是环境监测工作的技术基础,环境质量标准和污染物排放标准规定了环境监测的项目以及所需采用的方法标准或规范,同时又是环境监测数据评价的依据。环境方法标准则对环境监测从采样、分析测试到数据处理、报告编写和报出等全过程做出了技术规定,是各种环境监测数据准确、可靠并具有可比性和法律效力的保证。环境标准样品则应用于环境监测工作中的仪器标定、测试方法检验、量值传递、质量控制,是保证环境监测数据准确可靠的有利工具。因此,环境监测人员在环境监测工作中,应及时掌握最新环境标准,因为事事以环境标准为依据,就能将环境监测工作规范化、合法化,经得起审核和考验。

在中国当今生态环境日益恶化的背景下,随着国家环境保护战略的纵深化和社会公众对环境需求的立体化,征收环境税、搞好环境监测日益体现出其深刻的经济、社会意义。

思考与练习

1. 环境税的经济学理论依据是什么？
2. 环境税的基本功能是什么？
3. "庇古税"的渊源及其内涵是什么？
4. 根据环境监测的目的可将环境监测工作分为哪几类？
5. 概括环境监测的主体。

第10章 环境诉讼与环境教育法

10.1 环境民事诉讼

10.1.1 环境民事诉讼的产生

作为民事诉讼领域的一个新兴课题,环境民事诉讼有其产生的特定背景。"随着经济和科技的迅猛发展以及人类活动范围的日趋广泛,从而由于人为活动导致环境污染、生态破坏,造成他人的财产或身体健康等方面的环境纠纷也越来越多",而政府的环境行政干预功能是有限的,因为以维护公共利益为根本目标的政府常常从公益角度出发,往往忽略环境利益。同时,我国刑法在追究环境犯罪方面急需完善立法,扩大制裁范围;在此情形下,如果加害人所造成的环境危害后果尚不足以构成刑事制裁,众多当事人便选择民事诉讼来维护环境权益。因此,环境民事诉讼得以产生并迅速增多。

10.1.2 环境民事诉讼的概念

对环境民事诉讼如何定义,学者有不同的观点。在大多数的环境法教科书中,或者忽略或者对其进行简单定义,定义者多将其定义为因环境污染而导致的民事诉讼。这是因为因环境污染受损而提起的民事诉讼占绝大部分,事实上在我国司法实践中已有因环境破坏而提起诉讼并得到法院审理、判决的民事案件。因此,因环境污染而导致的民事诉讼不能囊括全部的环境民事诉讼的内涵。也有学者将其定义为:环境民事诉讼是指环境法民事主体在其环境民事权益受到侵害时依民事诉讼程序法提出诉讼请求,人民法院依法对其审理并裁判的活动。笔者同意这种观点。因为此种观点比较全面地阐述了环境民事诉讼的内涵和外延,明确了环境民事诉讼既包括了环境污染的民事诉讼,也包括了环境破坏的民事诉讼,甚至把未来可能新增的环境民事诉讼种类也可涵盖进去。诸如以后随着民法中环境合同制度的建立,因环境合同纠纷而导致的环境民事诉讼,也可以归结为"环境民事权益受到侵害"而提起的民事诉讼。因此,这种定义比较科学、全面地揭示了环境民事诉讼的含义。

10.1.3 环境民事诉讼的特点

因环境民事诉讼是环境民事权益争议公力救济的方式之一,它必然要遵循民事诉讼的程序和规则。但环境侵害与传统的民事侵害不同,具有独特的性质:如复合性、累积性、潜伏性、广泛性、不确定性等,唯有不断发展民事诉讼理论,才能应付日益严重的环境危机和保护受害人的权利。环境民事诉讼除适用无过错责任原则外,还有如下特点:

1. 诉讼主体资格方面的要求不同

按照传统民事诉讼理论,有资格提起民事诉讼的必须是有直接利害关系的人,而环境损害是通过环境被污染或破坏间接造成的,实践中如对环境间接损害者提起的民事诉讼均不予立案受理。按照传统民法理论,对大气、水域、海洋、公共风景区等"公共财产",任何人不得主张专属性、排他性的权利。因此,当有人污染破坏环境时,便无人可以对致害行为提起诉讼,换句话说,也就是没有提起民事诉讼的主体资格。显然这对整个环境保护是非常不利的。因此,扩大民事诉讼起诉的主体资格是保障顺利进行环境民事诉讼的首要条件。

2. 因果关系认定方面的要求不同

普通民事诉讼要求侵权行为与损害结果之间存在客观的、必然的、直接的因果关系,而环境侵害的行为常常是持续的,损害后果具有潜伏性、累积性、复合性,使得环境侵害行为与环境损害后果之间的因果关系并不是那么客观和直接,并且由于环境损害往往需要高科技鉴定,而用目前有限的环境科学技术和知识来证明这种因果关系是非常困难的。因此,在环境民事诉讼的因果关系的认定上,适用因果关系推定原则已得到法学界的认可,在司法实践中也有了有益的尝试。

3. 举证责任分配方面的要求不同

普通民事诉讼要求"谁主张、谁举证"为分配举证责任的原则,而环境民事诉讼中,环境损害的复杂性、持续性、潜伏性导致原告取证是极其困难的,更何况若对方是企业,出于保护商业和技术秘密的需要,往往采取严格的保护措施,受害者是无从知晓的。因此,采取不同于"谁主张、谁举证"的举证责任分配原则也是现实所需。最高人民法院在《关于民事诉讼证据的若干规定》中已明确了适用举证责任倒置制度,在实践中已产生了较好的效果。

4. 诉讼时效方面的要求不同

同样由于环境损害的特点,导致环境损害结果的发生需要较长时间,且受害人举证困难,如果遵循我国《环境保护法》第四十二条规定的 3 年诉讼时效期间,可能会出现"损害尚未发生、时效已经消灭"的情形;同时,如何判断受害者"知道或者应当知道"权利被侵害,法律也没有明确规定。因此,在特殊法中延长环境民事诉讼的诉讼时效以更好地保障受害人的权利是客观必需的。此外,《民法通则》规定,最长诉讼时效期间为 20 年,"从权利被侵害时"起计算,不管权利人是否知道权利被侵害。而许多公害案件。如"水俣病案例",从排放含有甲基汞的污染物到大量出现水俣病患者,历经半个世纪之久。因此,这种"从权利被侵害时"为起算点的 20 年最长诉讼时效期间是不适合环境民事诉讼的,应该进行相应的立法完善,才能适应现实的需要。

10.1.4 环境民事诉讼立案的作用

1. 环境诉权保护作用

法律的目的在于实现社会正义,而司法是社会正义的最后一道防线。我国宪法一般理论认为,诉权是国民在权利和利益受到不法侵害或妨碍时,向有管辖权的法院提起诉讼,寻求法律救济的权利。民事诉权则是国民在权利和利益受到违反民事法律的不法侵害或妨碍时,依照民事司法程序,向法院提起民事诉讼的权利。诉讼制度真正永恒的生命基础在于它的公正性。公正的立案是公正审判的前提。因此,只有在立案环节充分保障当事人行使诉权,当事人的民事纠纷才可能得到法院的救济。立案是案件进入审理的第一环节,该立的不立,则谈不上诉权的保障,更谈不上实体权利的保护。随着我国民主与法制建设的逐步完善,公民的法律意识和环境意识的不断提高,越来越多的公民、法人懂得运用法律武器保护自己的合法权益。当环境权益受到侵害,依法保护公民、法人的诉权,是环境民事诉讼立案的重要作用之一。

2. 限制环境诉权滥用的作用

滥用诉权属于权利滥用范畴,国民或当事人通过行使诉权达到非法目的,违背了享有和行使诉权的正当目的。通过立案审查,排除不符合立案条件案件进入审理程序,可以限制诉权的滥用,以免造成司法资源的浪费和其他当事人人力、物力、财力等的损失。我国宪法第五十一条规定:"中华人民共和国公民在行使自由和权利的时候,不得损害国家的、社会的、集体的利益和其他公民的合法的自由和权利。"当事人非法行使民事诉权进行民事诉讼,往往是欲以合法的形式获取非法的利益。如果对非法行使诉权不予规制,那么不仅背离了"任何人都不应从不当行为中获利"的原则,而且将最终有损法律的尊严和产生司法信任危机。环境民事诉讼案件属新型民事案件,在立案阶段把好立案关,对限制环境诉权的滥用无疑能起到很大的作用。当然,我国法律对滥用诉权的规制还很不完善,在立案阶段不能解决所有问题,但把好立案关确实能起到不可替代的作用。

3. 监督作用

由于目前推行审判流程管理,立案工作涉及面很广,能接触到审判活动的各个环节,易于发现审判工作中存在的问题,其监督作用的充分发挥,对维护司法公正有重要的意义。如:通过来信来访,可以发现环境民事诉讼中乱收费、乱争管辖权及办关系案、人情案、超审限等审判工作中的问题。

4. 稳定作用

人民群众起诉、申诉、法律咨询、来信来访都是立案工作的组成部分,如果理不好或案件该受理的不受理,使当事人感到状告无门,便会激化矛盾。由于环境民事诉讼案件往往受害者人数众多,如:因大气污染或水污染引起的环境民事诉讼,因污染源扩散速度快、范围大、持续时间长、涉及人员多,如果不及时立案,极易引起重大恶性事件,有的越级上访,长期滞留在大城市,产生报复社会的心理,进行违法活动,影响社会秩序,成为不安定因素,不利于构建和谐社会。通过立案工作的依法认真执行,必将对社会稳定起到不可忽视的作用。

10.2 环境行政诉讼

新颁布的《中华人民共和国环境保护法》正式规定环境行政诉讼制度。《中华人民共和国行政诉讼法》已于1990年10月1日起实施。这两部法律的颁布,对健全环境行政诉讼制度,加强环境法制建设,具有巨大的推动作用。

10.2.1 环境行政诉讼的概述

所谓环境行政诉讼,是在继承传统行政诉讼基本特征的基础上,为了适应资源环境保护监督、管理的需要而发展了的一种诉讼形式,本质上,它是行政诉讼的一个分支。基于本节从"利害关系的尺度"来探讨环境行政诉讼中的原告资格,环境行政诉讼通常包括两种:其一,行政相对人或利害关系人认为负有环境监管职责的行政机关所做出的具体行政行为不服,而向法院提起的行政诉讼,这种诉讼与传统的行政诉讼没有本质的区别;其二,是指由于行政机关及其工作人员的违法行为或不行为,使环境公共利益遭受侵害或由侵害之虞时,公民、环保团体或特定的国家机关为维护资源环境公共利益而向法院提起的诉讼。这种新型的环境行政诉讼制度,各国称呼不一,如环境民众诉讼,环境公民诉讼等,但其内涵基本一致。随着环境问题的重要性不断得到加强,这种诉讼方式"将要占据环境行政诉讼的主流",并且是环境行政诉讼的发展方向。

与一般的行政诉讼相比,环境行政诉讼的最大特色在于作为行政管理间接相对人、环境受害人的公民、公民团体以及作为环境公益团体的环保组织所提起"环境权诉讼",这是因为,作为环境行政管理直接相对人的业者提起的环境行政诉讼,都可以在作为环境私人财产保护程序的传统行政诉讼制度的框架中得到处理,是行政法在环境法领域的适用,与传统的行政诉讼没有任何区别,其本质上就是行政诉讼,但是因为其发生在环境法领域,所以被称为是环境行政诉讼,为了论述的方便,将这种诉讼形式可以被界定为传统的环境行政诉讼;而与之相对的由作为环境受害人的公民、公民团体或作为环境公益团体的环保组织等所提起的环境行政诉讼,大都超出了传统行政诉讼制度的框架,并迫使传统的行政诉讼理论和制度为环境公益等的保护而有所变迁,因此将这种诉讼形式界定为新型的环境行政诉讼,虽然这种诉讼还没有得到世界各国环境法律的普遍认可,但其在理论上应是适合环境法所要求的行政诉讼形式。

10.2.2 环境行政诉讼的原则

环境行政案件的审理。除须遵循《行政诉讼法》第一章所规定的基本原则外,还有其特有的原则。

1. 环境行政机关负有举证责任

所谓负有举证责任,指负有提出证据、证明案件事实的义务。这是因为,环境行政管理是一项政策性、法律性及技术性较强的活动,其具体环境行为,往往涉及一系列科学技术的概念、内容及数据等,环境行政相对人不易了解;同时,环境行政机关与环境行政相对人的关系,是管理与被管理的关系,环境行政相对人不易从环境行政机关收集到有关证据和规范性文件;另外,环境行政机关作出的具体环境行政行为,是单方面的行为,为了证明其正确、合法,应向法院提供足够的证据和规范性文件。

2. 不适用调解和在诉讼期间不停止执行的原则

法院审理环境行政案件,只能作出维持或撤销、部分撤销的判决,而不能适用调解的方式。因为环保行政机关做出的具体环境行为,是履行国家赋予的职责;作为职责,是不允许放弃的。而环保行政机关做出的处罚决定、强制措施等,往往将限制或剥夺环境行政相对人的权利。如果义务人被错误对待,环保机关有责任恢复其权利。《行政诉讼法》第四十四条规定:"诉讼期间,不停止具体行政行为的执行。"环境行政诉讼亦以此为原则,以不影响环境行政管理的有效进行。

3. 法院不直接变更的原则

法院审理环境行政案件,主要是审查具体环境行政行为是否合法。环保行政机关在法律、法规范围内当与不当的问题,法院原则上不管。法院更不能代替环保行政机关行使环境行政管理权。一般而言,法院审理环境行政案件,除对显失公平的环境行政处罚可以判决变更外,对于其他具体环境行政行为,根据证据是否确凿,适用法律、法规是否正确,是否符合法定程序，法院将分别做出维持或撤销、部分撤销的判决。此外，法院对环保行政机关不履行或者拖延履行法定职责的，可以判决其在一定期间内履行，而不是代替环保行政机关作出具体环境行政行为。

4. 由环保行政机关负责赔偿的原则

《行政诉讼法》第六十八条规定，"行政机关或者行政机关工作人员作出的具体行政行为侵犯公民、法人或者其他组织的合法权益造成损害的，由该行政机关或者该行政机关工作人员所在的行政机关负责赔偿。"建立行政诉讼制度目的之一，就是使因受到国家机关及其工作人员侵犯其合法权益的个人、单位的合法利益得到补救。环保行政机关属于行政机关的范畴，所以，在环境行政诉讼中，环保行政机关对本部门及其工作人员对他人合法利益的侵害行为，负有赔偿责任，这是因为：

第一，环保行政机关及其工作人员所做出的具体环境行政行为，是代表政府所作的公务行为，而不是个人的行为。

第二，若环保行政机关工作人员对因行使环境行政管理职权使公民、法人或其他组织合法利益受到侵犯造成的损失，都由个人负责赔偿，则就可能使其不能大胆依法管理。

第三，个人财产有限，很难赔偿被害人的损失。

第四，符合世界的趋势；目前，许多国家已由行政机关工作人员个人承担赔偿，转变为由行政机关赔偿。

采取由环保行政机关赔偿的原则，并非不追究其工作人员的责任。《行政诉讼法》第六十八条规定："行政机关赔偿损失后，应当责令有故意或者重大过失的行政机关工作人员承担部分或者全部赔偿费用。"第五十六条规定："人民法院在审理行政案件中，认为行政机关的主管人员、直接责任人员违反政纪的，应当将有关材料移送该行政机关或者其上一级行政机关或者监察、人事机关；认为有犯罪行为的，应当将有关材料移送公安、检察机关。"依据这些规定，应要求环保行政机关的工作人员严格依法行政。

10.2.3 环境行政诉讼受案范围

环境行政诉讼的受案范围，是人民法院主管范围的问题。它反映了国家通过诉讼途径，对公民、法人或者其他组织合法权益保护的程度，对环保行政机关行使环境行政职权的监督程度。

行政诉讼法规定了法院对具体行政行为的受案范围。它超出了环境保护法律、法规的总和。《中华人民共和国环境保护法》及其法规规定的行政诉讼，只限于对环保行政机关作出的行政处罚。

环境行政中，其受案范围主要为：

（1）对环保行政机关作出的警告、罚款、责令停产或者使用等行政处罚不服的，可以向法院起诉。

（2）认为符合法定条件申请环保行政机关颁发许可证，而被拒绝发放或者不予答复的。

（3）申请环保行政机关履行保护人身权、财产权有关环境保护法定职责，环保行政机关拒绝履行或者不予答复的。

（4）认为环保行政机关违法要求履行义务的。

请求法院判令环保行政机关赔偿其具体环境行政行为对环境行政相对人合法利益造

成的侵害。

10.2.4 环境行政诉讼管辖

环境行政诉讼的管辖,是指人民法院受理第一审环境行政案件的权限划分。亦即确定某一具体环境行政行为引起的第一审环境行政案件,由哪一个具体的人民法院来行使审判权。这实际上是根据争议的具体环境行政行为的性质、复杂程度、影响大小,在内部进行管辖的分工。按照法律规定,对不服县(市、区)地(州市)环保行政机关作出的行政处罚决定的环境行政案件,由做出处罚决定的环保行政机关所在地的基层人民法院管辖。对不服省级以上人民政府环保部门做出的行政处罚决定的环境行政案件、在本地区范围内重大、复杂的环境行政案件以及涉境行政条件,由中级人民法院管辖。对在高级人民法院辖区内和全国范围内重大、复杂的第一审环境行政案件,应当向高级人民法院和最高人民法院起诉。对涉及海洋、内河主管机关的环境行政案件,应向海事人民法院起诉。对森林行政案件,应向森林人民法院起诉。环境行政案件管辖权发生争议时,可由争议双方法院协商解决;解决不了的,报上一级人民法院指定管辖。上级人民法院有权审判下一级人民法院管辖的第一审环境行政案件;也可把自己管辖的第一审环境行政案件,移交下一级人民法院审判。

10.2.5 环境行政诉讼实体法律依据

实体法律依据,是指人民法院审理行政诉讼中解决当事人权利、义务的法律。在环境行政诉讼中,它包括以下法律、法规。

(1)环境保护的法律。即由全国人大及其常务委员会制定、颁布的规范性文件,适用于全国。

(2)环境保护行政法规。即由国务院制定、颁布的规范性文件,也适用于全国。

(3)环境保护地方性法规、自治条例和单行法规。即由省、自治区、直辖市和省、自治人民政府所在地的市,或经国务院批准的较大市的人大及其常务委员会制定、发布的规范性文件。自治条例和单行法规则是指保证民族自治区域自治制度贯彻实施的综合性条例和就某一事项制定的条例。

(4)环境保护的行政规章。国家环境保护行政机关,依据法律和行政法规制度的具有普遍约束力的关于环境行政管理的规范性文件。对其作为诉讼的实体法律依据,目前尚存争议。鉴于我国环境立法的具体条件和情况,法律、法规难以对一些地方性、专业性质的问题作出统一的、具体的规定,由行政规章加以补充,是合适的。《行政诉讼法》规定人民法院审理行政案件,可以参照有关行政规章。即,如规章与法律、法规不抵触的,法院则承认其合法性,判决维持;如两者不符合或不完全符合的,则法院将按具体情况处理。

10.3 环境刑事诉讼

10.3.1 环境刑事诉讼概念

在人类社会经济的发展与文明进化的过程中,对环境的污染和生态的破坏是愈发严重的,各种环境问题使得人类处于一个危机四伏的深层次的生态困境之中。温室效应、酸雨和臭氧层破坏这些全球性生态环境危机对人类的生存带来重大而深远的影响,迫使人们不得不开始重视环境保护问题,采取各种措施和途径以应对环境危机。其中,法律手段越来越多地成为世界各国普遍采用的首要措施,而刑事法律由于带有较强的制约性与规范性,在众多环境保护措施中独树一帜,使得其逐渐成为各国管理环境事务治理环境危机的重要法律手段。欧洲议会首次提出了用"刑法保护环境"的议案,在第八届联合国预防犯罪和罪犯待遇大会也同样做出了"用刑法保护环境"的决议。

我国对环境问题的认识,起源于20世纪70年代初的第一次联合国人类环境会议,随后在80年代时将环境保护作为一项基本国策,90年代初步形成了环境保护法律体系。在这个过程中,虽然经历了曲折漫长的过程,但与此同时,有关环境的法律保护问题,尤其是关于刑事法律对于环境保护的问题,也由70年代的不甚了解、到80年代的初步探索,再到现在的强烈呼吁和立法反映。在1997年的刑法中,我国首次将"破坏环境保护罪"以专章的形式设立,并将其放在分则第六章"妨害社会管理秩序罪"中,这在我国环境犯罪立法史上有着里程碑的意义。

但是纵观我国近些年以来的环境违法行为,虽然不断爆发,但是环境刑事司法案件却很少。这样的事实表明,环境刑事制裁虽然作为国家对环境保护的最后一道防线,但是在环境保护上应当具有的重要作用却并没有充分的发挥出来。难立案,难侦查,难起诉,难审理,是普遍存在于环境犯罪案件中的主要问题。这些诉讼程序上的问题,使得不少应予追诉的案件因各种原因难以立案,即使进入司法程序的一些案件,在侦查取证方面也往往面临重重困难,案件久拖不决的现象并不鲜见。由于不能够较好的发挥刑事惩处在打击环境犯罪方面的作用,使得进一步影响到我国的环境保护上的整个法律运行体系。由于环境犯罪案件不能够得到有效的刑事惩处,助长了一些人漠视环境法律的相关规定,认为违法的罚金成本低于守法的环保成本,从而进一步导致环境执法的难以为继。刑事诉讼法作为刑事实体法的实施工具,环境刑事诉讼作为专门对环境犯罪案件进行追诉的程序,是环境刑法得以实现的保证。因此,有鉴于传统刑事诉讼程序上的局限性,使得对环境犯罪的惩处不及时或力度不够,只有制定出科学合理的程序,正确分配诉讼主体的权利和义务,才能使得实体的公正得以实现。

10.3.2 环境行政诉讼的含义

关于环境刑事诉讼的含义,学者们有不同的总结。具体有以下几种:

(1)环境刑事诉讼是指国家专门机关在当事人及其他诉讼参与人的参加下,依照法律规定的程序,追诉环境刑事犯罪,解决被追诉人刑事责任的活动。

(2)环境刑事诉讼是指国家检察机关代表国家为追究环境犯罪行为人的刑事责任而向人民法院提起公诉,人民法院依法进行审判的活动。

(3)环境刑事诉讼是指国家司法机关在当事人及其他诉讼参与人参加下,依照法定程序,揭露和证实环境犯罪,追究环境犯罪者刑事责任的活动。环境刑事诉讼是国家司法机关行使国家刑罚权的活动。

(4)环境刑事诉讼,是指国家公诉机关为追究环境犯罪者的刑事责任而向人民法院依法提起公诉、人民法院依法予以审理的一种活动。环境刑事诉讼是司法行使国家刑罚权的活动,是对因污染和破坏环境而构成犯罪的行为人科以刑罚的一种制裁措施。

分析发现，这些概念大都大同小异，均片面强调程序对于发现案件真相和追诉犯罪的实际效用，而否认程序自身所具有的独立于发现案件真相以外的其他重大价值。在程序中，人成了唯一的主宰，环境及其他存在物均不具有诉讼主体人格。笔者认为，随着人们对环境刑法保护法益的认知从局限于"保护人类生命健康免受环境的侵害"到"保护生态意义上的环境作为自己保护的社会法益"这一转变，在定义环境刑事诉讼的概念时，更应该体现生态环境对程序法律法规的要求以及程序法律法规对生态环境的关注与回应，明确环境程序法对生态环境价值的保护；同时，环境刑事诉讼不仅是实现环境刑事实体法的规则，其自身亦有独立的学术品格并具备公正、尊严、人道和参与等十分重要的独立价值。因此，基于程序自身所具备的上述独立价值对于实现"人权保障"这一法治终极目的的重要意义，"即使公正、尊严和参与等价值并未增进判决的准确性，法律程序也要维护这些价值。""程序是法律的中心"因此对环境刑事诉讼的界定应突破程序工具主义诉讼理念，重视环境刑事诉讼程序自身价值，可将环境刑事诉讼定义为公安机关、人民检察院和人民法院在当事人和其他诉讼参与人的参加下，依照法定程序，为保护人类和生态环境的共同利益，行使国家刑罚权防治环境犯罪的专门诉讼活动。

根据提起环境刑事诉讼的基础行为的性质不同，可以将环境刑事诉讼分为以下3类：

(1) 污染型环境刑事诉讼。

污染型环境刑事诉讼是指因环境污染行为而引发的环境刑事诉讼。它在环境刑事诉讼中占有很大的比例，可以说是最为常见的环境刑事诉讼。提起污染型环境刑事诉讼的原因行为主要包括以下几个种类：①环境污染行为引发环境污染事故；②非法处置进口的固体废物；③擅自进口固体废物用作原料；④走私废物，包括固体废物、液态废物和气态废物。污染型环境刑事诉讼的特征是无论其原因行为为何，都具有污染环境的事实或者有污染环境的危险，都是以污染环境这一事实作为提起环境刑事诉讼的基础行为。

(2) 破坏型环境刑事诉讼。

破坏型环境刑事诉讼是指因资源破坏行为而引发的环境刑事诉讼。破坏型环境刑事诉讼的原因行为主要包括以下几个种类：①非法捕捞水产品；②非法狩猎；③非法猎捕、杀害珍贵、濒危野生动物；④非法收购、运输、出售珍贵、濒危野生动物及其制品；⑤非法占用农用地；⑥非法采矿、破坏性采矿；⑦非法采伐、毁坏珍贵树木，盗伐、滥伐林木；⑧非法收购、运输盗伐、滥伐林木；⑨非法采伐、毁坏珍稀植物；⑩非法收购、运输、加工、出售珍贵树木、珍稀植物、珍贵树木制品、珍稀植物制品。破坏型环境刑事诉讼的一个鲜明特质是无论其原因行为在司法实践中如何表现，都具有一个共同的特征，那就是它不是直接对环境进行了破坏，而是对这种破坏行为提供了某种形式的"帮助"或促进，形成对环境的间接破坏。

(3) 职务型环境刑事诉讼。

职务型环境刑事诉讼是指因职务原因而引发的环境刑事诉讼，这主要是对负有环境监管职责的环境行政机关的职员因环境监管不严、玩忽职守，导致重大环境事故发生而设置的环境刑事诉讼。近年来，我国有不少因为环境监管失职而被提起刑事诉讼的案例。

10.3.3 环境刑事诉讼启动程序的界定

如前所述，刑事诉讼启动程序应该是能引起诉讼形态发生的程序，是国家特定司法机关根据合理的理由和合理的依据，而着手收集证据，调查犯罪事实是否发生和查获犯罪嫌疑人的开始步骤。环境刑事诉讼启动程序则更强调这一程序针对的是环境犯罪。较之传统的刑事诉讼启动程序，环境刑事诉讼启动程序在诉讼价值、程序功能、追诉主体、追诉时效、证据规则等方面均需做出特殊的制度安排，以适应环境法益的特殊要求。

环境刑事诉讼活动最先涉及的是立案、管辖、时效等启动程序，它是追究环境犯罪的初始阶段，同时也是环境刑事诉讼活动据以合法展开的基础程序。启动程序方面的制度是否科学、完善，在很大程度上将制约或影响预防、追究环境犯罪的司法效果。目前我国尚无专门的环境刑事诉讼程序，惩治环境犯罪一般可以适用普通的刑事诉讼程序，但有些制度由于本身的缺陷不能完全适用，例如，追诉时效的规定，对于某些环境犯罪而言，很可能使环境犯罪人逃脱刑事制裁。因此，对有些普通刑事诉讼程序应加以调整、改进，制定例外性规范，以适应惩治环境犯罪的现实需求。

10.4 环境公益诉讼

公益诉讼出现于20世纪60年代，它通常被理解为以个人、组织或者国家机构为原告，以损害国家、社会或者不特定多数人利益（公益）的行为为对象，以预防、制止损害公益行为并追究公益损害人相应法律责任为目的，向法院提出的特殊诉讼活动。那么当环境作为一种公共利益（公益）遭受侵害或有被侵害的危险时，例如污染环境或者破坏生态等，针对这类行为所提起的诉讼就是环境公益诉讼。

10.4.1 环境公益诉讼的概念

环境公益诉讼是指由于行政机关或其他公共权力机构、公司、企业或其他组织及个人的违法行为或不行为，使环境公共利益遭受侵害或有侵害之虞时，法律允许公民或团体为维护环境公共利益而向法院提起诉讼的制度。这种诉讼并非一种独立的诉讼类型与领域，而只是一种与原告资格认定相关的诉讼方式和手段，既可在行政诉讼中采用，亦可适用于民事诉讼程序。如被诉的对象是对环境公益造成侵害或有侵害之虞的行政机关或其他公共权力机构，即为适用于行政诉讼程序的环境行政公益诉讼；如被诉对象是公司、企业、其他组织或个人，即为适用民事诉讼程序的环境民事公益诉讼。美国、英国、日本等一些国家已在立法上确认了环境公益诉讼制。

环境公益诉讼的出现并非偶然，它是社会发展和政治法律思想革新的产物，有其深厚的法理基础。随着经济社会的发展，人们之间的社会关系日益复杂，每个人的利益与整个社会的公共利益联系更加紧密，随着权利的社会化，公益和私益相互渗透，公益诉讼典型的以私护的性质便符合这种趋势。由于环境侵害的原因行为往往具有社会有用性、价值正当性、合法性和不可避免性，这使得相关的实体法与程序法也难免打伤浓郁的社会性色彩。因此，论及环境侵权救济的法理学基础，须从社会法理着眼，而不是传统的个人主义法理。从社会法理的视角看，由于环境法较多涉及社会公益，环境法是一种社会法。环境公益诉讼以社会法思想为底蕴，具有社会法理基础。

传统的诉权理论以实体法上的权利为诉讼前提，只有当实体法上的权利受到侵害或威胁时，才能有效行使诉权。随着诉权理论的新发展，诉权的内涵和外延得到拓展，诉权发展成为基于诉讼程序法而产生的独立权利。其基本理论依据是诉的利益，即如果起诉人提起诉讼能够产生其主张的利益联系,则认为其享有诉权据此,我们可以得出,即使被诉行为并未侵犯其权利,但为了维护与己相关的公益则可提起诉讼,环境公益诉讼中的诉权正是基于与己有关的环境公益。因此,在环境公益诉讼中,只要与原告相关的利益受到损害,原告就可以行使其诉权,以得到相应的司法救济。

环境权作为一项新兴权利的提出,也为环境公益诉讼提供了诉权基础。环境权是指环境法律关系的主体有享用适宜环境的权利,也有保护环境的义务。环境权是一种对世权、基本人权,它涵盖了个人、单位、国家及全人类所享有的环境权利。环境权一旦被剥夺和丧失,环境法律关系主体就不能继续生存和健康发展。环境权既然作为一项权利被公众所享有,即使按照传统的诉权理论,环境公益诉讼也可以从环境权的角度找到行使诉权的依据。

10.4.2 环境公益诉讼的特征

环境公益诉讼与其他诉讼相比较,既具有共性,又存在独特性。其独特性如下:

(1)环境公益诉讼旨在保护环境公共利益,而不是为了个案的救济。

环境公共利益寓于个别的、特殊的和具有个性特点的个人利益之中,而个人利益则体现着社会利益的要求,是社会利益在各个个别人身上的表现,并且受到社会利益的制约。环境公共利益与环境个体利益在内容上并不具有同等性和可比性。根据环境问题产生的经济学分析,在市场经济下经济人追求利益最大化的负外部性导致了环境公益的淹没。因而环境公益诉讼与传统的环境侵权私益诉讼有着根本的区别,其诉讼的目的是为了有效地保护环境公共利益。

(2)环境公益诉讼具有显著的预防性质,同时兼具补救功能。

与传统的私益诉讼相比,环境公益诉讼的提起不以发生实质性的损害为条件,只要能够根据有关情况合理判断存在损害社会环境公共利益的潜在可能,即可提起诉讼,由违法行为人承担相应的的法律责任,把违法行为消灭在萌芽状态之中。在环境公益的保护之中,这种预防功能尤为重要。因为环境作为一种特殊的资源,一旦受到损害,其损失是巨大的,甚至是无法弥补和挽救的,因而法律有必要在环境侵害尚未发生或尚未完全发生时就允许公民适用司法手段加以排除,从而阻止环境公益遭受无法弥补的损失或危害。另一方面,对于已经发生的损害环境公益的事实,原告可以通过诉讼主张对其权利的复原,通过民事赔偿和国家赔偿补救被损害的环境公共利益。

(3)环境公益诉讼放宽了原告的起诉资格。

传统的诉讼均对原告的起诉资格作出了限制,与案件有利害关系之人才能成为原告。环境公益诉讼对原告的起诉资格不再局限于人身权和财产权受到非法侵害的人,"审美和优美的环境"也成为具有原告资格的充分理由;另一方面,不以法律上保障的权利受侵害为要件,将法律上的权利弱化至实际上的损害,且不论这种损害是多么的间接,都可以取得原告的资格。同时,承认享有环境权益的公民个人和团体均享有原告的起诉资格,是对原告必须与损害有直接利害关系的起诉资格的突破。

(4)环境公益诉讼的被告既可以是一般的民事主体,也可以是国家行政机关及其公务员。

环境法中的民事主体,主要是指从事工农业生产的企事业单位和个人。他们在生产和生活活动中所造成的环境污染和破坏有可能或事实上对环境公共利益存在威胁，但这种潜在的有可能的危害并未为环境行政机关所解决。因此，当一般的民事主体对环境公共利益构成损害，而环境行政控制却无力干预或不干预时，民事主体即可成为环境公益诉讼的对象。在现行的环境管理体制中，政府部门及其公务员代表国家履行保护环境之职责，由于受利益衡量观念所驱使，环境管理机关该履行职责而不履行、应作为而不作为、不应作为而为的情形屡有发生。除此之外，国家制定的一些开发性的政策、方案本身有时会违反环境保护的规定，从而导致环境公共利益遭受巨大损害。因此，国家行政机关及其公务员的违法行为也成为环境公益诉讼的对象。

美国环境法上的"公民诉讼"制度是一种值得借鉴的保护环境公益的制度。在我国现行的法律制度内，尚缺失类似的环境公益保护制度，因此，我国的学者倡导建立我国的环境公益诉讼制度。但是任何法律制度的生根、开花、结果，不仅要切合实践的需要，同时在理论上也必须具备可行性。虽然我国学者大都注重实践层面研究环境公益诉讼制度，但是，缺少理论支持的制度并非完美。所以，本文从法理学的角度，通过汲取学者们的研究成果，分析建立环境公益诉讼制度的法理依据。

10.4.3 我国环境公益诉讼的现状及法律缺失

1. 我国环境公益诉讼的现状

我国近年来经济的快速发展，带来了严重的环境问题。尽管国家已努力去治理，但前景依然不容乐观。当前国内城市空气污染依然严重；江海污染严重；废水、废物排放量增加；耕地减少、水土流失严重。这些环境问题直接威胁人民的生命财产安全，影响可持续发展。环境公共利益是整个社会公共利益的一个重要组成部分，由于环境对人类生存与发展的基础性地位，适应保护环境整体利益的需要，在环境侵权诉讼增加的基础上，环境公益诉讼必然越来越多地出现在司法实践层面。但由于长期以来我国传统的法律制度存在着种种局限，对污染环境与破坏资源的行为往往都采取行政手段予以处罚，同时又由于行政体制的局限与行政措施的软弱，使其在制裁违法、保护环境方面往往难以达到预期的效果。在行政干预不利的情况下，法律本来是社会公正的最后一道屏障，但由于我国环境权救济机制和公益诉讼相关立法的缺失，生命健康和环境权益受到侵害的公众根本无法寻求法律的保护，只能继续忍受侵害，从而导致司法实践中出现大量的因环境侵权而提起公益诉讼的现实案件，结果大都被法院裁定不予受理或驳回起诉，少有胜诉先例。当我国诉讼制度面对环境侵权案件出现了无能为力的尴尬局面时，对传统法律制度进行更新，建立一种新的更为科学、合理、有效的制度，就已显得迫在眉睫。

2. 法律缺失及现存问题

环境公益诉讼法律制度的确立和完善能够在排除环境侵害、保护环境公共利益的同时，更好地维护公民的生命、健康、财产以及良好的生活环境等合法权益，是符合现代社会发展需要的一种新型环境诉讼形式。在西方发达国家的立法中，这一制度得到了不同形式的确认和体现，比如美国的公民诉讼、德国的团体诉讼、日本的民众诉讼等，并且在司法实践中被广泛运用。但是，在我国，环境公益诉讼却姗姗来迟，甚至欲说还休。我们一旦转入环境侵权的讨论，就发现一直以来都是限于私益诉讼之中，对某些涉及公共利益保护的案件的分析和处理既无实体法的依据，也无程序法的依据。这种立法上的空白使环境公共利益受到侵害时,缺乏有效的法律救济途径,对我国的环境保护工作的深入开展十分不利。

(1) 实体法上的缺失。我国的环境法律体系以环境实体法为主,对环境诉讼没有专门的规定,要参照相应的刑事、民事、行政诉讼法律规范。

其中环境权是环境法的一个核心问题,是环境诉讼的基础。就实体法而言,作为环境公益诉讼的理论基础的环境权,不仅我国宪法没有明确规定,就环境法律本身来看,从环境保护基本法环境保护法到水污染防治法、大气污染防治法等环境保护特别法也没有直接、具体规定这项法定权利。仅仅在环境保护法第六条暗示了公民环境权的基本内容,而且看起来有肯定环境公益诉讼的意思,但该条款属于原则性规定,也没有其他的可操作性条款相匹配,公民在司法实务中不能据此提起环境公益诉讼。环境保护法第四十一条规定:造成环境污染危害的,对直接受到损害的单位和个人要赔偿损失,直接受到损害的单位和个人可以向法院起诉,这一规定是以人身或财产损害为起诉的必要条件,起诉者是对自身因环境污染受到的损害起诉,而不是对违法行为起诉,法律并没有赋予单位或个人对违法污染环境的行为提起诉讼的权利。此外,在我国已经创制的多部有关环境保护的法律中,除海洋环境保护法有对破坏海洋生态、海洋水产资源、海洋保护区,给国家造成重大损失的,由依照本法规定行使海洋环境监督管理权的部门代表国家对责任者提出损害赔偿要求的原则性规定外,也没有任何明确的有关公益诉讼的规定。这一立法空白导致现实生活中,环境虽然受到污染,居民造成身体损害、财产损失时,公民无法行使诉权。

(2) 程序法上的缺失。对于法律活动来说,重要的不仅要承认权利,更在于如何恰当地配置权利,并给予相应的救济。我国现行的刑事、民事、行政诉讼法律规范都采用直接利害关系说,对于起诉资格有严格限定。如民事诉讼法第一百零八条规定原告是与本案有直接利害关系的公民、法人和其他组织,即强调必须是与侵权行为有直接利害关系的人才具备原告资格。而现实中的环境危害往往具有间接性和潜伏性的特点,这使司法实践中许多受到间接损害或合法利益暂时未受侵害的主体因不具备起诉条件得不到有效的法律救济。此外,就行政机关对公共利益损害的行为而言,我国现行的行政诉讼法规定,公民对于行政机关及其公务人员的具体行政行为可以提出行政诉讼。在这里把诉讼的范围仅仅界定为具体行政行为而非抽象行政行为,使得近几年出现了很多行政机关的合法行政行为却造成了环境危害的情况,依据现行的行政诉讼法的规定均为不可诉案件的局面。而刑事诉讼程序只适用于触犯刑法构成犯罪的违法行为,那么在环境领域内尚未构成犯罪的违法行为显然又不能适用刑事诉讼程序。因此,针对现实生活中的大量的环境公共利益受到侵犯而得不到司法救济的情况,在我国完善环境公益诉讼立法已是十分必要。

10.5 环境教育

10.5.1 环境教育的兴起

环境教育的起源,可以追溯到 19 世纪末 20 世纪初的自然研究(Natural Study)。当时在学校开展自然研究的基本目的是教育学生通过亲身观察和参与,了解和评价自然环境。到 20 世纪上叶,人们认识到保护生态和自然环境的重要性,保护运动(Conservation movement)在社会中形成,学校教育在自然研究的基础上引入了自然保护的教育内容,这就是环境教育的萌芽。1965年,在德国基尔大学召开的教育大会,比较早地对环境问题进行了探讨,并提出了发展环境教育理论的一些设想。1970年,国际保护自然与自然资源联合会(IUCN)对环境教育(Environmental Education)第一次进行了定义:"所谓环境教育,是一个认识价值、弄清概念的过程,其目的是发展一定的技能和态度。对理解和鉴别人类、文化和生物物理环境之间内在关系来说,这些技术和态度是必要的手段。环境教育还促使人们对环境问题的行为准则做出决策。"

1970年美国通过的环境教育法中对环境教育的定义是:"环境教育是指关于人与自然环境和人造环境之间的关系的教育过程,包括人口、污染、资源分布和消耗、保护、运输、技术、经济效果及城市和农村计划同整个人类环境的关系。"

1972年在瑞典首都斯德哥尔摩召开的"世界人类环境会议"是环境教育发展的一个里程碑。为了响应斯德哥尔摩会议的第九十六条建议,联合国教科文组织和联合国环境规划署于1975年颁布了国际环境教育计划(IEEP),其目的是在环境教育领域内,促进经验和信息的交流、研究和实验、人员培训、课程和相应教材的开发及国际合作。1975年,在前南斯拉夫的贝尔格莱德召开的国际环境教育会议,通过了《贝尔格莱德宪章:环境教育的全球纲领》。该宪章根据环境教育的性质和目标,指出环境教育是"进一步认识和关心经济、社会、政治和生态在城乡地区的相互依赖性;为每一个人提供获得保护环境的知识和价值观、态度、责任感和技能;创造个人、群体和整个社会行为的新模式。"此后,《贝尔格莱德宪章》成为世界各国制定环境教育纲要与章程的重要依据之一。1977年在前苏联格鲁吉亚共和国的第比利斯召开了国际政府间环境教育会议,此次会议充分肯定了贝尔格莱德会议提出的环境教育的目的和目标,进一步对环境教育的原理和实践进行了系统地探讨,并发表了《第比利斯政府间环境教育会议宣言和建议》。《宣言》指出,"环境教育应面向各个层次的所有年龄的人,并应包括正规和非正规教育;大众媒体必须担负其重要责任,为实现环境教育的使命提供巨大的资源;环境专家和那些对环境有显著影响的人,在接受环境教育培训的过程中,应掌握这方面的必要技能,充分认识其自身的职责。"贝尔格莱德会议和第比利斯会议将国际环境教育引向了深入,世界各地的环境教育与环境保护活动蓬勃展开。1987年,联合国教科文组织和环境规划署在莫斯科召开了国际环境教育和培训会议,会议倡议20世纪90年代为国际环境教育大力发展的10年,指出要加强国际环境教育合作,推动国际环境教育的发展。

为纪念联合国人类环境会议召开20周年,1992年6月3日至14日,在巴西首都里约热内卢召开了有180个国家代表参加的"联合国环境与发展大会"(UNCED)(又称地球高峰会议)。这是人类史上空前的关于可持续发展的国际环境会议。会议采纳了著名的"里约宣言"(27项原则)及其行动计划《21世纪议程——为了可持续发展的行动计划》,以及《气候变化框架公约》、《生物多样性公约》和"关于森林保护的原则声明"。可以说《21世纪议程》为人类奔向可持续发展的光明大道指明了方向和措施。它由40章构成,其中,第36章"促进教育、公众认识和培训"提出了三项行动计划:"面向可持续发展而重建教育""增进公众认识"和"促进培训。"每项行动计划又包括具体的"行动依据""目标""行动"和"实施手段"。"面向可持续发展而重建教育"的"行动依据"中指出,"教育对于推进可持续发展,提高公民对应环境和发展问题的能力是非常重要的","教育可赋予公民与可持续发展相协调的'环境及道德方面的意识''价值观与态度'和'技术与行动',以有效地参与意识决策"。

同时还指出,为实现这一教育功能,应在所有领域使用所有手段推进关于环境和发展教育。也就是说,《21世纪议程》第36章为教育(包括环境教育)提出了新目标、新课题和新任务——构筑和推进可持续发展教育。为明确、普及和推进可持续发展教育之理念,落实《21世纪议程》第36章的各项规定,作为任务主管机关的UNESCO对此承担着特殊的责任和使命。总之,环发大会以后,"可持续发展"概念与思想逐渐成为世人的共识,并作为新时代的环境观和价值观的象征,正逐步融入人类的政治、经济、文化及教育等社会生活的各个领域。与此同时,可持续发展教育也随之逐步兴起和发展起来。为了普及、推进和落实可持续发展之理念,1993年联合国设置了可持续发展委员会(UNCSD),在该委员会的协力下,1994年,UNESCO提出了"为了可持续性教育"(Education for Sustainability)的国际创意——"环境、人口和教育"(EPD)计划。1997年11月,UNESCO总结和发表了报告书《教育为可持续未来服务:一种促进协同行动的跨学科思想》。同年12月,UNESCO和希腊政府在希腊塞萨洛尼基共同主持召开了"环境与社会国际会议:为了可持续性教育和公共意识"(又称塞萨洛尼基)。报告书《教育为可持续未来服务》既是UNESCO为了召开这次会议所作的主要背景文献,同时也是为了明确"为了可持续性教育"概念及宗旨所做的初步探索和尝试。在这次国际会议上发表了重要的"塞萨洛尼基宣言"。宣言指出:"'可持续性'概念不仅指环境,还包括贫困、人口、健康、确保粮食、民主主义、人权和和平。说到底,可持续性是指尊重文化的多样性和传统知识的道德及伦理的范畴",在第比利斯建议的框架中发展起来的环境教育,是作为对应21世纪议程及主要国际会议中提出的全球性问题而使用的,但为了可持续性教育也可以使用,因此,可称之为"为了环境和可持续性教育"。即宣言对"可持续性"概念给出了明确定义,明确了"为了可持续性教育"之理念。同时,它也为国际环境教育事业的发展指明了新方向,即环境教育已不再是仅仅对应环境问题的教育,它与和平、发展及人口等教育相融合,形成了一个总的教育发展方向——"为了可持续性教育"。然而,客观地说,"为了可持续性教育"毕竟是UNESCO为了综合地对应全球性问题而提出的一个新概念,正处于发展之中,因此,如何进一步明确和完善"为了可持续性教育"概念及理念,使之具体落实到实践中,这恐怕是今后国际环境教育事业的重要课题。

10.5.2 环境教育的目的

1975年《贝尔格莱德宪章》指出,为了解决环境问题,必须以新的方式进行思考和行动,为此,环境教育的目的是要"促进全世界所有的人意识并且关注环境及其问题,并促使他们个人或群体具有解决当前问题、预防新问题的知识、技能、态度,并推动和投入到这项工作中去。"据此,该文件列举了环境教育所要实现的目标,包括意识、知识、态度、技能、评价、参与。1977年第比利斯政府间环境教育大会充分肯定了《贝尔格莱德宪章》的论断,又进一步系统阐述了环境教育的目的与目标。会议的《宣言与建议》指出:环境教育的一个基本目的,是要使个人和社团理解自然环境和人工环境的复杂性——造成这种复杂性的原因来源于人类的生物活动、物理活动、社会活动、经济活动和文化活动各方面的交互作用;使他们获得知识、价值信念、态度和实用技能,以便能以一种负责的和有效的方式参与环境问题的认识和解决,管理环境质量。20世纪80年代以来,各国在这些目的与目标基础上,发展了自己的环境教育,取得了较理想的成就。随着国际社会对环境与发展问题的关注,环境教育的目的与目标也有所调整,环境教育应当着重发展以下目的。

首先，环境教育要激发学生的环境意识。环境教育要培养的环境意识不同于传统社会中人们对自然环境所形成的零散朴素的认识，而是一种在对生态系统科学地认识和把握基础上的全新的现代意识。一方面，它试图使学生整体地认识和把握人与自然的关系，认识到人类对自然环境不是一种被动的依赖，而是一种积极的、动态的依赖，人不仅要维护生存环境，也要在与环境和谐的基础上谋求发展，主动地建设自己的地球家园；另一方面，要使学生全面认识和把握人类行为的多种生态后果，认识到人类一些出于改善自然的良好愿望可能会导致环境恶化，如埃及在尼罗河上建造阿斯旺水坝，以防止洪水泛滥，便于农业灌溉，结果却使土地盐渍化程度加重。此外，环境教育还要使学生整体认识和把握人类所应当承担的对环境的责任，这是一种伦理道德教育，它使受教育者自我反省、自我批判，意识到生态危机和环境破坏源于人类的行为，同时也只有人类自己才能够拯救自我和地球。

其次，环境教育要形成学生正确的环境观。自从环境教育在全球范围内得以发展以来，价值观教育始终是其中的一个重要组成部分。环境教育归根到底是要发展受教育者全面的环境素质，环境素质体现于个人或群体的具体行为之中，而行为则取决于价值判断。因此，环境教育应使受教育者充分认识环境在人类自身及人类社会的发展中的重要价值，认识到环境与人类关系的密切性，认识到环境问题的严重后果，从而使受教育者能自觉地放弃能带来巨大经济利益的不可持续的发展行为，做出恰当的价值判断。此外，人类的健康生存也包括一代又一代繁衍这一延续过程，而每一代的成长和生活又都离不开良好的生存环境，因而环境价值观教育还应使受教育者自觉关注下一代生存环境，为下一代保留并发展一种更好的资源基础和环境质量。

最后，环境教育还要促进学生的国际理解。这一目的与价值观教育关系密切，它要求发展受教育者正确的环境道德准则，包括使他们能够识别和抵制那些不顾甚至侵害他人环境的不道德行为；加强国际间经济合作，消除贫困；积极维护世界和平，阻止战争和资源掠夺。

10.5.3 环境教育的意义

首先，环境教育除了培养环境科学方面的专门人才外，还能够普及环境科学知识，培养公民的环境意识和环境道德、法律规范，进而提高利用、改造、调控和优化环境的能力。培养公民的环境意识是环境教育的核心价值，也是开展环境教育的基础。人类的认识具有短视性，往往看不到自然资源的有限性和科学技术的局限性。在科学技术迅猛发展的鼓舞下，认为"人定胜天"，无节制的攫取自然资源满足社会生产的需要。人类对于自身利益和局部利益也具有不合理、无休止的狂热追求的天性。人们尽管了解现在面临的各种问题，但为了眼前的经济利益，认为保护环境、节约资源对自己不利，故而明知故犯。这就使许多国家在环境与发展的冲突之下，走上了"先发展经济，再治理环境"的老路。这些人类意识使人类中心主义环境价值观长期以来占据统治地位，片面强调人与自然的对立，主张改造自然、征服自然。旧的环境价值观使人类社会产生了严重的生存危机，现实要求我们必须树立可持续发展的新的环境价值观，其含义是：经济、社会的发展必须同资源的开发利用和环境保护相协调，在满足当代人需要的同时，应不危及他人和后代人的需求能力，以保持人与自然的共同繁荣。培养环境意识就是要在全体社会成员中树立这种新环境价值观，真正的了解环境和环境问题，正确认识人与自然和环境的协调互动关系，最终使人类养成良好的环境行为习惯。

其次,开展环境教育是树立科学发展观的需要。党的十六届三中全会提出了以人为本、树立全面协调可持续的科学发展观。这一科学发展观,是我们党以邓小平理论和"三个代表"重要思想为指导,在建设有中国特色社会主义的实践中提出来的。就人与自然的关系而言,它强调以人为本,统筹人与自然的和谐发展,实现经济发展和人口、资源、环境相协调,走生产发展、生活富裕、生态良好的文明发展道路,保证一代接一代地永续发展。统筹人与自然和谐发展,是科学发展观的重要内容和构建社会主义和谐社会的重要前提,也是当前摆在全党全国人民面前的一项十分紧迫的重要任务。但是在我们的教育实践中,科学发展观和环保教育并不受重视,人们的环保意识普遍薄弱,环保工作被人轻视,被社会忽视。我国的环保情况恶化与环保意识教育形成巨大的反差。不知从何时起,布手帕、竹篮子等从我们的生活中消失了。各种纸巾充斥了商场的货架;到菜场买菜,用的是塑料袋;吃快餐用的是一次性筷子和塑料盒。然而,这些给人们带来便利的一次性物品使我们的生活环境付出了高昂的代价。一吨纸要毁掉17棵树。各种废弃塑料也给环境带来了难以收拾的后患。因为它们在焚烧或再加工时会产生对人体有害的气体,污染环境,而采用掩埋法,则数百年都化解不了。废弃塑料的处理至今仍是环保工作中令人头疼的一大难题。虽然许多有识之士大声疾呼让我们把丢弃的布手帕和竹篮子再拣起来,但有多少人响应呢?究其原因,不正是我们的自然环保教育十分薄弱吗?所以,统筹人与自然和谐发展的新理念要真正落实到位,当务之急是要提高人的科学素质,提高全社会对科学发展观的深刻理解和执行的自觉性。必须充分发挥教育的作用,对广大群众进行科学发展观、节约资源和环保教育活动,加强生态道德教育,深入开展生态道德宣传,普及科学发展观和环保知识。

再次,开展环境教育是建构合理教育结构的需要。我们以往的教育,无论是理工科还是人文社会科学,都是人类中心的,突出"征服自然,为人所用"的主旋律。涉及人与自然的关系时,也只是把自然界视为僵死的物质堆积,或者说自然界成了人类工业发展的原料仓库和废弃物的排放场所。自然界本身的价值和活生生的进化过程,人们往往视而不见。所以,传统的教育结构中没有环境教育的地位,这也许是今天出现人为酿成的环境问题的根源之一。

10.6 环境教育法

随着人类对环境教育重要性认识的不断加深,世界各国纷纷采取各种措施推动环境教育的发展。制定能够培养社会成员的环境意识进而影响其环境行为的环境教育法,成为许多国家发展环境教育、应对环境问题的必然选择。

10.6.1 环境教育法的兴起

国际上,将环境教育写入法律的方式可以分为环境教育专门立法、写入环境法或教育法等上位法以及颁布其他具有法律效力的文件等类别。世界上第一部环境教育专门立法是美国在1970年颁布的《环境教育法1970》。截至目前,通过在美国国会图书馆网站等网络途径的检索,已知的环境教育专门法有美国《环境教育法1970》、美国《国家环境教育法1990》、巴西《国家环境教育法》(1999)、日本《增进环保热情及推进环境教育法》(2003)、菲律宾《国家环境意识与环境教育法》(2008)、韩国《环境教育振兴法》(2008)、我国台湾地区《环境教育法》(2010)以及拉美一些国家在1999年至2005年间颁布的几部环境教育法,共有十几部。这些环境教育法律以1977年"第比利斯政府间环境教育会议宣言"的颁布和"21世纪议程第36章:教育、培训和公众意识"所引领的环境教育行动为大背景,通过确定环境教育的定义、内容、主管机构、激励机制等方式,结合自身国家特点和环境教育发展,对国家环境教育进行了法律上的规定,为环境教育的开展和公众环境意识的提高提供了最大限度的保障。值得注意的是,这些国家除了美国外都位于亚洲和拉丁美洲,这在一定程度上反映了这些地区对环境教育的迫切需求和高度重视。

环境教育是个大系统,环境教育的相关问题不可能在一部法律中得到全部解决,从整体上说,环境教育法应该是一个以基本法为核心,以其他法律中的相关规定和制度为补充的有机体系。其中,环境教育基本法居于核心地位,对环境教育制度的完善发挥主导作用。

由前可知,现阶段我国环境教育法的主要问题就是没有一部专门的、系统的环境教育基本法,只在一些法规、规章中有关于环境教育的零星规定。这导致了,一方面,有关法律文件效力较低,不能充分体现环境教育的重要性。另一方面,更重要的是缺乏对环境教育各种事务进行系统的界定。长久以来,由于环境教育缺乏确定的法律地位,没有专门从事环境教育的机构和人员,没有确定的目标和评价标准,致使环境教育工作一直处于可有可无、操作弹性过大的状态,难以真正体现"法律"高度的要求,摆脱不了被"虚化"和"弱化"的状况,无法实现环境教育的根本目标。长此以往,必然影响和限制环境教育工作的大力推行和全面普及,对我国的环境保护事业产生不良影响,实质上是制约了我国解决环境问题的能力和可持续发展的进程。面对这种状况,要结束环境教育工作的冷清和无序状态,国家相关职能部门应当组织力量,加强环境教育法制建设,通过系统、深入、有针对性地研究,确定我国专门环境教育法的目标、宗旨及主要内容,尽快建立专门的《环境教育法》,强化政府、社会和个人在环境教育方面的责任与义务,推动环境教育的制度化和法律化。进行环境教育立法是加强我国环境教育事业的根本出路所在,而尽快制定环境教育基本法则是加强我国环境教育立法的当务之急。因此,本章所讨论的环境教育法,主要是指酝酿中的作为环境教育基本法的《环境教育法》。在此,我们将对环境教育法的诸多基本问题作一探讨,以为我国未来的环境教育法律实践提供参考。

10.6.2 环境教育法的目的与目标

任何法律都是为实现特定目的而设立、围绕法律目的而进行的制度建构。法律目的是否正确决定着法制的成败,法律目的能否被充分、细致地付诸制度,则决定着法制的优劣程度。对于环境教育法而言,保障环境教育事业顺利实施,实现环境教育的最终目标,从而推动我国可持续发展、生态文明与和谐社会构建当然是其最终目的。但是,我们在此有必要对环境教育法的目的与环境教育的目的作一区分,因为从根本上说,环境教育法与环境教育还是两回事。环境教育法是环境教育的法制化,是环境教育的保障手段,而不直接等同于环境教育本身。所以,我们设立环境教育法的终极目的虽与环境教育的目的相一致,即培养高素质的环境公民;但就其直接目的而言,环境教育法主要还是要推进和规范环境教育,使环境教育工作有法可依,从体制和机制上保障环境教育事业的有力推行。

环境教育法有特殊的立法目的。任何一个法律部门都是服从一个统一的立法目的而形成的法律规范的体系。环境教育法也有自己特殊的立法目的,那就是教育人们要保护环境,促进全人类去认识、关心环境及其相关问题。总的来讲,我国环境教育立法的具体目标可细化为以下几个方面:

1. 增强全民环境保护意识

环境教育法对于公众环境意识的重视是应该放在首位的。环境教育的基础目的,是要使个人和团体理解自然环境和人工环境的关系,以便社会公众能够以一种负责的态度参与环境问题的认识和解决,参与对环境的管理。因此,环境教育立法的首要目的是保证大众的环境教育权,促进全民环境保护意识的增强,使得公众以积极负责的态度参与到环境保护中。改革开放以来,我国普遍开展了环境教育,社会公众对环境问题的认识有了一定提高,国家也将环境教育提上议事日程。但是总体看来,我国社会公众环境意识水平较低,环境教育基础薄弱,环境知识传播渠道不畅,舆论氛围淡薄,部分地区片面追求经济增长速度,忽视环境保护,部分企业经营者只顾经济效益,不顾环境效益和社会效益,社会公众缺乏必要的环境保护知识,尤其缺少"从我做起"的行动力,在一定程度上影响了环境保护工作的开展。因此,迫切需要加强全民环境教育,提高全民环境意识。

2. 促进环境专业教育发展

环境专业教育在环境教育中占有重要的地位。环境是一个复杂精细的系统,是一个接受人类的技术、文化等多方面影响的综合整体。可以说,环境保护已经日益成为科技含量日益提高的领域,涉及自然科学的各个方面,包括人口学、土壤学、放射性物质处理、水科学、动植物学、沙漠化研究、大气、水资源污染、能源消耗、粮食作物基因研究等许多专业领域,环境问题的研究和解决需要许多学科的交叉与联合。训练有素的环境专业人士在促进环境科学的发展创新、环境保护技术的利用以及环境公众教育中的作用是不容忽视的。

我国从 20 世纪 70 年代起开始了现代意义的环境科学发展,高校对于环境教育领域的投入日益增大。到 2004 年为止,我国已有 259 所高校开设 23 种环境保护类的本科专业,专业点达 349 个;共有 186 所院校先后开设大专环境类专业点 356 个;已经有 231 个研究机构提供了硕士项目,157 个研究机构提供了博士项目。目前,设置环境专业学院的高等院校已经占全国高校总数的 2/3,为我国培养了相当数量的高级环境人才。但是我们也必须认识到,环境学科在我国还是新兴学科,教育科研水平低,投入不足是不可回避的问题。这些问题的解决不仅需要高校自身的投入和努力,国家的支持也是分不开的。在环境教育法中,对环境专业教育和环境科学创新采用立法的方式加以促进,将是环境学科发展的强大动力和必要保证,对于我国经济社会发展所产生的经济社会效益将是不可估量的。

3. 落实《环境保护法》的要求

我国《环境保护法》第五条规定:"国家鼓励环境保护科学教育事业的发展,加强环境保护科学技术的研究和开发,提高环境保护科学技术水平,普及环境保护的科学知识。"我们把《环境保护法》浏览一遍,可以发现,虽然在总则里有这么一条规定,但是在随后的五章中并没有任何对这一原则的具体化的实施条文,这不能不说是我国环境保护法的一个缺憾;但是从另外一个角度看,也正是这点缺憾给予环境教育立法一个很大的立法空间,这一缺陷可以由环境教育法来弥补。可以说,我国环境教育立法正是对《环境保护法》总则要求的细化,是对这一原则的落实。

4. 促进环境教育投入的法定化和环境教育发展的制度化

环境教育的效果与环境教育的投入是密切相关的。在美国的《环境教育法》中,专门将环境教育的投入作为两章来加以规定(包括国会每年拨款和民间的资助),由此也可见环境教育投入的重要性。以立法的形式规定环境教育投入有两方面的好处:首先,可以保证每年财政支出中有稳定的环境教育支出。稳定的财政支持对于环境教育的长期项目和持续项目是非常重要的,对于环境专业教育和科研以及生产力转化都起着至关重要的作用。其次,可以促进民间资金进入环境教育领域。通过一系列的规定,促进环境教育领域的环保民间组织的发展,对于这一领域的民间组织采取政策上的倾斜,将会充分弥补国家环境教育投入的不足。

5. 促进环境教育相关政府部门的协作

环境教育是一个复杂的系统工程,政府在其中起着主导作用,而政府作用的发挥需要相关部门以及地方政府的通力合作。以法律的方式规定相关部门以及各级政府的义务,明确分工、投入和合作的方式,对于明晰责任,落实权利,促进环境教育工作的高效发展是尤为重要的。

思考与练习

1. 环境民事诉讼的特点是什么?
2. 环境行政诉讼的原则是什么?
3. 根据提起环境刑事诉讼的基础行为的性质不同,可以将环境刑事诉讼分为哪几类?
4. 环境公益诉讼独特性是什么?
5. 我国环境教育立法的具体目标是什么?

第11章 国际环境法

11.1 国际环境问题及国际环境保护

11.1.1 国际环境问题

国际环境问题,又称全球环境问题、地球环境问题或人类环境问题,是指超越一国国界的区域性的和全球性的环境污染和生态破坏问题。

环境问题自古就有,但是大规模环境问题的形成和发展则是工业革命以后的事情。工业革命以及其后的技术发展,使得社会生产力不断提高,世界经济达到了空前繁荣的时代,同时,人类对环境的影响的深度和广度也不断加强,人类赖以生存的大气、水、土地、生物乃至外层空间不断受到破坏。环境问题也相应超越国界,发展成为区域性的、全球性的环境污染和生态问题,即国际环境问题。第二次世界大战以前,人类在发展中遇到的国际环境问题主要表现在两个方面:一是生态破坏。生态破坏是国际环境问题的首要表现。由于人类的毁林开垦、围湖造田、乱挖滥采、超载放牧与捕捞、不合理的灌溉等行为,引起了土地的荒漠化、盐碱化、水土流失、植被的破坏、淡水资源和野生动植物资源的减少以及一些病虫害的流行等。这些问题在实际生活中有如下特点:范围不断扩大、时间延续长久、问题发生频繁,一些问题已超出自然界的自净与自救的极限,引起一系列生态危机。二是环境污染。18世纪末,资本主义国家的产业革命从纺织工业开始,以建立煤炭、钢铁、化工等重工业而告完成。煤的大规模应用产生大量烟尘、二氧化硫和其他污染物质,而冶炼业生产排放的有害物质更对各地区的环境造成严重污染。化学工业的迅猛发展使生产中分离出的氯化氢、硫化氢等排入大气,亦产生许多不良后果,如污染大气,侵蚀衣物,损毁建筑物,使树木枯黄、庄稼受害、河鱼中毒等。此外,水泥工业的粉尘,造纸工业的废液及染料、炸药、石油、酸碱精制等生产过程中的物料流失等,也给环境带来污染。20世纪20年代以来,石油和天然气的生产急剧增长,石油在燃料中的比例大幅度上升,使石油污染日趋严重。第二次世界大战以后,由于现代科学技术的迅速发展,国际环境问题有了新的变化,局部地区的问题逐步演变为全球性的问题;暂时性的问题演变成长远的问题;潜在性的问题进一步恶化演变成公开性的问题。这一时期,国际环境问题主要表现为以下几个方面:

1. 全球性的气候变暖

由于世界能源消耗量大量增加和工业迅速发展,森林、草地及绿色植物的锐减,以二氧化碳为代表的温室效应猛增,使得全球气候正逐渐变暖。气候变暖的危害主要有:

(1) 两级冰川及雪山融化,海平面上升,使地处低洼的沿海地带葬身海底。

(2) 全球降水量重新分配,旱涝剧变,森林、湿地区和极地冰土的破坏,直接威胁了原有自然环境生态系统的正常循环,从而导致许多物种的锐减与灭绝。

(3) 出现极端高温,百年不遇的旱灾、异乎寻常的热浪、飓风和龙卷风将对人类和生物造成巨大的灾害。

2. 臭氧层的破坏

由于人为向大气大量排放臭氧层耗损物质,从而导致臭氧层变薄甚至出现空洞。导致太阳对地球紫外线辐射增强,其后果十分严重,它将引起皮肤癌发病率的增加,诱发白内障、呼吸道疾病等。

3. 生物多样性的锐减

由于大规模的工程建设和农林牧渔业开发,环境污染、过度捕猎以及国际性的野生动植物走私等原因,使得生物多样性一直呈锐减趋势。生物多样性锐减对人类生存和发展构成威胁,破坏了人类未来的食物来源、药物来源;破坏了工业生产的资源;破坏了物种的生物遗传基因;影响了自然界的生态平衡。

4. 有毒化学品的污染及越境转移

据统计,现在投入市场的化学品已超过10万种,每年还要新增1 000~2 000种。有毒化学品给国际环境带来潜在的威胁。目前,发达国家纷纷向发展中国家越境转移危险废物,造成严重的污染扩散。

5. 酸雨现象严重

酸雨对森林、土壤、水体等具有严重损害。目前世界上有三大酸雨中心,它们是斯堪的纳维亚地区、欧洲大陆和北美。在印度南部、日本列岛、中国长江以南地区也存在较严重的酸雨污染。

6. 海洋污染严重

随着人类开发利用海洋活动的日益加强,海洋污染问题日益严重。造成海洋污染最主要的原因是石油勘探开发和船舶污染中的海损事故,如油轮搁浅、触礁等。海洋污染的直接后果就是使海生生物遭到破坏。

此外,影响比较深远的国际环境问题还有国际水道污染、核污染以及外层空间环境问题。

11.1.2 国际环境保护

国际环境保护是指各国政府、国际社会、各国人民为保护和改善全球环境,防治国际环境问题所采取的各种措施和行为。

国际环境保护是随着国际环境问题的发展而发展的。20世纪以来,国际环境保护掀起过两次高潮。第一次高潮主要发生在20世纪60年代至70年代的工业化国家,以"一个地球"为其口号,1972年召开的联合国人类环境会议是其顶峰。第二次高潮发生在80年代中期,以"可持续发展"为其特征,其顶峰标志是1992年召开的联合国环境与发展大会。

联合国人类环境会议于1972年6月5日在瑞典的斯德哥尔摩召开。会议的目的在于通过国际合作为从事保护和改善人类环境的政府和国际组织提供帮助,消除环境污染造成的损害。会议的主要成果体现于所达成的四项协议:一是通过了《联合国人类环境宣言》;二是确定了扩大的国际行动计划;三是在肯尼亚首都内罗毕设立常设的环境秘书处;四是设立一项1亿美元的环境基金,以满足会后5年的环境保护工作的需要。同时,会议确定6月5日为"世界环境日"。

联合国环境与发展大会于1992年6月3日至14日在巴西里约热内卢举行,会议的目的是回顾联合国人类环境会议召开的 20 年来全球环境保护的历程,教促各国政府和公众采取积极措施,协调合作,防治环境污染和生态恶化,为保护人类生存环境而努力。此次会议通过了三项不具有法律约束力的文件:《里约环境与发展宣言》《21 世纪议程》和《关于森林问题的原则声明》,并将以下两项条约开放签署:《联合国生物多样性公约》以及《联合国气候变化框架公约》。

11.2 国际环境法的概念和特征

11.2.1 国际环境法的概念

为了保护和改善国际环境,在国际环境保护中,各国日益认识到运用法律调整各国在开发、利用、保护、改善环境活动中产生的国际关系的重要性,为此各国召开了一系列的区域性的、全球性的国际会议,制定了众多的条约。在此基础上产生了国际环境法。

所谓国际环境法,是指国际法主体(主要是国家)在调整国际社会因开发、利用、保护和改善环境的国际交往中形成的社会关系的法律规范的总称。

11.2.2 国际环境法的特点

国际环境法作为国际法的一个分支,与其他部门法相比,具有以下几个特点。

1. 与科学技术的联系较密切

国际环境法同国内环境法一样,在很大程度上涉及自然生态规律和地理、气候、物理、化学、工程、建筑等自然科学技术方面的问题。国际环境法与科学技术的联系主要表现在以下两方面:

(1) 国际环境法的制定和实施在相当程度上依赖于环境科学技术。
(2) 国际环境法本身包含许多技术性法律规范。

2. 公益性较强

国际环境法的根本目的是保护和改善人类赖以生存的基本物质条件,因此,国际环境法具有较强的公益性,它致力于在国际社会建立一个有利于人类社会和自然的持续发展的新的国际法律秩序。

3. 广泛性

国际环境法的广泛性,是指参与国际环境立法和贯彻实施国际环境法,承担其义务的主体范围相当广泛,国际环境法在制定和实施的过程中,众多国家乃至整个国际社会的参与程度是其他国际法部门所不可比拟的。

4. 边缘学科的特点突出

作为国际法的一个新领域,国际环境法处于多种学科的交汇点,融汇了多种学科的知识并对多种学科产生影响,具有比较显著的边缘学科的特征。

5. 历史短、发展快

由于国际环境问题被人们真正认识是 20 世纪三四十年代以后的事情,国际环境法的历史相对来说很短。但是,国际环境法发展迅速,据不完全统计,全世界已缔结了 700 多个与环境保护有关的条约,其中至少有 250 多个是为了环境保护专门订立的。

11.2.3 国际环境法的体系

国际环境法的体系指的是有关开发、利用、保护和改善环境的各种法律文件所组成的、具有内在有机联系的整体。该体系目前主要包括以下三个部分：

(1) 国际环境保护纲领性文件，如《联合国人类环境宣言》《人类环境行动计划》《里约环境与发展宣言》和《21世纪议程》等，这些法律文件由于不具有法律强制力，因而又被称为国际法中的"软法"。

(2) 针对特定环境的保护的国际法律文件，如关于保护大气环境的《联合国气候变化框架公约》《保护臭氧层维也纳公约》及其议定书等。

(3) 针对其他有关环境问题的国际法律文件，如《控制危险废物越境转移及其处置巴塞尔公约》《核材料实质保护公约》等。

11.3 国际环境法的基本原则

国际环境法的基本原则，是指为各国公认的，在国际环境法领域里具有普遍指导意义的，体现国际环境法特点并构成国际环境法的基础的基本准则。

由于国际环境法是国际法的一个分支，因此，国际环境法的基本原则必须同国际法的基本原则保持一致并服从其指导。国际法的基本原则适用于国际法的全部领域，而国际环境法的基本原则只适用于国际环境法的领域。

构成国际环境法的基本原则需具备以下三个条件：

(1) 该原则不是具体的国际环境法规范，而是对具体的国际环境法规范具有指导意义的基本准则。换言之，国际环境法的基本原则必须是构成国际环境法的基础的那些原则。

(2) 该原则必须贯穿整个国际环境法领域，而不是某一方面，如国际自然资源保护法或国际污染防治法的基本原则。

(3) 这些原则必须得到各国的普遍承认。

依照上述三个构成要件来衡量，国际环境法的基本原则包括：可持续发展原则、国家环境主权及不损害国外环境责任原则、共同但有区别的责任原则、国际环境合作原则、损害预防及风险预防原则。

11.3.1 可持续发展原则

1. 可持续发展原则的由来

环境保护与经济发展的关系，一直是国内及国际环境保护所关注的重要问题。1983年，联合国大会通过决议，建立了世界环境与发展委员会，由该委员会着手深入研究环境与发展的关系问题，并提出解决这一问题的实际建议。

世界环境与发展委员会于1987年向联合国提交了名为《我们共同的未来》的研究报告。该报告阐述了协调环境与发展关系的一个基本原则，即可持续发展原则。该原则提出之后，逐渐得到各国的接受及承认，而成为指导国际环境法的一个基本原则。

2. 可持续发展原则的内容及体现

《我们共同的未来》这一报告为第四十二届联合国大会所接受，根据此报告，可持续发展指的是:"既满足当代人的需要,又不对后代人满足其需要的能力构成危害的发展。它包括两个重要的概念:'需要'的概念,尤其是世界贫穷人民的基本需要,应将此放在特别优先的地位来考虑;'限制'的概念,技术状况和社会组织对环境满足眼前和将来的需要的能力施加的限制。"

由于"可持续发展原则"在国际法领域里具有普遍的指导意义,体现了国际环境法的特点,因此,有越来越多的国际环境法律文件承认及重申它。例如,1992年的《联合国生物多样性公约》在序言中重申:"各国有责任保护它自己的生物多样性并以可持久的方式使用它自己的生物资源。"

此外,可持续发展原则还在一些重要的国际组织决议和宣言等文件中得到反映。例如,1992年的《里约环境与发展宣言》宣布的27项原则中有多项直接提到可持续发展,其中,原则3提出"为了公平地满足今世后代在发展与环境方面的需要,求取发展的权利必须实现";原则4提出"为了可持续的发展,环境护工作应是发展进程的一个整体组成部分,不能脱离这一进程来考虑";原则5指出各国在根除贫穷这一基本任务上进行合作是实现可持续发展的一个必不可少的条件;原则8指出"为了实现可持续的发展,使所有人都享有较高的生活素质,各国应当减少和消除不能持续的生产和消费方式,并且推行适当的人口政策"。

11.3.2 国家环境主权及不损害国外环境责任原则

国家主权原则是国际法的基本原则之一。国际环境法作为国际法的一个分支,自然也必须遵循国家主权的原则。此原则意味着在国际环境关系领域内,各国对其国内环境事务享有独立的最高权力,对国际环境事务享有平等的参与权。

在国际环境法领域,传统的绝对的排他性的国家主权原则显然不利于国际环境保护。因此,国家主权原则需要发展,在充分强调各国的环境主权的同时,亦要强调其应承担的环境保护义务,即"国家环境主权及不损害国外环境责任原则"。

国家环境主权原则的内容在《联合国人类环境宣言》的原则21中得到充分体现:"按照《联合国宪章》和国际法原则,各国有按自己的环境政策开发自己资源的主权;并且有责任保证在他们管辖或控制之内的活动,不致损害其他国家的或在国家管辖以外地区的环境。"

《里约环境与发展宣言》对此原则做出进一步的解释,不仅将1992年《联合国人类环境宣言》原则21中的"环境政策"一词改为"环境与发展政策",强调发展的重要性,而且将其位置提前,作为第二项原则:"根据《联合国宪章》和国际法原则,各国拥有其本国的环境与发展的政策开发本国自然资源的主权权利,并负有确保其管辖范围内或在其控制下的活动不致损害其他国家或在本国管辖范围以外地区的环境的责任。"

国家环境主权及不损害国外环境原则不仅在上述得到世界绝大多数国家赞同的《联合国人类环境宣言》和《里约环境与发展宣言》得到宣示,而且它在很多其他的重要国际法文件和司法判例中得到确认。例如,1992年《联合国气候变化框架公约》重申各国拥有主权权利,按自己的环境和发展政策开发自己的资源。1992年《联合国生物多样性公约》亦明确规定:"确认各国对其自然资源拥有的主权权利,因而可否取得遗传资源的决定权属于国家政府,并依照国家法律行使。"

11.3.3 共同但有区别的责任原则

共同但有区别的责任原则指的是由于地球生态系统的整体性和导致全球环境退化的各种不同因素,各国对保护全球环境负有共同但有区别的责任。共同但有区别的责任原则初步确立于1992年的联合国环境与发展大会。大会通过的《里约环境与发展宣言》在其原则7中宣布:"各国应当本着全球伙伴精神,为保存、保护和恢复地球生态系统的健康和完整进行合作。鉴于导致全球环境退化的各种不同因素,各国负有共同但有区别的责任。发达国家承认,鉴于他们的社会给全球环境带来的压力,以及他们所掌握的技术和财力资源,他们在追求可持续发展的国际努力中负有责任。"

共同但有区别的责任原则包括两个互相关联的内容,即共同的责任和有区别的责任。共同责任指的是各国对保护全球环境负有共同的责任。有区别的责任是指就导致全球问题的原因而言,各国在环境保护义务的承担上应当是有所区别的,具体而言就是发达国家应当比发展中国家承担更大的或者是主要的责任。

共同但有区别的责任原则在一系列国际环境法律文件中得到了体现。例如,《联合国气候变化框架公约》规定的原则之一是:"各缔约方应当在公平的基础上,并根据他们共同但有区别的责任和各自的能力,为人类当代和后代的利益保护气候系统。因此,发达国家缔约方应当率先对付气候变化及其不利影响。"又如在保护臭氧层方面,有关的议定书和修正案对发达国家和发展中国家各自所应承担的义务做了分别规定。

11.3.4 国际环境合作原则

国际环境合作原则,是指在解决环境问题方面,国际社会的所有成员应当采取合作而非对抗的方式协调一致地行动,以保护和改善地球环境。

国际环境合作的必要性,是由环境问题和环境保护的特点所决定的。当今世界,国际环境问题的特点是全方位、全因子、整体问题与局部问题交叉和互相促进,既有当前症状又有滞后效应等。解决这些环境问题,需要各国通力合作才有可能完成。

国际环境合作原则得到一系列国际法律文件的确认。例如《联合国人类环境宣言》原则24指出:"关于保护和改善环境的国际问题,应由所有各国,不论大小,以平等地位,本着合作精神来处理,通过多边或双边安排或者其他适当办法的合作,是对各种领域内进行活动所引起的不良影响加以有效预防、减少或消除的必要条件,唯须妥善顾及所有国家的主权和利益。"1992年联合国环境与发展会议通过的《里约环境与发展宣言》,再次重申了国际环境合作的原则。该宣言的原则7宣布:"各国应本着全球伙伴精神,为保存、保护和恢复地球生态系统的健康和完整进行合作。"此外,《里约环境与发展宣言》原则9、原则14、原则18、原则19等都对国际环境合用原则的内容做出阐述。

11.3.5 损害预防及风险预防原则

1. 损害预防原则

损害预防原则是指国家应尽早地在环境损害发生之前采取措施以制止、限制或控制在其管辖范围内或控制下的可能引起环境损害的活动或行为。

损害预防原则得到很多国际法律文件的确认。例如,1982年《联合国海洋法公约》第十四条第一款规定:"各国应在适当情况下个别或联合地采取一切符合本公约的必要措施,防止、减少和控制任何来源的海洋环境污染。"1992年《联合国气候变化框架公约》第二条规定公约的目标是将大气中温室气体的浓度稳定在防止气候系统受到危险的人为干扰的水平上。

2. 风险预防原则

风险预防原则是指各国为保护环境,应按照本国的能力,广泛适用预防措施。遇到严重或不可逆转损害的威胁时,不得以缺乏科学充分确实证据为理由,延迟采取符合成本效益的措施防止环境恶化。

风险预防原则与损害预防原则既有相同之处,又有区别。它们之间的相同之处主要是它们都以预防环境损害的发生为目的。它们之间的区别主要在于:风险预防原则重在采取预防措施以避免环境恶化的可能,而损害预防原则重在采取措施以阻碍环境损害的发生。

11.4 国际环境法的渊源与主要国际组织

国际环境法的渊源体现着国际环境法法律形式的特殊性,也在一定意义上体现着国际环境法的发展趋势。国际环境保护组织对国际环境法律规范的形成和实施等方面具有重要的作用。本章的学习目的是:了解国际环境法渊源的主要内容和结构;了解主要国际环境保护组织的性质和作用;掌握国际环境保护主要国际公约的基本内容;正确理解国际环境保护公约对解决国际环境问题的作用。

11.4.1 国际环境法的渊源

国际环境法的渊源即国际环境法的表现形式。依《国际法院规约》第三十八条的精神及法学界的普遍理解,国际环境法的渊源主要有:公约,双边或多边的条约,国际会议与国际组织的重要宣言、决议、大纲,国际习惯法,重要的国际环境标准、准则、建议。即由世界上多个国家缔结,并对这些国家具有普遍拘束力的国际环境保护条约。国际公约是国际环境法最主要的渊源,其又分为以下两类:

1. 区域性公约

如:《防止船舶和飞机倾弃废物污染海洋公约(修正本)》(1972)、《保护波罗的海区域海洋环境公约》(1974)、《长程越界大气污染公约》(1979)等。

2. 全球性公约

如:《保护世界文化和自然遗产公约》,1972年11月16日订于巴黎,1975年12月17日生效;《濒危野生动植物物种国际贸易公约》,1973年3月3日订于华盛顿,1975年7月1日生效;《联合国生物多样性公约》,1992年6月5日订于里约热内卢,1993年12月29日正式生效,等等。

(1)双边或多边的条约。

即由两个国家或两个以上的国家缔结的条约。这类条约只对缔约国具有法律拘束力,如:《美国和加拿大关于大湖水质的协议》(1978)、《中日关于保护候鸟及其栖息环境协定》(1981)等。这些条约对于解决跨国界污染、区域污染以及生态破坏等问题具有积极意义。

(2) 国际会议与国际组织的重要宣言、决议、大纲。

很多关于国际环境保护的国际会议和国际组织通过的宣言、决议和大纲,由于其反映或体现着国际环境法的原则、规则和制度而得到了国际社会的普遍承认,成为国际环境法的又一渊源。这类宣言、决议和纲领主要有:《联合国人类环境宣言》《里约环境与发展宣言》《21世纪议程》《世界自然资源保护大纲》等。

(3) 国际习惯法。

虽然一些重要的全球性公约(如《联合国海洋法公约》)至今尚未生效,但是作为国际习惯法,仍在发挥作用,有一定的约束力。国际习惯法与国际会议和国际组织通过的宣言、决议和大纲由于在国际或国内均不具强制力,因而被称为"软法"性规范。

(4) 重要的国际环境标准、准则、建议。

为了进行环境影响评价,或对特定的污染物进行控制,或衡量人体、其他生物应达到的卫生目标,都必须采用某些国际环境标准,或某些准则、建议。这些标准、准则、建议往往是在条约的附件中出现的科学技术规范,但一旦被条约所肯定,则成为法律规范的组成部分,在一定范围内具有约束力。

11.4.2 环境保护的主要国际公约

国际环境保护立法自20世纪70年代以来发展迅速,其中一个重要表现就是有关国际环境方面的公约和条约的数量与日俱增。本节限于篇幅,只能对一些主要的国际公约和条约进行简要介绍。

1. 国际环境纲领性法律文件

(1)《联合国人类环境宣言》。

《联合国人类环境宣言》是1972年联合国在瑞典斯德哥尔摩召开的联合国人类环境会议通过的。该宣言是各国在保护环境方面权利义务的总宣言。

《联合国人类环境宣言》分为两个部分:第一部分是关于人类对环境问题共同达成的7个方面的深刻认识。第二部分是关于自然保护、生态平衡、污染防治、城市化等一系列范围广泛的环境保护方面的共同原则,共26个。

(2)《内罗毕宣言》。

《内罗毕宣言》是1982年联合国在肯尼亚首都内罗毕召开纪念联合国人类环境会议10周年的会议上通过的。该宣言肯定了《联合国人类环境宣言》中所确定的7项共同观点和26个共同原则,又提出了包括综合治理、建立新的国际经济秩序和将市场机制与计划机制结合起来,以及对殖民主义、种族隔离、解决越界污染、更合理分配技术和资源、加强环境教育等10项共同原则。同时,《内罗毕宣言》特别强调了包括酸雨和臭氧层破坏问题在内的全球性环境问题,重申要进一步加强和扩大各国在环境保护领域的合作。

(3)《里约环境与发展宣言》。

《里约环境与发展宣言》是联合国1992年在巴西首都里约热内卢召开联合国环境与发展大会上通过的。该宣言重申了1972年《联合国人类环境宣言》的基本原则,同时宣布了关于环境与发展问题的27条原则。

《里约环境与发展宣言》在《联合国人类环境宣言》的基础上有所发展与突破,它承认环境问题与发展问题之间具有密不可分的联系;提出建立新的公平的全球伙伴关系;提出人类社会与经济发展的新模式,即可持续发展的模式,并进一步明确指出实现可持续发展的基本途径,即改变传统的生产和消费方式并推行正确的人口政策;确定了在全球环境退化问题上各国负有"共同但有区别的责任"。

2. 有关国际大气环境保护的公约

为控制大气污染,控制和减少温室气体的排放,防止臭氧层的破坏,国际社会在全球和区域两个层次上签订了一些条约。这些条约中主要有《联合国气候变化框架公约》《保护臭氧层维也纳公约》及其《关于消耗臭氧层物质的蒙特利尔议定书》《长程越界大气污染公约》,现简要介绍如下:

(1)《长程越界大气污染公约》。

《长程越界大气污染公约》是联合国欧洲经济委员会于1979年签署的,1983年生效。该公约是世界上第一个关于大气污染的区域性公约。其宗旨是保护人类及其环境不受空气污染,并努力限制和尽可能逐渐减少和防止空气污染,包括长程越界空气污染。

《长程越界大气污染公约》包括定义、原则、大气质量管理、研究和发展、情报交换、污染物监测、执行机构和争端的解决8个主要部分。它确立了监测和研究大气污染的国际合作途径,并建立了一系列控制大气污染的原则制度和措施,还设立了情报交换的中心组织。该公约在控制酸雨污染等方面具有积极意义。

(2)《保护臭氧层维也纳公约》。

《保护臭氧层维也纳公约》,1985年3月22日在维也纳通过,1988年9月22日开始生效。我国于1989年9月11日加入该公约。该公约由序言、正文21条和2个附件构成。该公约是联合国环境规划署首次制定的具有约束力的全球性的大气保护公约。但该公约只是一个框架式的原则性公约,并未对破坏臭氧层物质采取任何控制措施。

该公约的主要内容包括对臭氧层破坏的基本认识和概念以及规定缔约国的一般义务。

(3)《关于消耗臭氧层物质的蒙特利尔议定书》。

为保证《保护臭氧层维也纳公约》的实施,1987年,来自43个国家的环境部长和代表通过了《关于消耗臭氧层物质的蒙特利尔议定书》,该议定书于1990年6月修正,其主要内容是控制氯氟烃的使用量,并规定了控制值的计算、限制贸易等措施。

修正后的《关于消耗臭氧层物质的蒙特利尔议定书》兼顾了发达国家和发展中国家的意愿,就建立基金和替代技术转让问题达成了协议,为环境领域的国际合作树立了典范。

(4)《联合国气候变化框架公约》。

《联合国气候变化框架公约》于1992年5月10日在美国纽约通过,并于1992年6月在巴西里约热内卢召开的联合国环境与发展大会上供各国讨论和签署。我国签署了该条约。

该公约共26条,其主要内容是控制人为温室气体的排放,主要是指燃料矿物燃烧产生的二氧化碳。这是一个框架性文件,并未对控制温室气体的具体措施做出规定。

3. 关于国际海洋环境保护的公约

为保护海洋环境,防止海洋污染,国际社会制定了一系列全球性及区域性的海洋环境保护公约,现简要介绍如下:

(1)《联合国海洋法公约》。

《联合国海洋法公约》是1982年12月在牙买加的蒙特哥湾通过的,我国于1982年12月10日签署,并于1996年6月7日批准加入该公约。公约的第十二部分以"海洋环境的保护和保全"为题,对国际海洋环境的保护做了重要的原则性规定。

《联合国海洋法公约》规定各国有保护和保全海洋环境的义务,为此,《联合国海洋法公约》要求各国尽其能力,采用各自的方法,单独或集体地采用防止各种海洋污染源所需的一切步骤来控制海洋污染,保护海洋环境。

(2)《防止因倾弃废物及其他物质污染海洋公约》(简称《海洋倾废公约》)。

《海洋倾废公约》于1972年12月29日通过,1975年8月30日生效,后经1978年10月12日和1980年9月24日修正。该公约于1985年11月21日对我国生效。

《海洋倾废公约》的宗旨为控制因倾弃而导致的海洋污染,并鼓励签订该公约的区域协定。《海洋倾废公约》的主要内容如下:

①条约适用于所有海洋以及船只、飞机等正常操作之外的一切有意倾弃废物。

②禁止倾弃"附件一"所举的物质,"附件二"所列的只有得到特别许可后才能准许,而"附件三"所列的只有得到普通许可后才能容许倾弃。

③只有在特殊情况下才容许例外。

④缔约国将设立主管当局来发给许可证,保存记录和监测海洋情况。

⑤缔约国对所有国籍船只和飞机,以及在其领土领海内装载货物的船只和飞机都有权执行措施。

⑥缔约国将鼓励制定措施以防止碳氢化合物、倾弃方式以外所运输的其他物质和船只操作期间所产生的废物等,以及放射性污染物及因勘探海床而产生的物质的污染。

(3)《防止船舶污染海洋公约》。

《防止船舶污染海洋公约》是1973年11月由70个国家的代表和7个国家的观察员在伦敦签订的。《防止船舶污染海洋公约》对防止由船舶引起的海洋污染做出一系列规定。

1978年在国际油轮安全和防止污染会议上产生了《关于1973年国际防止船舶污染海洋公约的1978年议定书》。议定书修改了1973年伦敦《防止船舶污染海洋公约》内的各项规定,特别是"附件一"内的规定。我国是该公约1978年议定书的缔约国,该公约及议定书于1983年10月2日对我国生效。

1973年的《防止船舶污染海洋公约》和1978年的议定书,合称为《73/78国际防止船舶污染海洋公约》。

(4)《1969年国际干预公海油污染事件公约》。

《1969年国际干预公海油污染事件公约》于1969年11月在布鲁塞尔通过,1975年5月生效。该公约规定,沿海国有权对在公海上发生的可能危害其所辖海域的油污染事件采取必要的措施。

(5)《国际防止海洋油污染公约》。

《国际防止海洋油污染公约》于1954年5月在伦敦开放签字,1958年7月生效。公约规定,禁止船舶排出油或油性混合物,且公约同时规定了一些例外的情形。公约还规定,缔约国应在港口和载油站提供适当的设施;所有船舶应配备"附件"所具体规定的用油记录簿,填写操作记录。

此外,关于防治海洋污染及海洋生物资源保护的国际公约还有1974年通过的《防止陆源物质污染海洋公约》、1972年通过的《国际油污损害民事责任公约》、1971年通过的《设置赔偿油污损害国际基金公约》、1958年通过的《公海生物资源捕捞及养护公约》以及1946年签订的《国际捕鲸管理公约》。

4. 关于国际生物资源保护的国际公约

为保护地球生物资源,保证物种的多样性及丰富性,国际社会签订了许多保护生物资源的全球性条约和区域性条约、文件。现简要介绍如下:

(1)《国际保护鸟类公约》。

《国际保护鸟类公约》是1950年10月针对欧洲鸟类的生存遭受到严重威胁,由欧洲一些国家签署的。公约于1963年1月17日正式生效。

公约指出,所有鸟类原则上都应受到保护。公约对鸟类的保护、捕杀和交易做出规定,同时鼓励缔约国发展养护教育,确定保护区。要求各缔约国采取各种适当的措施,防止因废油或其他水污染源、灯塔、电缆、杀虫剂、毒物或任何其他原因毁灭鸟类。

该公约在促使一些国家为养护濒危鸟种采取积极措施等方面发挥了积极作用。

(2)《国际植物保护公约》。

《国际植物保护公约》于1951年12月6日在罗马通过,1952年4月3日生效。公约的宗旨是维护并增进植物和植物产品病虫害管制的国际合作,防止其跨越国界的引入和传播。

(3)《濒危野生动植物物种国际贸易公约》(简称《濒危物种贸易公约》)。

《濒危物种贸易公约》于1973年3月在华盛顿通过,1975年7月生效。该公约于1981年4月8日对我国生效。公约的宗旨在于设计一种进出口许可证制度,通过控制国际贸易,防止过度开发,以保护某些濒危物种。

(4)《关于特别是水禽生境的国际重要湿地公约》(简称《湿地公约》)。

《湿地公约》于1971年2月在兰姆萨尔通过,1975年生效,该公约于1992年7月31日对我国生效,公约的宗旨是"制止目前和未来湿地的逐渐侵占和损害,确认湿地的基本生态作用及其经济、文化、科学和娱乐价值"。

该公约的主要内容如下:

①要求缔约国至少指定一个国立湿地列入国际重要湿地名单中。

②要求缔约国应考虑它们在养护、管理和明智利用移栖野禽原种方面的国际责任。

③要求缔约国应设立湿地自然保留区,合作进行交换资料,训练湿地管理人员。

为使上述公约更有效,1982年12月通过了《〈关于特别是水禽生境的国际重要湿地公约〉的修正》。

(5)《保护野生动物移栖物种公约》。

《保护野生动物移栖物种公约》于1979年6月在波恩通过,1983年11月生效。公约签订的目的在于保护那些移栖于国境内外的野生动物物种。公约规定,缔约国应对濒危移栖物种刻不容缓地采取保护措施。

公约建立了科学委员会,将由委员会列出世界移栖物种的清单,但不包括昆虫。

(6)《联合国生物多样性公约》。

《联合国生物多样性公约》于1992年5月在内罗毕通过,1993年12月生效,同日对我国生效。公约的宗旨在于保护并合理利用地球上的生物资源。

该公约的主要内容如下:

①确定了生物资源和生物多样性的保护和持续利用的重点领域。

②界定了一些有关的基本概念和术语。
③确认和重申有关的国际环境法原则。
④规定了有关保护和持续利用的基本措施。
⑤规定了关于遗传资源的取得、技术的取得和转让、生物技术惠益的分享的基本原则。

5. 关于国际防治放射性和核污染的国际公约

为和平地利用核能，防止核能利用给人类带来危险，国际社会通过许多关于防治放射性和核污染方面的国际条约和公约，主要有1963年8月通过的《禁止核武器试验条约》、1968年7月通过的《不扩散核武器条约》、1980年通过的《核材料实质保护公约》（1989年2月9日对我国生效）、1986年通过的《及早通报核事故公约》（1987年10月11日对我国生效）、1986年通过的《核事故或辐射紧急情况援助公约》（1987年10月11日对我国生效）。

6. 关于防治危险废物和有害化学品污染的国际公约和条约

关于防治危险废物和有害化学品污染方面的国际公约有1989年通过的《控制危险废物越境转移及其处置巴塞尔公约》以及1987年6月通过的《关于化学品国际贸易资料交流的伦敦准则》。

7. 关于保护南极的国际公约

关于保护南极的国际公约主要有1959年12月通过的《南极条约》、1972年通过的《养护南极海豹公约》、1980年5月通过的《养护南极海洋生物资源公约》（1989年6月28日对我国生效）、1991年通过的《南极条约环境保护议定书》（我国于1991年10月4日签署）。

11.4.3 环境保护的主要国际组织

国际环境保护不仅需要各国各自的努力，亦需要建立专门组织即国际环境组织，以对付日益频繁且复杂化的国际环境污染及生态破坏问题。环境保护的国际组织大体上有两大类：一类是政府间组织，包括联合国及其下属组织；另一类即民间性组织，包括世界绿色和平组织、世界野生动物基金会、国际自然保护同盟等。

1. 环境保护的政府间组织

环境保护的政府间组织，主要是联合国及其下属组织。1971年，联合国大会通过了284号决议，规定"维护和改善是国际社会的责任"，由此可见，联合国及其下属组织承担着保护和改善国际环境的责任。联合国下属的保护国际环境的专门或相关组织如下：

（1）联合国环境规划署。

联合国环境规划署是根据联合国大会1972年12月15日第2997号决议于1973年1月设立的。总部设在肯尼亚首都内罗毕。它是联合国负责协调各国在环境领域活动的机构，也是最重要的国际环境组织和国际环境活动中心。该署的主要任务是负责处理联合国在环境方面的日常事务，机构包括理事会、秘书处和环境基金会。理事会是环境规划署的实际决策机关。秘书处是该署的常设机关，其主要任务是保证高效率地进行联合国范围内的国际环境保护活动，并兼管环境基金。环境基金会是1973年1月1日正式设立的，其目的是为实施联合国环境规划项目而提供追加资金。

（2）世界环境与发展委员会。

世界环境与发展委员会是根据1983年三十八届联合国大会38/161号决议成立的一个独立机构。该委员会主席、副主席由联合国秘书长指定，成员由主席、副主席指定。该委会由各国专家组成,委员会的任务是向联合国大会提出关于环境对策方面的建议。

(3)联合国经济与社会理事会。

联合国经济与社会理事会简称经社理事会,是联合国的六个主要机关之一。经社理事会是在联合国权力之下指导和协调成员国经济、社会、人权和文化活动的综合系统。其主要职权包括:就有关经济、社会、文化、教育、卫生等事项的国际性行动从事研究并提出建议;促进对人权和基本自由的尊重;就其职权范围内的事务召集国际会议,起草提交大会的公约草案,与各专门机构商订确立相互关系的协定,协调其活动;依一定条件为会员国及专门机构提供服务;同与经社理事会处理的事务相关的非政府组织进行磋商。

经社理事会的上述职权也包括环境方面的内容,联合国环境规划署通过它向联合国大会报告工作。

(4)联合国人类居住委员会和人类居住中心。

这是与联合国环境规划署相类似的机构,主要任务是解决人类居住问题,对居住区的环境保护工作也进行了些工作。

(5)政府间海事协商组织。

即国际海事组织,它是在1948年2月通过的《政府间海事协商组织公约》基础上成立的国际机构,1959年1月正式成立,是联合国在解决海上安全和发展海运技术方面的咨询、顾问性质的组织。总部设在伦敦。

该组织的宗旨是:在解决有关航海技术问题上为各国提供合作等。它的主要活动是制定和修改有关海运安全、防止海洋受船舶污染、便利海上运输、提高航行效率以及与之有关的海事方面的公约,交流有关经验和情报。

自设立以来,该组织倡议并组织召开了一系列保护海洋的国际会议,起草了许多防止海洋污染的国际公约和协定,在防止海洋污染方面发挥着重要作用。

(6)联合国教育、科学及文化组织。

联合国教育、科学及文化组织简称教科文组织。1945年11月16日成立于伦敦,总部设在巴黎。该组织从事环境、文化教育、科学技术、新闻、道德、人的居住条件和社会文化环境、世界文化资产保护等活动。"人与生物圈科学规划"是教科文组织最著名的环境保护活动。

2.环境保护的国际民间组织

(1)国际绿色和平组织。

国际绿色和平组织是由加拿大工程师麦克塔格特发起、于1971年成立的国际民间组织。总部设在伦敦,有400余万名会员分布于美国、加拿大等100个国家。该组织的活动由全日制、半日制工作人员和志愿人员进行,经费依靠捐助。该组织在反对核试验、及对捕鲸、对在南极进行商业活动、支持全球取缔废弃物船运活动、要求用国际公约监视战争期间的环境问题等方面发挥着积极作用。

(2)世界野生动物基金会。

世界野生动物基金会是一个国际性非政府组织,成立于1961年。总部设在瑞士,成员遍布世界各国,该基金会致力于保护大自然,保护地球上生物生存必不可少的自然环境和生态系统,防止珍稀物种濒于灭绝。这个组织已拨出大批基金资助在130多个国家进行2 000多个保护自然的研究项目,受到国际社会的普遍欢迎和支持。

(3)国际自然保护同盟。

国际自然保护同盟是由各国政府有关机构、非官方机构、科学工作者以及有关自然资源保护专家共同参加而组成的民间性组织。该同盟成立于1948年,全世界有100多个国家的有关机构及专家参加了该组织,总部设于瑞士。它有6个委员会,即生态学、保护区、濒危灭绝物种、环境规划、环境政策、法规及教育。该同盟的目的是在世界范围内促进对生物资源的保护和持续利用。

思考与练习

1. 简述国际环境法的渊源。
2. 我国已参加的重要国际环境保护公约有哪些?其主要内容分别是什么?
3. 什么是国际环境法?其体系包括哪些组成部分?
4. 国际环境法有哪些基本原则?
5. 简述国内环境法与国际环境法的关系。

参考文献

[1] 何强.环境学导论[M].北京:清华大学出版社,1994.
[2] 马克思,恩格斯.马克思恩格斯全集:第1卷[M].北京:人民出版社,1972.
[3] 张文驹.对生命的敬畏——新世纪的大话题[M].呼和浩特:内蒙古人民出版社,2000.
[4] (德)恩斯特·卡西尔.人论[M].甘阳,译.上海:上海译文出版社,1986.
[5] 黄帆.内蒙古阿拉善盟地区荒漠化防治的法律问题研究[D].兰州:西北民族大学,2009.
[6] 李龙.法理学[M].武汉:武汉大学出版社,1996.
[7] 蔡守秋.人与自然关系中的环境法[J].现代法学,2002(3):45-60.
[8] 吕忠梅.环境法[M].北京:法律出版社,1997.
[9] 蔡守秋.环境法教程[M].北京:高等教育出版社,2010.
[10] 张大福.宪法学研究述略[M].天津:天津出版社,1987.
[11] 陈泉生.环境法原理[M].北京:法律出版社,1997.
[12] (美)伯纳德施瓦茨.美国法律史[M].北京:中国政法出版社,1989.
[13] 汪劲.论全球环境立法的趋同化[M].北京:法律出版社,1998.
[14] 蔡守秋.环境法学教程[M].武汉:武汉大学出版社,2003.
[15] 蔡守秋.可持续发展与环境法制建设[M].北京:中国法制出版社,2003.
[16] 蔡守秋.人与自然关系中的环境法[J].现代法学,2002(3):45-60.
[17] 蔡守秋.环境法教程[M].北京:法律出版社.1995.
[18] 周珂.我国民法典制定中的环境法律问题[M].北京:知识产权出版社,2011.
[19] 孙笑侠,夏立安.法理学导论[M].北京:高等教育出版社,2004.
[20] 郭学德.法理学教程[M].北京:九州出版社,2007.
[21] 付立忠.环境刑法学[M].北京:中国方正出版社,2001.
[22] 徐祥民,陶卫东.生态文明建设与环境公益诉讼[M].北京:知识产权出版社,2011.